21 世纪特殊教育创新教材

主编单位
华东师范大学学前与特殊教育学院
南京特殊教育师范学院
华中师范大学教育科学学院
陕西师范大学教育学院
总主编：方俊明
副主编：杜晓新　雷江华　周念丽

学术委员会
主　任：方俊明
副主任：杨广学　孟万金
委　员：方俊明　杨广学　孟万金　邓　猛　杜晓新　赵　微
　　　　刘春玲

编辑委员会
主　任：方俊明
副主任：丁　勇　汪海萍　邓　猛　赵　微
委　员：方俊明　张　婷　赵汤琪　雷江华　邓　猛　朱宗顺
　　　　杜晓新　任颂羔　蒋建荣　胡世红　贺荟中　刘春玲
　　　　赵　微　周念丽　李闻戈　苏雪云　张　旭　李　芳
　　　　李　丹　孙　霞　杨广学　王　辉　王和平

21 世纪特殊教育创新教材·理论与基础系列

主编：杜晓新　　　　　　审稿人：杨广学　孟万金

- 特殊教育的哲学基础（华东师范大学：方俊明）
- 特殊教育的医学基础（南京特殊教育师范学院：张婷、赵汤琪）
- 融合教育导论（华中师范大学：雷江华）
- 特殊教育学（雷江华、方俊明）
- 特殊儿童心理学（方俊明、雷江华）
- 特殊教育史（浙江师范大学：朱宗顺）
- 特殊教育研究方法（华东师范大学：杜晓新、宋永宁）
- 特殊教育发展模式（纽约市教育局：任颂羔）

21 世纪特殊教育创新教材·发展与教育系列

主编：雷江华　　　　　　审稿人：邓　猛　刘春玲

- 视觉障碍儿童的发展与教育（华中师范大学：邓猛）
- 听觉障碍儿童的发展与教育（华东师范大学：贺荟中）
- 智力障碍儿童的发展与教育（华东师范大学：刘春玲）
- 学习困难儿童的发展与教育（陕西师范大学：赵微）
- 自闭症谱系障碍儿童的发展与教育（华东师范大学：周念丽）
- 情绪与行为障碍儿童的发展与教育（华南师范大学：李闻戈）
- 超常儿童的发展与教育（华东师范大学：苏雪云；北京联合大学：张旭）

21 世纪特殊教育创新教材·康复与训练系列

主编：周念丽　　　　　　审稿人：方俊明　赵　微

- 特殊儿童应用行为分析（天津体育学院：李芳；武汉麟洁健康咨询中心：李丹）
- 特殊儿童的游戏治疗（华东师范大学：周念丽）
- 特殊儿童的美术治疗（南京特殊教育师范学院：孙霞）
- 特殊儿童的音乐治疗（南京特殊教育师范学院：胡世红）
- 特殊儿童的心理治疗（华东师范大学：杨广学）
- 特殊教育的辅具与康复（南京特殊教育师范学院：蒋建荣、王辉）
- 特殊儿童的感觉统合训练（华东师范大学：王和平）

21世纪特殊教育创新教材·理论与基础系列

融合教育导论

（第二版）

雷江华　编著

图书在版编目(CIP)数据

融合教育导论/雷江华编著. —2 版. —北京：北京大学出版社，2017.8
（21 世纪特殊教育创新教材·理论与基础系列）
ISBN 978-7-301-28601-2

Ⅰ.①融… Ⅱ.①雷… Ⅲ.①特殊教育—教育理论—高等学校—教材 Ⅳ.①G760

中国版本图书馆 CIP 数据核字（2017）第 195883 号

书　　　　名	融合教育导论（第二版）
	RONGHE JIAOYU DAOLUN
著作责任者	雷江华　编著
丛 书 策 划	周雁翎
丛 书 主 持	李淑方
责 任 编 辑	李淑方
标 准 书 号	ISBN 978-7-301-28601-2
出 版 发 行	北京大学出版社
地　　　　址	北京市海淀区成府路 205 号　100871
网　　　　址	http://www.pup.cn　新浪微博：@北京大学出版社
微信公众号	科学与艺术之声（微信号：sartspku）
电 子 信 箱	zyl@pup.edu.cn
电　　　　话	邮购部 010-62752015　发行部 010-62750672　编辑部 010-62767857
印 刷 者	河北滦县鑫华书刊印刷厂
经 销 者	新华书店
	787 毫米×1092 毫米　16 开本　14.75 印张　350 千字
	2012 年 1 月第 1 版
	2017 年 8 月第 2 版　2022 年 8 月第 5 次印刷
定　　　　价	45.00 元

未经许可，不得以任何方式复制或抄袭本书之部分或全部内容。
版权所有，侵权必究
举报电话：010-62752024　电子信箱：fd@pup.pku.edu.cn
图书如有印装质量问题，请与出版部联系，电话：010-62756370

顾明远序

去年国家颁布的《国家中长期教育改革和发展规划纲要(2010—2020年)》专门辟一章特殊教育,提出:"全社会要关心支持特殊教育"。这里的特殊教育主要是指"促进残疾人全面发展、帮助残疾人更好地融入社会"的教育。当然,广义的特殊教育还包括超常儿童与问题儿童的教育。但毕竟残疾人更需要受到全社会的关爱和关注。

发展特殊教育(这里专指残疾人教育),首先要对特殊教育有一个认识。所谓特殊教育的特殊,是指这部分受教育者在生理上或者心理上有某种缺陷,阻碍着他的发展。特殊教育就是要帮助他排除阻碍他发展的障碍,使他得到与普通人一样的发展。残疾人并非所有智能都丧失,只是丧失一部分器官的功能。通过教育我们可以帮助他弥补缺陷,或者使他的损伤的器官功能得到部分的恢复,或者培养其他器官的功能来弥补某种器官功能的不足。因此,特殊教育的目的与普通教育的目的是一样的,就是要促进儿童身心健康的发展,只是他们需要更多的爱护和帮助。

至于超常儿童教育则又是另一种特殊教育。超常儿童更应该在普通教育中发现和培养,不能简单地过早地确定哪个儿童是超常的。不能完全相信智力测验。这方面我没有什么经验,只是想说,现在许多家长都认为自己的孩子是天才,从小就超常地培养,结果弄巧成拙,拔苗助长,反而害了孩子。

在特殊教育中倒是要重视自闭症儿童。我国特殊教育更多的是关注伤残儿童,对于自闭症儿童认识不足、关心不够。其实他们非常需要采取特殊的方法来矫正自闭症,否则他们长大以后很难融入社会。自闭症不是完全可以治愈的。但早期的鉴别和干预对他们日后的发展很有帮助。国外很关注这些儿童,也有许多经验,值得我们借鉴。

我在改革开放以后就特别感到特殊教育的重要。早在1979年我担任北京师范大学教育系主任时就筹办了我国第一个特殊教育专业，举办了第一次特殊教育国际会议。但是我个人的专业不是特殊教育，因此只能说是一位门外的倡导者，却不是专家，说不出什么道理来。

方俊明教授是改革开放后早期的心理学家，后来专门从事特殊教育二十多年，对特殊教育有深入的研究。在我国大力提倡发展特殊教育之今天，组织五十多位专家编纂这套"21世纪特殊教育创新教材"丛书，真是恰逢其时，是灌浇特殊教育的及时雨，值得高兴。方俊明教授要我为丛书写几句话，是为序。

中国教育学会理事长

北京师范大学副校长

2011年4月5日于北京求是书屋

沈晓明序

由于专业背景的关系,我长期以来对特殊教育高度关注。在担任上海市教委主任和分管教育卫生的副市长后,我积极倡导"医教结合",希望通过多学科、多部门精诚合作,全面提升特殊教育的教育教学水平与康复水平。在各方的共同努力下,上海的特殊教育在近年来取得了长足的发展。特殊教育的办学条件不断优化,特殊教育对象的分层不断细化,特殊教育的覆盖面不断扩大,有特殊需要儿童的入学率达到上海历史上的最高水平,特殊教育发展的各项指标均位于全国特殊教育前列。本市中长期教育改革和发展规划纲要,更是把特殊教育列为一项重点任务,提出要让有特殊需要的学生在理解和关爱中成长。

上海特殊教育的成绩来自于各界人士的关心支持,更来自于教育界的辛勤付出。"21世纪特殊教育创新教材"便是华东师范大学领衔,联合四所大学,共同献给中国特殊教育界的一份丰厚的精神礼物。该丛书全篇近600万字,凝聚中国特殊教育界老中青50多名专家三年多的心血,体现出作者们潜心研究、通力合作的精神与建设和谐社会的责任感。丛书22本从理论与基础、发展与教育、康复与训练三个系列,全方位、多层次地展现了信息化时代特殊教育发展的理念、基本原理和操作方法。本套丛书选题新颖、结构严谨,拓展了特殊教育的研究范畴,从多学科的角度更新特殊教育的研究范式,让人读后受益良多。

发展特殊教育事业是党和政府坚持以人为本、弘扬人道主义精神和保障人权的重要举措,是促进残障人士全面发展和实现"平等、参与、共享"目标的有效途径。《国家中长期教育改革和发展规划纲要(2010—2020年)》明确提出,要关心和支持特殊教育,要完善特殊教育体系,要健全特殊教育保障机制。我相信,随着我国经济的发展,教育投入的增加,我国特殊教育的专业队伍会越来越壮大,科研水平会不断地提高,特殊教育的明天将更加灿烂。

沈晓明

上海交通大学医学院教授、博士生导师

世界卫生组织新生儿保健合作中心主任

上海市副市长

2011年3月

丛书总序

特殊教育是面向残疾人和其他有特殊教育需要人群的教育，是国民教育体系的重要组成部分。特殊教育的发展，关系到实现教育公平和保障残疾人受教育的权利。改革和发展我国的特殊教育是全面建设小康社会、促进社会稳定与和谐的一项急迫任务，需要全社会的关心与支持，并不断提升学科水平。

半个多世纪以来，由于教育民主思想的渗透以及国际社会的关注，特殊教育已成为世界上发展最快的教育领域之一，它在一定程度上也综合反映出一个国家或地区的政治、经济、文化和国民素质的综合水平，成为衡量社会文明进步程度的重要标志。改革开放30多年以来，在党和政府的关心下，我国的特殊教育也得到了前所未有的大发展，进入了我国历史上最好的发展时期。在"医教结合"基础上发展起来的早期教育、随班就读和融合教育正在推广和深化，特殊职业教育和高等教育也有较快的发展，这些都标志着我国特殊教育的发展进入了一个全球化、信息化的时代。

但是，作为一个发展中国家，由于起点低、人口多、各地区发展不均衡，我国特殊教育的整体发展水平与世界上特殊教育比较发达的国家和地区相比，还有一定的差距，存在一些亟待解决的主要问题。例如：如何从狭义的仅以视力、听力和智力障碍等残疾儿童为主要服务对象的特殊教育逐步转向包括各种行为问题儿童和超常儿童在内的广义的特殊教育；如何通过强有力的特教专项立法来保障特殊儿童接受义务教育的权利，进一步明确各级政府、儿童家长和教育机构的责任，使经费投入、鉴定评估等得到专项法律法规的约束；如何加强对"随班就读"的支持，使融合教育的理念能被普通教育接受并得到充分体现；如何加强对特教师资和相关的专业人员的培养和训练；如何通过跨学科的合作加强相关的基础研究和应用研究，较快地改变目前研究力量薄弱、学科发展和专业人员整体发展水平偏低的状况。

为了迎接当代特殊教育发展的挑战和尽快缩短与发达国家的差距，三年前，我们在北京大学出版社出版意向的鼓舞下，成立了"21世纪特殊教育创新教材"的丛书编辑委员会和学术委员会，集中了国内特殊教育界具有一定教学、科研能力的高级职称或具有本专业博士学位的专业人员50多人共同编写了这套丛书，以期联系我国实际，全面地介绍和深入地探讨当代特殊教育的发展理念、基本原理和操作方法。丛书分为三个系列，共22本，其中有个人完成的专著，还有多人完成的编著，共约600万字。

理论与基础系列

本系列着重探讨特殊教育的理论与基础。讨论特殊教育的存在和思维的关系，特殊教育的学科性质和任务，特殊教育学与医学、心理学、教育学、教学论等相邻学科的密切关系，力求反映出现代思维方法、相邻学科的发展水平以及融合教育的思想对现代特教发展的影响。本系列特别注重从历史、现实和研究方法的演变等不同角度来探讨当代特殊教育的特点和发展趋势。本系列由以下8种组成：

《特殊教育的哲学基础》《特殊教育的医学基础》《融合教育导论》《特殊教育学》《特殊儿童心理学》《特殊教育史》《特殊教育研究方法》《特殊教育发展模式》。

发展与教育系列

本系列从广义上的特殊教育对象出发,密切联系日常学前教育、学校教育、家庭教育、职业教育和高等教育的实际,对不同类型特殊儿童的发展与教育问题进行了分册论述。着重阐述不同类型儿童的概念、人口比率、身心特征、鉴定评估、课程设置、教育与教学方法等方面的问题。本系列由以下7种组成：

《视觉障碍儿童的发展与教育》《听觉障碍儿童的发展与教育》《智力障碍儿童的发展与教育》《学习困难儿童的发展与教育》《自闭症谱系障碍儿童的发展与教育》《情绪与行为障碍儿童的发展与教育》《超常儿童的发展与教育》。

康复与训练系列

本系列旨在体现"医教结合"的原则,结合中外的各类特殊儿童,尤其是有比较严重的身心发展障碍儿童的治疗、康复和训练的实际案例,系统地介绍了当代对特殊教育中早期鉴别、干预、康复、咨询、治疗、训练教育的原理和方法。本系列偏重于实际操作和应用,由以下7种组成：

《特殊儿童应用行为分析》《特殊儿童的游戏治疗》《特殊儿童的美术治疗》《特殊儿童的音乐治疗》《特殊儿童的心理治疗》《特殊教育的辅具与康复》《特殊儿童的感觉统合训练》。

"21世纪特殊教育创新教材"是目前国内学术界有关特殊教育问题覆盖面最广、内容较丰富、整体功能较强的一套专业丛书。在特殊教育的理论和实践方面,本套丛书比较全面和深刻地反映出了近几十年来特殊教育和相关学科的成果。一方面大量参考了国外和港台地区有关当代特殊教育发展的研究资料;另一方面总结了我国近几十年来,尤其是建立了特殊教育专业硕士、博士点之后的一些交叉学科的实证研究成果,涉及5000多种中英文的参考文献。本套丛书力求贯彻理论和实际相结合的精神,在反映国际上有关特殊教育的前沿研究的同时,也密切结合了我国社会文化的历史和现实,将特殊教育的基本理论、基础理论、儿童发展和实际的教育、教学、咨询、干预、治疗和康复等融为一体,为建立一个具有前瞻性、符合科学发展观、具有中国历史文化特色的特殊教育的学科体系奠定基础。本套丛书在全面介绍和深入探讨当代特殊教育的原理和方法的同时,力求阐明如下几个主要学术观点：

1. 人是生物遗传和"文化遗传"两者结合的产物。生物遗传只是使人变成了生命活体和奠定了形成自我意识的生物基础;"文化遗传"才可能使人真正成为社会的人、高尚的人、成为"万物之灵",而教育便是实现"文化遗传"的必由之路。特殊教育作为一个联系社会学科和自然学科、理论学科和应用学科的"桥梁学科",应该集中地反映教育在人的种系发展和个体发展中所发挥的巨大作用。

2. 当代特殊教育的发展是全球化、信息化教育观念的体现,它有力地展现了人类社会发展过程中物质文明与精神文明之间发展的同步性。马克思主义很早就提出了两种生产力的概念,即生活物资的生产和人自身的繁衍。伴随生产力的提高和社会的发展,人类应该有更多的精力和能力来关注自身的繁衍和一系列发展问题,这些问题一方面是通过基因工程来防治和减少疾病,实行科学的优生优育,另一方面是通过优化家庭教育、学校教育和社会教育的环境,来最大限度地增加教育在发挥个体潜能和维护社会安定团结与文明进步等方面的整体功能。

3. 人类由于科学技术的发展、生产能力的提高,已经开始逐步地摆脱了对单纯性、缓慢性的生物进化的依赖,摆脱了因生活必需的物质产品的匮乏和人口繁衍的无度性所造成"弱肉强食"型的生存竞争。人类应该开始积极主动地在物质实体、生命活体、社会成员的大系统中调整自己的位置,更加注重作为一个平等的社会成员在促进人类的科学、民主和进步过程中所应该承担的责任和义务。

4. 特殊教育的发展,尤其是融合教育思想的形成和传播,对整个教育理念、价值观念、教育内容、学习方法和教师教育等问题,提出了全面的挑战。迎接这一挑战的方法只能是充分体现时代精神,在科学发展观的指导下开展深度的教育改革。当代特殊教育的重心不再是消极地过分地局限于单纯的对生理缺陷的补偿,而是在一定补偿的基础上,积极地努力发展有特殊需要儿童的潜能。无论是特殊教育还是普通教育都应该强调培养受教育者积极乐观的人生态度和做人的责任,使其为促进人类社会的进步最大限度地发挥自身的潜能。

5. 当代特殊教育的发展,对未来的教师和教育管理者、相关的专业人员的学识、能力和人格提出了更高的要求。未来的教师和教育管理者、相关的专业人员不仅要做到在教学相长中不断地更新自己的知识,还要具备从事普通教育和特殊教育的能力,具备新时代的人格魅力,从勤奋、好学、与人为善和热爱学生的行为中,自然地展示出对人类未来的美好憧憬和追求。

6. 从历史上来看,东西方之间思维方式和文化底蕴方面的差异,导致对残疾人的态度和特殊教育的理念是大不相同的。西方文化更注重逻辑、理性和实证,从对特殊人群的漠视、抛弃到专项立法和依法治教,从提倡融合教育到专业人才的培养,从支持系统的建立到相关学科的研究,思路是清晰的,但执行是缺乏弹性的,综合效果也不十分理想,过度地依赖法律底线甚至给某些缺乏自制力和公益心的人提供了法律庇护下的利己方便。东方哲学特别重视人的内心感受、人与自然和人与人之间的协调,以及社会的平衡与稳定,但由于封建社会落后的生产力水平和封建专制,特殊教育长期停留在"同情""施舍""恩赐""点缀""粉饰太平"的水平,缺乏强有力的稳定的实际支持系统。因此,如何通过中西合璧,结合本国的实际来发展我国的特殊教育,是一个需要深入研究的问题。

7. 当代特殊教育的发展是高科技和远古人文精神的有机结合。与普通教育相比,特殊教育只有200多年的历史,但近半个世纪以来,世界特殊教育发展的广度和深度都令人吃惊。教育理念不断更新,从"关心"到"权益",从"隔离"到"融合",从"障碍补偿"到"潜能开发",从"早期干预""个别化教育"到终身教育及计算机网络教学的推广,等等,这些都充分地体现了对人本身的尊重、对个体差异的认同、对多元文化的欣赏。

本套丛书力求帮助特殊教育工作者和广大特殊儿童的家长:① 进一步认识特殊教育的本质,勇于承担自己应该承担的责任,完成特殊教育从慈善关爱型向义务权益型转化;② 进一步明确特殊教育和普通教育的目标,促进整个国民教育从精英教育向公民教育转化;③ 进一步尊重差异,发展个性,促进特殊教育从隔离教育向融合教育转型;④ 逐步实现特殊教育的专项立法,进一步促进特殊教育从号召型向依法治教的模式转变;⑤ 加强专业人员的培养,进一步促进特殊教育从低水平向高质量的转变;⑥ 加强科学研究,进一步促进特殊教育学科水平的提高。

我们希望本套丛书的出版能对落实我国中长期的教育发展规划起到积极的作用,增加人们对当代特殊教育发展状况的了解,使人们能清醒地认识到我国特殊教育发展所取得的成就、存在的差距、解决的途径和努力的方向,促进中国特殊教育的学科建设和人才培养。在教育价值上进一步体现对人的尊重、对自然的尊重;在教育目标上立足于公民教育;在教育模式上体现出对多元文化和个体差异的认同;在教育方法上本着实事求是的精神实行因材施教,充分地发挥受教育者的潜能,发展受教育者的才智与个性;在教育功能上进一步体现我国社会制度本身的优越性,促进人类的科学与民主、文明与进步。

在本套丛书编写的三年时间里,四个主编单位分别在上海、南京、武汉组织了三次有关特殊教育发展的国际论坛,使我们有机会了解世界特殊教育最新的学科发展状况。在北京大学出版社和主编单位的资助下,丛书编委会分别于2008年2月和2009年3月在南京和上海召开了两次编写工作会议,集体讨论了丛书编写的意图和大纲。为了保证丛书的质量,上海市特殊教育资源中心和华东师范大学特殊教育研究所为本套丛书的编辑出版提供了帮助。

本套丛书的三个系列之间既有内在的联系,又有相对的独立性。不同系列的著作可作为特殊教育和相关专业的教材,也可供不同层次、不同专业水平和专业需要的教育工作者以及关心特殊儿童的家长等读者阅读和参考。尽管到目前为止,"21世纪特殊教育创新教材"可能是国内学术界有关特殊教育问题研究的内容丰富、整体功能强、在特殊教育的理论和实践方面覆盖面最广的一套丛书,但由于学科发展起点较低,编写时间仓促,作者水平有限,不尽如人意之处甚多,寄望更年轻的学者能有机会在本套丛书今后的修订中对之逐步改进和完善。

本套丛书从策划到正式出版,始终得到北京大学出版社教育出版中心主任周雁翎和责任编辑李淑方、华东师范大学学前教育学院党委书记兼上海市特殊教育资源中心主任汪海萍、南京特殊教育师范学院院长丁勇、华中师范大学教育科学学院院长邓猛、陕西师范大学教育科学学院副院长赵微等主编单位领导和参加编写的全体同人的关心和支持,在此由衷地表示感谢。

最后,特别感谢丛书付印之前,中国教育学会理事长、北京师范大学副校长顾明远教授和上海市副市长、上海交通大学医学院教授沈晓明在百忙中为丛书写序,对如何突出残疾人的教育,如何进行"医教结合",如何贯彻《国家中长期教育改革和发展规划纲要(2010—2020年)》等问题提出了指导性的意见,给我们极大的鼓励和鞭策。

"21世纪特殊教育创新教材"

编写委员会

(方俊明执笔)

2011年3月12日

第二版修订说明

《融合教育导论》自 2012 年 1 月出版以来,承蒙读者的关心与支持,销量颇为可观!根据北京大学出版社李淑方女士等的提议,编者组织研究生鲍博、丁艳丽、郭楠楠、刘金霞、孙静雯、肖冉、杨慧等共同对第一版书稿的内容进行了讨论、修订与完善,形成了修订后的第二版书稿。具体修订内容涉及所有章节的细节,增加了最新的相关政策法规和学科发展内容。其中第一章增加了一节全新内容。

尽管编者对第二版书稿进行了全面的梳理,但仍可能"挂一漏万"。希望读者能一如既往地支持我们,及时反馈相关信息,以便编者在以后的修订完善过程中能更好地呈现更理想的文本。衷心感谢大家!

编者

2017 年 8 月

前　　言

联合国教科文组织在西班牙萨拉曼卡召开的"世界特殊教育需要大会"上明确提出"融合教育"①思想的20世纪90年代,恰逢笔者步入高等学府学习特殊教育专业,因此对这次大会给特殊教育界与普通教育界所产生的巨大影响印象深刻。当时不但有来自媒体的大力宣传与倡导,而且有课程学习时的组织研讨——罗亦超教授为我们93级特殊教育专业14名学生每人购买了一本1994年第3期的《特殊教育研究》杂志,以专门研讨这次大会的内容。这本黄色封面的杂志不但陪伴了我近30年,而且激发了我对融合教育研讨的兴趣,更督促我对融合教育进行深入的理论思考与实践反思。思考之初,作为学习者,只是简单零散地从不同的角度来研习融合教育,做了一些研习笔记;思考之中,作为教学者,试图深入浅出地向学生介绍融合教育,特别是境外的融合教育;思考之余,作为探究者,试图系统辩证地分析融合教育,将其归整成一个体系。基于上述的机缘以及学者前辈、学友后生的建议,笔者便于2006年在顺利完成博士论文答辩之后考虑集中时间和精力撰写《融合教育导论》,其间因各种原因几乎放弃,但那本杂志显眼的黄色一直在书架上吸引着我的注意力,提醒我坚持下去,直到通过学友牵线搭桥让我与北京大学出版社的周雁翎主任取得了联系,才最终促使我于2008年春节期间将其他所有事情搁置起来,整理修改文稿,形成初稿。2008年3月初,在上海商讨特殊教育丛书出版计划时笔者打印了两份分别让方俊明教授、周雁翎主任指点,他们阅后给我提出了非常中肯的修改意见。其后北京大学出版社与丛书编撰委员会于2008年6月、2009年4月分别在南京、上海举行了教材编写研讨会。笔者对这两次会议提出的修改意见进行了较全面的吸收,并在修改过程中不断与特教界的朋友进行研讨,因此该书的观点、体系中包含着学界同仁智慧之"思",在此谨向他们表示真诚的问候与由衷的感谢! 同时向北京大学出版社关心特殊教育事业发展的编辑以及予以第一批特别资助立项(项目号:200801380)的中国博士后科学基金会表以最诚挚的敬意!

该书撰写过程中参考了大量著作、报刊、网站的研究成果,尽量做到引用规范,既便于读者进一步阅读参考,又表示对文献作者的感谢,但难免有所疏漏,在此对未列入注释和参考文献的作者,表示真诚的歉意。最后,由于笔者学识不多,能力不足,悟性不佳,虽数易其稿,但仍难免有疏漏与欠妥之处,敬请各位同仁不吝赐教为感!

---

① 当时翻译为"全纳教育"。

目 录

顾明远序 ……………………………………………………………………（1）
沈晓明序 ……………………………………………………………………（1）
丛书总序 ……………………………………………………………………（1）
前　　言 ……………………………………………………………………（1）

第 1 章　什么是融合教育 …………………………………………………（1）
　第 1 节　融合教育的概念辨析 ……………………………………………（1）
　　一、融合的界定 …………………………………………………………（1）
　　二、融合班级的特征 ……………………………………………………（2）
　　三、融合学校的性质 ……………………………………………………（4）
　　四、融合教育的概述 ……………………………………………………（4）
　　五、随班就读——具有中国特色的特殊教育安置方式 ………………（8）
　第 2 节　融合教育的逻辑分析 ……………………………………………（10）
　　一、命题分析 ……………………………………………………………（11）
　　二、推理分析 ……………………………………………………………（13）
　　三、辩证分析 ……………………………………………………………（15）
　　四、总结 …………………………………………………………………（16）
　第 3 节　融合教育的观点论争 ……………………………………………（16）
　　一、理据之争 ……………………………………………………………（16）
　　二、模式之争 ……………………………………………………………（18）
　　三、规模之争 ……………………………………………………………（19）
　　四、效果之争 ……………………………………………………………（20）
　　五、启示 …………………………………………………………………（22）
　第 4 节　融合教育的基本理念 ……………………………………………（23）
　　一、融合教育的基本理念：教育机会均等 ……………………………（23）
　　二、融合教育的四重境界：教育机会均等的价值追求 ………………（24）
　　三、实现我国特殊儿童教育机会均等的路径：随班就读 ……………（25）
　第 5 节　融合教育的困境 …………………………………………………（27）
　　一、理解困境 ……………………………………………………………（28）
　　二、理念困境 ……………………………………………………………（31）

三、理论困境 ……………………………………………………（32）
　　四、理想困境 ……………………………………………………（34）
　　五、总结 …………………………………………………………（35）

第 2 章　融合教育的历史发展 ……………………………………（37）
第 1 节　融合教育发展的历史背景 ……………………………（37）
　　一、人权运动的推动 ……………………………………………（37）
　　二、经济发展的支持 ……………………………………………（38）
　　三、社会文化观念的转变 ………………………………………（40）
　　四、教育改革的拓展 ……………………………………………（40）
　　五、科技发展的助动 ……………………………………………（41）
第 2 节　西方融合教育的历史发展 ……………………………（42）
　　一、特殊教育的正常化 …………………………………………（42）
　　二、回归主流 ……………………………………………………（43）
　　三、一体化教育 …………………………………………………（44）
　　四、融合教育 ……………………………………………………（45）
第 3 节　中国融合教育的历史发展 ……………………………（50）
　　一、中国大陆随班就读的历史发展 ……………………………（50）
　　二、中国港澳台地区的融合教育 ………………………………（57）

第 3 章　融合教育的模式 …………………………………………（64）
第 1 节　西方融合教育的模式 …………………………………（64）
　　一、资源教室模式 ………………………………………………（65）
　　二、咨询教师模式 ………………………………………………（68）
　　三、巡回服务模式 ………………………………………………（69）
　　四、资源中心模式 ………………………………………………（69）
　　五、教育配对模式 ………………………………………………（70）
　　六、合作学习模式 ………………………………………………（70）
　　七、特殊教育班模式 ……………………………………………（71）
第 2 节　我国融合教育的模式 …………………………………（71）
　　一、我国大陆的随班就读模式 …………………………………（71）
　　二、我国香港的全校参与融合教育模式 ………………………（76）
　　三、我国台湾的资源教室模式 …………………………………（83）

第 4 章　融合教育价值论 …………………………………………（93）
第 1 节　融合教育的人文价值 …………………………………（93）
　　一、人道的关怀价值 ……………………………………………（93）
　　二、人权的保障价值 ……………………………………………（95）
　　三、人性的陶冶价值 ……………………………………………（96）

四、文化的共建价值 ……………………………………………………（99）
　第2节　融合教育的经济价值 …………………………………………（100）
　　一、特殊教育的经济价值不容忽视 ……………………………………（100）
　　二、从人力资本理论来看融合教育的经济价值 ………………………（102）
　　三、从特殊儿童的发展审视融合教育的经济价值 ……………………（103）
　　四、从安置形式的投资比较审视融合教育的经济价值 ………………（104）
　　五、融合教育为经济发展提供了新的增长点 …………………………（105）
　第3节　融合教育的个体价值 …………………………………………（105）
　　一、儿童的个性化 ………………………………………………………（106）
　　二、儿童的社会化 ………………………………………………………（107）

第5章　融合教育的质量 ……………………………………………………（109）
　第1节　教育质量的概念 ………………………………………………（109）
　　一、教育质量之歧见 ……………………………………………………（109）
　　二、何谓质量 ……………………………………………………………（110）
　　三、教育本质之争 ………………………………………………………（111）
　　四、教育质量之分析 ……………………………………………………（111）
　第2节　融合教育质量的体系 …………………………………………（112）
　　一、一个核心 ……………………………………………………………（112）
　　二、两个要素 ……………………………………………………………（113）
　　三、三个环节 ……………………………………………………………（114）
　　四、四个层次 ……………………………………………………………（116）
　第3节　融合教育质量的标准 …………………………………………（118）
　　一、融合教育质量标准的建构 …………………………………………（119）
　　二、融合教育质量标准体系的分解 ……………………………………（124）
　　三、融合教育质量标准的阐释 …………………………………………（126）
　第4节　融合教育质量的保障条件 ……………………………………（130）
　　一、建立健全的融合教育体制 …………………………………………（130）
　　二、健全法律法规,加大融合教育经费投入 …………………………（131）
　　三、提高融合教育教师的素质 …………………………………………（131）
　　四、制定配套的融合教育评估措施 ……………………………………（131）

第6章　融合教育的评价 ……………………………………………………（133）
　第1节　融合教育评价的思路 …………………………………………（133）
　　一、评价观念现代化 ……………………………………………………（134）
　　二、评价主体专家化 ……………………………………………………（134）
　　三、评价目的过程化 ……………………………………………………（135）
　　四、评价方法科学化 ……………………………………………………（135）

五、评价标准客观化 …………………………………………………… (135)
　　六、评价材料效用化 …………………………………………………… (136)
　　七、评价结果反馈化 …………………………………………………… (136)
第2节　融合教育评价的方法 ………………………………………………… (137)
　　一、档案袋评定法 ……………………………………………………… (137)
　　二、测验法 ……………………………………………………………… (137)
　　三、访谈法 ……………………………………………………………… (138)
　　四、记录评估法 ………………………………………………………… (139)
　　五、工作样本分析法 …………………………………………………… (139)
　　六、问卷法 ……………………………………………………………… (140)
　　七、观察法 ……………………………………………………………… (141)
第3节　融合教育评价的内容 ………………………………………………… (142)
　　一、一个地区融合教育的评价 ………………………………………… (142)
　　二、一所学校融合教育的评价 ………………………………………… (147)
　　三、一个融合教育教室的评价 ………………………………………… (148)
　　四、教师评价 …………………………………………………………… (150)
　　五、学生评价 …………………………………………………………… (151)
第4节　融合教育评价程序 …………………………………………………… (152)
　　一、组织融合教育评价小组 …………………………………………… (152)
　　二、制定融合教育评价标准 …………………………………………… (152)
　　三、搜集融合教育评价资料 …………………………………………… (153)
　　四、处理融合教育评价信息 …………………………………………… (154)
　　五、完善融合教育实施计划 …………………………………………… (154)

第7章　融合教育的主体 …………………………………………………… (157)
第1节　融合教育的研究主体 ………………………………………………… (158)
　　一、研究主体的对象 …………………………………………………… (158)
　　二、研究主体的科研素质 ……………………………………………… (158)
第2节　融合教育的管理主体 ………………………………………………… (161)
　　一、管理主体的对象 …………………………………………………… (161)
　　二、管理主体的管理能力 ……………………………………………… (161)
第3节　融合教育的教学主体 ………………………………………………… (163)
　　一、教学主体的对象 …………………………………………………… (163)
　　二、教学主体的教学资格 ……………………………………………… (163)
第4节　融合教育的学习主体 ………………………………………………… (169)
　　一、学习主体的对象 …………………………………………………… (169)
　　二、学习主体的受教育权 ……………………………………………… (170)

第 5 节　融合教育的参与主体 …………………………………………（172）
　　　　一、参与主体的对象 …………………………………………………（172）
　　　　二、参与主体的参与角色 ……………………………………………（172）
　　第 6 节　融合教育的服务主体 …………………………………………（176）
　　　　一、服务主体的对象 …………………………………………………（176）
　　　　二、服务主体的服务内容 ……………………………………………（176）
第 8 章　融合教育：从学前教育到高等教育 ………………………………（178）
　　第 1 节　学前融合教育中的综合干预 …………………………………（178）
　　　　一、综合干预的提出 …………………………………………………（178）
　　　　二、四种综合干预策略 ………………………………………………（180）
　　　　三、综合干预的作用 …………………………………………………（184）
　　第 2 节　基础教育阶段融合教育发展应处理好的关系 ………………（185）
　　　　一、政策维度：处理好制定与执行的关系 …………………………（186）
　　　　二、安置形式：处理好特殊学校与随班就读学校的关系 …………（188）
　　　　三、质量标准：处理好"质标"与"量标"的关系 ……………………（189）
　　　　四、功能发挥：处理好家庭教育、学校教育与社区教育的关系 …（190）
　　　　五、发展内容：处理好生理发展与心理发展的关系 ………………（191）
　　第 3 节　残疾学生在普通高等学校接受教育的思考 …………………（192）
　　　　一、残疾学生在普通高等学校接受教育的理论依据 ………………（193）
　　　　二、残疾学生在普通高等学校接受教育的实践探析 ………………（193）
　　　　三、残疾学生在普通高等学校接受教育的问题分析 ………………（196）
　　　　四、残疾学生在普通高等学校接受教育的对策思考 ………………（196）
参考文献 ………………………………………………………………………（199）

第1章　什么是融合教育

融合教育(Inclusive Education,也称全纳教育)作为一种教育思潮正在席卷全球,推动世界各国的教育改革。全面认识融合教育,需要对其相关概念进行辨析,需要对融合教育的命题、推论等进行逻辑分析,需要对其中的观点纷争进行梳理,以明晰融合教育的基本理念。

第1节　融合教育的概念辨析

科学地把握融合教育的内涵需要逐层分析融合教育中"教育"前面的限定词"融合"的意思,理解融合教育的具体执行机构融合班级的特征,明晰融合教育的实施组织融合学校的性质,最后全面认识融合教育的概念并分析其与我国"随班就读"的关系。

一、融合的界定

"融合"一词在教育领域的运用,来源于英语中的"inclusion"[①]一词,有包容之意。1982年4月在美国明尼苏达州召开的一次会议上,美国教育部负责特殊教育项目的一位官员桑塔格博士(Dr. E. Sontag)在报告中提出,在选择特殊学生到正常班的干预政策中使用"包容概念"(Inclusion Concepts,或译为"包含")是合理的。1994年,美国著名的全国教育与融合研究中心 NCERI(the National Center on Education Restructuring and Inclusion)经过多年研究后提出了"包容"(inclusion)的定义:"对所有学生,包括有重大残疾的学生提供得到有效服务的机会,包括得到需要补充的工具和辅助性服务并安置到附近学校与其年龄相适应的班级,以使学生在社会中像所有成员一样拥有富裕生活。"[②]

"融合"在《现代汉语词典(第5版)》中作为动词,被解释为"几种不同的事物合成一体"。根据这种定义融合即将几个事物融为一体,按照互动性质(单向、双向)与互动意向(主动、被动)的维度可以组合成如下四种情况:

---

① 笔者注:"inclusion"在国内很多著作与文章中被翻译为"全纳",而在英文中"全纳"用的是"full inclusion",因此本书中将"inclusion"翻译为"融合",将"inclusive classroom"翻译为"融合班级",将"inclusive school"翻译为"融合学校",将"inclusive education"翻译为"融合教育"。如果后文引用的内容谈到全纳、全纳班级、全纳学校、全纳教育等,在没有特殊说明的情况下,分别与融合、融合班级、融合学校、融合教育同义。

② 朴永馨.融合与随班就读[J].教育研究与实验,2004,(4):38.

表 1-1　融合的两维分析表

	单向	双向
被动	（1）一方静候等待,被动接纳对方	（3）借助外力干预,被动彼此接纳
主动	（2）一方静候等待,主动接纳对方	（4）两方采取行动,主动接纳对方

无论是单向被动融合还是单向主动融合均存在两种情况：一是普通儿童（也称正常儿童）与特殊儿童（也称特殊教育需要儿童）之间的融合会出现将特殊儿童融入普通儿童之中的正向融合,二是会出现将普通儿童融入特殊儿童之中的反向融合。而双向被动融合与双向主动融合则更强调普通儿童与特殊儿童彼此的理解,但是前者是借助外力作用导致的彼此融合,可能出现"貌合神离"的情况,同伴关系难融洽;后者是双方彼此真诚接纳对方,出现的是"情投意合"的情况,能建立良好的同伴关系。

如果从两类儿童总体的角度来考察,还存在部分融合与完全融合的情况,前者主张将特殊儿童部分融合到普通儿童之中,后者主张将特殊儿童全部融合到普通儿童之中。鉴于特殊儿童中包括很多类别,部分融合又存在着哪些类别特殊儿童可融入普通儿童之中,以及同一类别的特殊儿童中具有哪些特征的可以融入普通儿童之中两种情况。从儿童不同的年龄阶段来看,包括同龄普通儿童与特殊儿童的融合,以及异龄普通儿童与特殊儿童的融合。从儿童所就读的阶段来看,存在学前普通儿童与特殊儿童的融合、学龄普通儿童与特殊儿童的融合、大龄普通儿童与特殊儿童的融合,等等。从时间的角度来看,"完全融合是指对特殊儿童进行全日制的普通教室安置,部分融合即让特殊儿童部分学习时间在普通教室学习"[①]。

二、融合班级的特征

从学校诞生起,儿童学习的理想场所往往被限定在学校的班级,因此融合教育所涉及的融合班级是"为所有的儿童提供教育"的场所,其中的儿童"包括那些有特殊教育需要的儿童"[②]。只要是接纳所有儿童的班级就是融合班级,融合班级并不特指普通班级或特殊班级两者之一,关键在于融合班级必须向所有的普通儿童与特殊儿童开放。但因融合教育观念来源于回归主流[③]的思想,其主要是把特殊学校和特殊班级看成是支流,把普通学校和普通班级看成是主流,利用普通学校和普通班级的优势要求将安置在特殊学校和特殊班级的特殊儿童从支流返回主流。如美国特殊教育专家雷诺（Reynolds）提出回

---

① 邓猛,朱志勇.随班就读与融合教育——中西方特殊教育模式的比较[J].华中师范大学学报（人文社会科学版）.2007,46(4):125.
② 陈云英,等.特殊教育学基础[M].北京:教育科学出版社,2004:429.
③ 回归主流的思想请参阅本书第2章第1节:融合教育发展的历史背景。

归主流的两个口号是"把学生还回来"和"永远不要把他们带走"[①]。因此,一般将融合班级(或主流班级)理解为普通班级。特别指出的是在中国大陆所提倡的"随班就读"中的"班"就是指普通班,这从国人向国外介绍"随班就读"时将该词翻译为"learning in regular class"就可见一斑。

按照融合互动性质与意向组合的四种情况可以推断出融合班级有四个层次。最低层次是单向被动融合的融合班级,即特殊儿童自己不情愿但是迫于外界的压力而进入融合班级,在融合班级中,他只是一个"看客",例如有些特殊儿童的家长出于个人的意愿将特殊儿童强行安置到普通班级。最高层次是双向互动融合的班级,即特殊儿童自己愿意与普通儿童一起学习,且班级中的普通儿童能主动接纳特殊儿童,在融合班级中,他是一个积极的"参与者"。我们期望的融合班级是一种双向互动的融合班级,它具有包容、互动、共享、共赢的特点。首先,融合班级包容差异,包容差异说明了普通儿童与特殊儿童不但能包容双方的共性,而且能包容对方的个性,彼此都能宽容对待对方的一切。其次,融合班级鼓励互动,互动说明班级中的普通儿童与特殊儿童能够主动接纳对方,了解对方的心理世界与精神世界,且能互帮互助。第三,融合班级倡导共享,共享说明了两者能分享所有的物质食粮与精神食粮,特别是在班级活动中能积极参与,分享其中的快乐与忧愁。第四,融合班级必须实现共赢,共赢说明了两者能在融合班级这一"融合的共同体"里相互作用,相互影响,共同实现优质高效发展,以实践"社会公正"的思想。尽管在学校中有些课程专门讲述社会公正,但融合班级真正将"社会公正"的思想付诸实践,在融合班级中,学生能亲身感受到"社会公正"的教育,而不仅仅只是学习"社会公正"的课程。[②]

那么融合班级的融合程度如何界定?沃尔德伦(Waldron,1996)将融合分为四个等级[③]:① 第一级只有轻度残障者全时参与普通班课程,而中度、重度障碍者仍待在普通学校中的特殊班。② 第二级则为轻度及中度障碍者全时参与普通班学习,减少抽离普通教室的时间,重度、极重度障碍者则安置在普通学校中的特殊班。③ 第三级是除了重度障碍者之外,所有学生都在普通班,与同年龄同伴一起学习。④ 第四级则不管其障碍程度如何,所有学生完全进入普通班,专家及助理在教室中协助最需要帮助的学生,普通班教师则负责安排普通学生与特殊学生的互助。

史密斯(Smith,1995)等人指出要检验融合教育是否真的得到落实,有下列明确指标可供参考:① 每个学生都是普通班的学生,不因其残障而被分到特别一组进行学习。② 能提供个别化教育方案给特殊需求学生。③ 能尊重每个学生,包括普通学生与特殊需求学生的学习权。④ 普通及特殊教师能充分合作与互助。⑤ 教育行政单位及学校能提供充分的行政资源,以支援普通班教师教学与特殊需求学生学习。⑥ 每位

---

① 陈云英,等.特殊教育学基础[M].北京:教育科学出版社,2004:428.
② Mara Sapon-Shevin. Learning in an Inclusive Community[J]. Educational Leadership, 2008,3:53.
③ 邱上真.特殊教育导论[M].台北:心理出版社,2002:30.

学生皆能完全参与班级的各项活动，不因其障碍而被善意或恶意地排除在外。⑦ 父母能参与孩子的个别化教育计划。⑧ 给特殊学生完整的课程，且尽可能改编课程内容以使其能和班上普通孩子分享。⑨ 提供合适的评量方式，不因其能力不同而减少或增加其学习的机会。①

三、融合学校的性质

融合学校作为融合教育的实施组织，同样必须为所有的儿童开放，接纳适龄的普通儿童与特殊儿童。对于普通学校来说，只要接受了符合条件的适龄特殊儿童，不管人数多少，它就是融合学校，例如中国大陆提倡的随班就读；对于特殊学校来说，只要接受了符合条件的适龄普通儿童，不管人数多少，它同样是融合学校，例如我国香港一些聋校转型为主流学校。但在大多数情况下，融合学校所指的是普通学校，其性质是"必须接受服务区域内的所有儿童入学，并为这些儿童都能享受到自身发展所需要的保证质量的教育提供条件"②。《萨拉曼卡宣言》指出："实施此种全纳方针的普通学校，是反对歧视、创造欢迎残疾人的社区、建立全纳性社会和实现人人受教育的最有效途径。进而言之，他们为绝大多数的儿童提供了一种有效的教育，提高了整个教育体系的效益，并从根本上改善了教育的成本——效益比。"③

融合学校的基本信念包括 ABC，即接纳（Acceptance）、归属（Belongs）和社区感（Community）。④《特殊需要教育行动纲领》提出融合学校的基本原则是："在一切可能情况下，全体儿童应在一起学习，无论他们有何种困难或差异。融合学校必须认识和照顾到学生之间的不同需要，顺应不同的学习类型和学习速度，通过适宜的课程、组织安排、教学策略、资源利用及社区合作，确保面向全体学生的教学质量。"

四、融合教育的概述

融合教育是由联合国教科文组织于1994年6月7日至10日在西班牙萨拉曼卡召开的世界特殊教育需要大会上通过的《萨拉曼卡宣言》和《特殊需要教育行动纲领》中提出的。关于融合教育的定义，可谓仁者见仁，智者见智，尚无定论，现择主要的阐述如下。

（一）定义

1. 国外的含义

（1）"全员教育思想"的融合教育释义

美国纽约市教育局局长将融合教育看作是"全体成员的教育"⑤。融合是一种价值倾

---

① 邱上真.特殊教育导论[M].台北：心理出版社，2002：31.
② 柳树森.全纳教育导论[M].武汉：华中师范大学出版社，2007：3.
③ 朴永馨.特殊教育学[M].福州：福建教育出版社，1995：381.
④ 柳树森.全纳教育导论[M].武汉：华中师范大学出版社，2007：4.
⑤ 黄志成.试论全纳教育的价值取向[J].外国教育研究，2001，(6)：19.

向。它以所有的特殊儿童都有权与同龄儿童一起在自然的、正常的环境中生活与学习为前提。它强调给予儿童平等参与所有的学校活动的机会(Smith,Pollo Way & Dowdy,2001)。① 可见,融合教育追求的是一种全员、全民教育的思想,在价值取向上"关注所有儿童的教育需求、关注集体、关注合作"②。

(2) "普通学校安置"的融合教育释义

苏珊和威廉(Suan & William,1996)认为,融合教育是指在普通学校和普通班内教育所有学生。它至少包括以下两个方面的内容：① 所有儿童都需要进入本学区的普通学校,并在与特殊儿童年龄相当的普通班接受教育。② 应对有特殊教育需要的所有儿童——无论是已被确定的特殊儿童,还是那些学业不良或有其他问题的普通儿童——提供适宜的教育服务,所提供的任何教育服务应建立在普通教育体系内且应在普通班内实施。③

英国的融合教育研究中心(Center for Studies on Inclusive Education)认为：融合教育指的是在适当的帮助下,残疾和非残疾儿童与青少年在各级普通学校的共同学习。融合意味着充分发挥学生的能力,使所有学生都能参与到学校的学习和生活中去。尽管学生的能力和学习成绩会有差异,但学生毕业后都要进入社会发挥其作用。④

上述概念中将融合教育的实施组织限定在普通学校,其实也反映了1994年《萨拉曼卡宣言》中的基本观点——"有特殊教育需要者必须有机会进入普通学校,这些学校应该将他们吸收在能满足其需要的、以儿童为中心的教育活动中。"

(3) "就近学校安置"的融合教育释义

美国全国教育改造与融合研究中心(the National Center on Educational Restructuring and Inclusion)将融合教育定义为：给所有学生(包括严重残疾的学生)提供均等的接受有效教育的机会；为了培养学生作为社会的正式成员来面对未来的生活的能力,就近学校中的相适年龄班级要给予他们充分的帮助和支持。英国的融合教育专家托尼·布思(Tony Booth)认为：融合教育是要加强学生参与的过程,是要促进学生参与就近学校的文化、课程和团体的活动并减少学生被排斥的次数。⑤ 融合教育是家长、教育者及社区工作者发起的运动。它寻求创设以接纳、归属、社区感为基础的学校。融合教育应在邻近学校的高质量、年龄适合的普通班级实施,并得到所有儿童的欢迎、承认,甚至强调他们的价值(Salend,1998)。上述定义均强调融合教育是将所有的儿童安置在就近的学校,一般是指普通学校,这在萨伦德(Salend)的定义中通过普通班级表现出来,但特殊学

---

① 柳树森.全纳教育导论[M].武汉：华中师范大学出版社,2007：4.
② 黄志成.全纳教育——关注所有学生的学习和参与[M].上海：上海教育出版社,2004：59.
③ 柳树森.全纳教育导论[M].武汉：华中师范大学出版社,2007：3.
④ 黄志成.试论全纳教育的价值取向[J].外国教育研究,2001,(6)：19.
⑤ 同上.

校可能也是邻近学校,从这个意义上讲,融合学校不仅仅包括普通学校,而且应包括特殊学校。在德国出现了一种"反向融合"的思想。按照这一想法,将来盲校和低视学校应该招收一些视力正常的学生。其思路就是想以这种方式既保存一体化就读的基本思想,又可适应视障学生的特殊需要。① 可见,"融合教育思想并不排斥特殊教育学校的存在和作用,也不是从形式上完全取消特殊教育学校"②。融合教育承认普通学校与特殊学校的价值,发挥优势互补,融合教育的实施组织——融合学校并不排斥特殊学校。当然,融合教育的质量不仅取决于学生的安置形式,更重要的是要能创造一个支持所有学生接受教育的良好环境。③

2. 国内的含义

尽管国内融合教育的定义因袭了国外的某些思想,但是对融合教育的界定仍有多种版本。如黄志成认为,融合教育"是一种全新的教育理念和持续的教育过程,它接纳所有学生,反对歧视排斥,促进积极参与,注重集体合作,满足不同需求,建立全纳社会"④。李义胜,蔡俊认为,融合教育"是一种集特殊教育和普通教育优势于一身的教育"⑤。

一般认为,融合教育是指教育应当满足所有儿童的需要,每一所普通学校都必须接收服务区域内的所有儿童入学,并为这些儿童都能受到自身所需要的教育提供条件。⑥ 而且,融合教育用"特殊需要儿童"的概念,来替代过去常用的"残疾儿童"和"特殊儿童"⑦的概念。这就打破了原有的按照残疾分类来给特殊儿童贴标签的做法,也扩展了特殊教育的范围,同时让人们从教育的角度而不是从医学的角度来考虑教育计划的制订。⑧ 可见,融合教育作为一种全新的教育理念,追求的是建立全纳社会和实现全民教育。"全纳社会与全民教育的宗旨一致,就是要保障所有学习者受教育的权利不会因为个人的特点与障碍而被剥夺,其最终目的在于建立一个更加公正的社会。"⑨

(二)融合教育与普通教育、特殊教育的关系

融合教育试图将原来接受普通儿童的普通教育与接受特殊儿童的特殊教育融为一体,因此融合教育推进的进程需要两种教育体系的通力合作,实现共融共存。融合教育与普通教育、特殊教育之间的关系可以通过图1-1体现出来。

---

① Blindenpädagogik in China[M]. New York: Waxmann Publishing Co. 2001,51.
② 柳树森.全纳教育导论[M].武汉:华中师范大学出版社,2007:5.
③ Leslie C. Soodak. Classroom Management in Inclusive Settings[J]. Classroom Management in a Diverse Society: Theory into Practice. 2003,42(4):328.
④ 黄志成.全纳教育展望——对融合教育发展近10年的若干思考[M].全球教育展望,2003,5.
⑤ 李义胜,蔡俊.融合教育:普通学校对特殊儿童的融合[J].现代特殊教育,2003,(5):8.
⑥ 郭福荣,翼一志,等.关于世界特殊教育大会的报告[J].特殊教育研究,1994,(3):2.
⑦ 这里的"特殊儿童"其实就是"特殊儿童"与"残障儿童"等的同义语,本书中所涉及的特殊儿童即为"特殊需要儿童"。
⑧ 周兢.学前特殊儿童教育[M].大连:辽宁师范大学出版社,2002:20.
⑨ 联合国教科文组织.全纳教育共享手册[M].陈云英,杨希洁,赫尔实,译.北京:华夏出版社,2004:13-14.

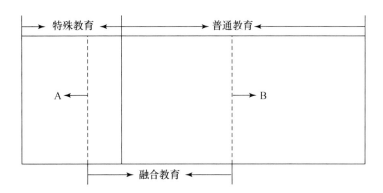

图 1-1　融合教育与特殊教育、普通教育关系图

如图 1-1 所示，融合教育需要打破原来普通教育与特殊教育的隔离体系，通过箭头 A 向特殊教育延伸，通过箭头 B 向普通教育延伸，最后实现普通教育体系与特殊教育体系形成融合的教育体系。其实，普通教育与特殊教育并非两个泾渭分明、截然对立的分离体系，两者具有教育的一般共性，其本质都是培养人，区别在于培养对象分别是具有共同性与特殊性的不同类型儿童。在特殊教育实践过程中，如果过分强调特殊教育与普通教育的共性，可能导致忽视特殊儿童身心特点差异性的倾向，进而将特殊教育纳入普通教育的发展轨道；如果过分强调特殊教育的特殊性，可能导致忽视特殊儿童与普通儿童共同性的倾向，进而将特殊教育与普通教育隔离起来。在普通教育实践过程中，如果过分强调普通儿童的一般性，可能会忽视普通儿童群体之间的差异、个体之间的差异、个体内的差异，导致采取"一刀切"的教育模式，忽视了普通儿童之间的身心差异，因而也就违背了因材施教的原则，所以特殊教育中强调特殊儿童差异性的观点可以为普通教育所借鉴，普通教育中强调普通儿童共同性的特点可以为特殊教育所借鉴，两者优势互补，共同促进所有儿童的成长。因此，我们应该采用辩证唯物主义的观点来分析普通教育和特殊教育的共同性与特殊性，融合教育正是将两者的优势组合起来的一种教育体系，通过对它的改进与完善可以满足所有儿童的一般需要和特殊需要。很多国家正在着力构建一种全民性的融合教育体系，如南非教育部 2001 年 6 月发布的教育白皮书提出"构建融合教育与培训体系"。[①]

（三）融合教育的特点

融合教育的三个基本特点是：① 要求在普通学校的普通班级内教育所有学生，无论他们有何种残疾，也无论他们的残疾程度如何，都必须在正常班级里接受所有的教育。教育要满足所有儿童的需要，并根据儿童自身的特殊需要提供特殊服务。② 融合教育要求教师与其他人员组成针对特殊需要儿童的工作小组，为有特殊需要的儿童提供高水平的支持。工作小组成员包括普通教育教师、特殊教育教师和家长等。③ 融合教育的课程

---

① Petra Engelbrecht, Marietjie Oswald, Chris Forlin. Promoting the implementation of inclusive education in primary schools in South Africa[J]. British Journal of Special Education, 2006, 3: 121.

由一般课程和个别化教育计划构成,课堂教学主要以小组学习的方式进行,保证每个儿童都有同样的机会参与活动,而不被孤立,即每个儿童在课堂中不是"看客",而是"主人"。加鲁西(Gallucci)等人1998年访谈融合班级中的特殊儿童时发现,这些儿童时刻强调自己在班级中不只是意味着身体的存在,而是真正成为班级的一员,其关键在于参与到班级活动中。[1]

(四)融合教育的原则

融合教育必须面向全体学生,满足所有儿童(包括普通儿童与特殊儿童)的特殊教育需要,使每个人的个性都得到充分和谐的发展,必须坚持主体性原则、正常化原则、早期干预原则、成功教育原则、教育平等原则、系统教育原则、个别化教育原则[2]等七大教育原则。

五、随班就读——具有中国特色的特殊教育安置方式

"随班就读"这一概念的正式提出是在1987年12月,当时教育部在《关于印发"全日制弱智学校(班)教学计划"的通知》中指出:"在普及初等教育过程中,大多数轻度弱智儿童已经进入当地小学随班就读。"随后,国家教育委员会在下发给各地的《关于特殊儿童少年随班就读工作试行办法》中对"随班就读"的定义是:"随班就读就是让具有一定能力的视障、听障、弱智等特殊儿童少年就近进入普通学校同普通学生一起学习、一起活动,共同进步。"[3] 2003年,在《关于印发〈全国随班就读工作经验交流会议纪要〉的通知》中指出,"随班就读"是我国实施融合教育的一种形式,是"我国基础教育工作者特别是特殊教育工作者参照国际上其他国家的融合教育做法,结合我国的特殊教育实际情况所进行的一种教育创新"[4]。

随班就读,是我国特殊教育工作者在长期的实践工作中,吸取了西方回归主流的观念,结合中国经济、文化等具体情况,让轻度特殊儿童进入普通学校学习的特殊教育模式。它对普及特殊儿童义务教育起了巨大的作用。根据全国教育事业发展统计公报,2019年随班就读在校生39.05万人,占特殊教育在校生49.15%。2009年,北京市出台《关于进一步加快首都特殊教育事业发展的意见》提出:"大力发展随班就读教育,切实提高教育质量""完善随班就读的教研、科研、资源支持和教师培训体系"。在这一时期,特殊儿童随班就读人数占残疾学生总人数的比例已达到60%,形成随班就读占主体的特殊教育格局。[5] 但我国的随班就读是否简单等同于西方的融合教育呢?有些研究者认为两者是等同的,并在国际学术交流中直接使用"Mainstreaming"(回归主流)或"Inclusive education"(或Inclusion,融合教育)等术语来描述我国随班就读的情况,并认为我国随班就

---

[1] Rachel E. Janney, Martha E. Snell. Modifying Schoolwork in Inclusive Classrooms[J]. Theory into Practice, 2006; 45(3), 216.

[2] 兰继军,李国庆,柳树森. 论全纳教育的教育原则[J]. 中国特殊教育,2003,42(6):10-14.

[3] 国家教育委员会基础教育司. 特殊教育文件经验选编[M]. 北京:人民教育出版社,1989.

[4] 教育部基础教育司,中国残疾人联合会教育就业部. 关于印发《全国随班就读工作经验交流会议纪要》的通知,2003;5.

[5] 孙颖,王善峰,杜媛,朱振云,陈瑛华. 基于生态系统理论构建的融合教育专业支持系统探究—以北京市为例. 中国特殊教育,2020,(7):24.

读模式受国际特殊教育理论如回归主流或一体化思想的影响,因而具有国际性。① 笔者认为,二者不能画等号,我国的随班就读是融合教育的浅层模式,②它产生的背景有别于西方的融合教育,并且发展也有待完善。

我国特殊教育资深专家朴永馨先生在《融合与随班就读》一文中对随班就读与回归主流进行了比较,列出了四点共同之处:① 教育安置形式相同或相似,均把残疾学生安置到普通班级(或主要是在普通班级)与正常学生一起上课。② 学生都有平等受教育的权利。③ 体现残疾学生与社会、特殊教育与普通教育相融合的思想。④ 根据学生的个体差异采取个别帮助、辅导或咨询。由于中美两国国情的不同,在随班就读与回归主流两者之间也有至少十点不同(见表1-2)③:

表1-2 中国的随班就读与美国的回归主流的比较

方面	随班就读	回归主流
出发点	为普及义务教育使特殊儿童尽快就近入学	普及义务教育后教育机会均等、人权
目标	在穷国普及世界上人数最多的特殊教育	残疾人共享教育资源,回归社会主流
法律依据	国家法律规定随班就读和制定相关章程	法律没有规定回归主流,仅规定最少受限制环境(LRE)、个别化教育计划(IEP)等
教师及指导方式	基本是班主任及任课教师课前、课后、课上照顾	有IEP计划,有助理教师、辅导(咨询)教师和教室
对象	基本是轻度弱智、重听、盲生等类有条件者	可以是全部学生,尽可能回归
理论基础	特殊儿童与普通儿童有基本的共性,也有特殊性,二者是统一的	人权
教育体系中地位	特殊教育格局的三种主要安置形式之一(此外还有特殊教育班和特殊教育学校)	提倡最佳的唯一形式,是发展趋势的形式,实际也有多种形式,是言语等类残疾学生教育的主要形式
班级人数	普通班级40~80人,随班就读者仅1~3人	班级人数少(20人左右),随班的也少
经费	节约,少花钱多办事	并不省钱,有时还需要更多经费
班级社会群体	互助友爱,集体帮助,中华优良传统和道德风尚的发扬	强调个人自我发展和独立,较少集体间互助

邓猛教授等研究者在总结文献的基础上,列出了随班就读与融合教育的几点显著不同④。

---

① 邓猛,朱志勇.随班就读与融合教育——中西方特殊教育模式的比较[J].华中师范大学学报(人文社会科学版),2007,46(4):126.
② 雷江华,邬春芹.我国一体化教育模式探讨[J].现代特殊教育,1998,60(9):17.
③ 朴永馨.融合与随班就读[J].教育研究与实验,2004,(4):39-40.
④ 邓猛,朱志勇.随班就读与融合教育——中西方特殊教育模式的比较[J].华中师范大学学报(人文社会科学版),2007,46(4):127.

（1）随班就读参照了西方融合教育的做法，例如，也是将特殊儿童安置于普通教室，逐渐重视学生的潜能的鉴定与开发；另一方面，它也保留了某些苏联教育的影响，例如，重视对学生的缺陷进行补偿与矫正，这些缺陷学的理论与方法在中国特殊教育领域受到重视，其效果也为实践所证明。

（2）融合教育以西方的自由、平等、多元的社会文化价值观念为基础，而中国特殊教育发展生长于传统儒家教育思想的历史文化背景之上，并体现社会主义的政治与教育理念。

（3）随班就读处于起步阶段，还比较简单、粗糙，并不像融合教育那样具备一个理想的教育哲学或完备的教育目标、方法体系；随班就读只是解决我国特殊儿童教育问题的一个切实可行的具体实施方法。西方"瀑布式体系"较系统，供选择的层次较多，而我国以随班就读为主体的发展格局比较简单，层次较少。

（4）融合教育的根本目标是要在普通教室为包括特殊儿童在内的所有儿童提供高质量的教育，面向的是全体学生；随班就读的服务对象目前来说还是以盲、聋、弱智三类特殊儿童为主，许多中重度残疾、综合特殊儿童以及其他残疾类型的儿童还没有进入普通学校，还没有上学接受教育的机会。

尽管随班就读与融合教育具有一定的差异，但是肖非教授坚信中国的随班就读最终会"演变成为真正的融合教育"[①]。从随班就读与回归主流的比较以及随班就读与融合教育的比较来看，我国开展随班就读的初衷是尊重特殊儿童的教育权利，但根本的出发点是为了普及义务教育，让特殊儿童与普通儿童享有平等的教育权。我国的随班就读有三种形式：① 在普通学校的普通班级上课。② 普通学校附设辅读班。③ 一所学校兼有特殊部和普通部，类似于西方的教育配对模式。

第2节 融合教育的逻辑分析

一般来说，"规范的科学理论形成一个有层次的语言结构：事实、规律、理论。从科学事实（单称命题）出发，经过归纳等方法由事实上升到科学规律（全称命题），再按照假说——演绎模式把规律组织为科学理论"[②]。融合教育的发展不能仅仅是满足于国家教育发展的一种理想蓝图，而且要形成系统的科学理论，更要将科学的理论付诸实践，推动教育的改革。因此，融合教育要从一种教育思潮上升到一种教育理论，需要对融合教育中包含的最基本的命题、推论等进行逻辑分析，进而明晰融合教育的必要性与可行性。

---

① 肖非.中国的随班就读：历史·现状·展望[J].中国特殊教育，2005，(3)：6.
② 刘大椿.科学哲学通论[M].北京：中国人民大学出版社，1998：65.

一、命题分析

特殊儿童融合教育运动是建立在这样一个命题假设的基础上的,那就是"特殊儿童能在普通班级中与普通儿童一样接受良好的教育"。这一命题的确立主要来源于两个方面:一是对国外特殊儿童教育安置形式的借鉴,二是对我国特殊儿童教育安置效果的评估。无论是借鉴国外的经验还是立足国内的现实,我们都必须分析这一命题是单称命题,还是全称命题,甚或是概率命题。如果是单称命题,只能说明某位儿童能在普通班级中与普通儿童一样接受良好的教育,这一例证在现实生活中可以很容易找到,例如,听觉障碍儿童周婷婷能在普通课堂接受良好的教育。

如果是全称命题,就说明所有的特殊儿童都能接受融合教育。其实,全称命题作为全称归纳得出的结论是"或然的"[1],可能为真,可能不一定真,仅仅是个"猜想",其中的猜想对不对,还必须进一步加以验证,否则可能犯以偏概全的错误。这样,"所有的特殊儿童都能接受融合教育"的全称命题可能会导致将特殊儿童教育安置形式推向极端化的倾向,正迎合了某些人"取消特殊教育学校"的主张,可能不利于融合教育的健康发展。

如果是概率命题,就会得出这样的陈述:百分之几的儿童能接受融合教育。特殊儿童中固然有不少在普通学校求学,甚至有少数特殊儿童取得了极大的成功,但是依然有相当大一部分特殊儿童,因各种原因未能进入普通学校,甚至有些进入普通学校的特殊儿童又重新回到了特殊学校,这说明了"特殊儿童能在普通课堂中与普通儿童一样接受良好的教育"这一命题只能看成是一个概率陈述,即一部分特殊儿童能接受融合教育,另一部分特殊儿童难以接受融合教育。

鉴于"特殊儿童能在普通班级与普通儿童一样接受良好的教育"作为概率陈述的特点,特殊儿童的融合教育应该根据主客观的条件来进行具体的判断,或许采取多元的安置方式更有利于特殊儿童的发展。美国回归主流的"瀑布式"教育体系[2](图1-2)实际上可以作为特殊儿童在融合教育中安置的一种参考。根据美国教育部 2007 年提交的年度报告显示[3],截至 2003 年秋季,美国各种安置形式下接受教育的特殊儿童比例如下:普通班级占 49.89%,学生在普通教室中接受大部分教育,在普通教室之外接受特殊教育和相关服务的时间不超过教学日的 21%;资源教室占 27.67%,学生在普通教室中接受部分教育,在资源教室接受特殊教育和相关服务的时间比例在 21%~60%;普通学校特殊班占 18.51%,学生在普通教室中接受部分教育,在特殊班接受特殊教育和相关服务的时间占教学日的 60% 以上;特殊教育学校占 2.81%;寄宿制特殊学校占 0.66%;在家或住院占 0.45%。

---

[1] 刘文君. 普通逻辑导论[M]. 武汉:华中师范大学出版社,1992:187.
[2] 方俊明. 当代特殊教育导论[M]. 西安:陕西人民教育出版社,1998:59.
[3] U. S. Department of Education. 27th Annual Report to Congress on the Implementation of the Individuals with Disabilities Education Act, Vol. 2, Sep. 2007. 转引自刘春玲,江琴娣. 特殊教育概论[M]. 上海:华东师范大学出版社,2008:7.

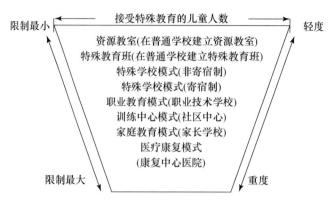

图 1-2　美国回归主流教育模式与机构示意图

融合教育的核心思想是"教育应当满足所有儿童的需要，每一所普通学校都必须接收服务区域内的所有儿童入学，并为这些儿童都能受到自身所需要的教育提供条件。学校不能只为一部分普通儿童服务，而将另一部分儿童拒之门外"[①]，这里的"另一部分儿童"其实是指特殊儿童。融合教育实质上主张将特殊儿童与普通儿童在普通班级混合就读，然而这可能只适合于少数资质优异的特殊儿童。如果把资质一般的特殊儿童也安置于普通学校，就可能会增加他们生活、学习中的挫折感，不利于他们身心得到最优化的发展。因此，特殊教育工作者和家长将特殊儿童进行安置时，必须针对特殊儿童的具体情况区别对待，采取适合特殊儿童身心发展的教育形式，即在特殊教育领域中实施因残施教，从而探索出一条投资少、见效快、效益大的特殊儿童教育发展的特殊教育新模式。

因残施教[②]就是根据特殊儿童自身的愿望、能力发展水平，针对特殊儿童的个别差异、年龄特征，及残疾的类型、性质与程度不同，有的放矢地对他们进行有差别的教育、教学，使特殊儿童获得最佳发展。实施因残施教所要遵循的基本要求：① 因残施教应根据特殊儿童接受能力的不同，把他们安置在能够满足他们需要的教育场所，进行有目的、有计划、有区别的教育，使他们获得最佳的发展。② 因残施教应根据特殊儿童残疾类型的不同，对特殊儿童进行有目的、有计划、有区别的教育。③ 因残施教应根据特殊儿童残疾性质的不同，对他们分班进行有目的、有计划、有区别的组织教学。④ 因残施教应根据特殊儿童残疾程度的不同，对他们分班分组进行有目的、有计划、有区别的组织分类教学。

因残施教是特殊儿童身心发展的客观规律在教育、教学中的反映，特殊学校和其他特殊教育机构在教育、教学中只有针对特殊儿童的共同特点和个别差异实施因残施教，才能更充分地调动特殊儿童学习的自觉性和积极性，充分发掘特殊儿童的内在潜能，以使更多特殊儿童达到培养的要求。因此，因残施教在特殊教育中有重要的意义：① 因残施教是保障特殊儿童受教育权利的最佳体现。② 因残施教是促进特殊儿童身心健康发

---

① 郭福荣，等.关于世界特殊教育大会的报告[J].特殊教育研究，1994(3)：1-2.
② 雷江华.论因残施教[J].山东特殊教育.1997，92(4)：12-14.

展的有效途径。③ 因残施教是因材施教在特殊教育上的具体体现。④ 因残施教是实现残疾人就业的重要保障。

二、推理分析

根据结论的推导方向的不同,可将推理分为演绎推理、归纳推理和类比推理;根据前提是否蕴涵结论,推理可分为必然性推理和或然性推理。其中演绎推理是必然性推理,归纳推理和类比推理是或然性推理。

(一) 归纳推理分析

归纳推理是从个别知识的前提推出一般知识的结论的推理,包括完全归纳推理、不完全归纳推理(全称归纳与统计归纳)和典型归纳推理。"所有特殊儿童能在普通班级中与普通儿童一样接受良好的教育"这一表述,如果作为完全归纳推理得出的结论,就必须考察特殊儿童的全部包含对象在普通学校是否能与普通儿童一样接受良好的教育,如果所有的特殊儿童适应了普通学校的学习,取得了预期的效果,那么它就可以作为一个一般性的结论成立,就相当于后述的演绎推理,具有了必然性。但是,所有特殊儿童都能在普通班级学习,可能需要考虑以下几个问题:① 所有特殊儿童能否穷尽?② 某个对象在普通班级中的学习情况是否真实?③ 该儿童的属性是否是特殊儿童?④ 普通班级是否是真正意义上的普通班级?

全称归纳推理与统计归纳推理都属于不完全归纳推理,具有或然性。"所有特殊儿童能在普通班级中与普通儿童一样接受良好的教育"这一表述,如果作为全称归纳得出的结论,因其前提只考察了特殊儿童的某类对象,而非全体对象,故结论超出了其前提断定的范围,只可能是"以偏概全"。根据特殊儿童融合教育的情况进行统计归纳推理,得出的结论就是"百分之几的特殊儿童可以在普通班级与普通儿童一样接受良好的教育",但是概率推算出来的结论需要随着实际情况的改变而做出改变。根据美国每年统计的数据,不但所有特殊儿童在普通班级接受教育的百分比并不完全一致,而且不同类别的特殊儿童在普通班级接受教育的百分比也千差万别。因此,根据归纳主义的累进模式[①](图 1-3)可对不同类型的特殊儿童融合教育的情况进行概括。"事实 a(听障儿童 $a_1, a_2, \cdots, a_n$ 在普通班级与普通儿童一样接受了良好的教育)"概括出的"定律 a(听障儿童能在普通班级与普通儿童一样接受了良好的教育)","事实 b(视障儿童 $b_1, b_2, \cdots, b_n$ 能在普通班级与普通儿童一样接受了良好的教育)"概括出的"定律 b(视障儿童在普通班级与普通儿童一样接受了良好的教育)","事实 c(肢体障碍儿童 $c_1, c_2, \cdots, c_n$ 能在普通班级与普通儿童一样接受了良好的教育)"概括出的"定律 c(肢体障碍儿童在普通班级与普通儿童一样接受了良好的教育)",进而得出了更一般的规律 A(生理发展障碍儿童能在普通班级与普通儿童一样接受了良好的教育)。同样,在通过"事实 n"概括出的"定律 n"的基础上得出"更一般的规律 B(认知发展障碍儿童能在普通班级与普通儿童一样接受了良好的教

---

① 刘大椿.科学哲学通论[M].北京:中国人民大学出版社,1998:126.

育)""更一般的规律 C(语言发展障碍儿童能在普通班级与普通儿童一样接受了良好的教育)""更一般的规律 D(情绪和行为问题儿童能在普通班级与普通儿童一样接受了良好的教育)""更一般的规律 E(超常儿童能在普通班级与普通儿童一样接受了良好的教育)"。最后通过特殊儿童①(包括生理发展障碍儿童、认知发展障碍儿童、语言发展障碍儿童、情绪和行为问题儿童、超常儿童)而概括出"所有的特殊儿童都能在普通班级和普通儿童一样接受了良好的教育(即融合教育所主张的教育必须针对所有儿童的融合教育理论)"。

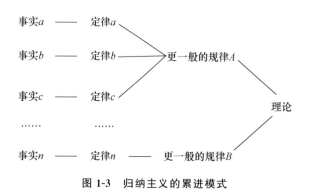

图 1-3 归纳主义的累进模式

典型归纳推理是从一类实物中选择一个标本作为典型,对它进行考察,然后将其显示的某种属性概括为同类其他个体对象共同具有的属性。② 它不同于作为积累式的完全归纳与全称归纳,是一种非积累式的归纳推理。通过典型归纳推理得出的结论——"所有特殊儿童都可以在普通班级与普通儿童一样接受良好的教育"是或然性的。

从归纳推理分析中发现,既然除了完全归纳以外的其他归纳推理得出的结论都不具有一般的普遍性,那么针对特殊儿童的融合教育应该保持一种慎重的态度。目前我国特殊儿童在普通班级进行融合教育的数据尽管有统计归纳推理,但是这种统计归纳推理发现的只是百分之几的特殊儿童在随班就读,至于效果如何,需要进行深入的统计分析,才能更好地促进融合教育的发展。目前并不是所有的特殊儿童都能在普通班级接受融合教育,融合教育的实施存在各方面的阻力。如 2000 年世界教育论坛总结出融合教育推行的障碍主要有政府对推行融合教育的意识薄弱,资金不足,运用不善,债务负担重,对贫困和被排斥的学生的学习需求不够重视,不重视学习质量,缺乏扫除男女不平等现象的决心等。③

(二) 演绎推理

演绎推理是从一般性知识的前提推出特殊性知识的结论的推理。只要其前提为真,其结论必然为真。因此,演绎推理的必然性是以其前提的真实性为条件的,如果"所有特殊儿童都能在普通班级与普通儿童一样接受良好的教育"这一前提为真实的,那么特殊

---

① 周兢.学前特殊儿童教育[M].大连:辽宁师范大学出版社,2002:3-8.
② 刘文君.普通逻辑导论[M].武汉:华中师范大学出版社,1992:194.
③ 联合国教科文组织.全纳教育共享手册[M].陈云英,杨希洁,赫尔实,译.北京:华夏出版社,2004:17.

儿童融合教育的推进就毋庸置疑。要考察前提的真实性，必须通过实践，这就返回到了归纳推理的过程，特别是完全归纳推理的过程。众所周知，几乎所有的科学知识都来源于单称陈述或者单称命题，即源于对特殊个体的特殊观察，然后通过对经验的个别事实进行归纳，"但归纳并不论证规律的有效性，而只论证这个有效性的或然性；明确地得到证实的是或然性，而不是有效性"①，即并不是所有的单称陈述皆能上升为普遍的科学规律，即全称命题，其有可能上升为或然性的概率命题。因此，对融合教育推进过程进行演绎推理一定要注意前提条件的合理性。

（三）类比推理分析

类比推理是指根据两个或两类对象在一系列属性上是相同（或者相似）的，而且已知其中的一个对象还具有其他属性，而推出另一个对象也具有相同（或相似）的其他属性的结论。② 特殊儿童融合教育的类比推理可能表现为以下形式。

听障儿童能在特殊学校特殊班、普通学校特殊班学习，而且能在普通学校的普通班随班就读。
视障儿童能在特殊学校特殊班、普通学校特殊班学习。

视障儿童也能在普通学校的普通班随班就读。

根据上述类比推理的形式同样可以推导出其他类型的特殊儿童能在普通学校随班就读的结论。融合教育的类比推理只是说明了普通班级仅作为特殊儿童接受教育的一种形式，并没有否定其他形式的安置，不过在类推的过程中需要注意有些特殊儿童（多重障碍儿童）尽管能在特殊学校的特殊班就读，但在普通学校的普通班安置时要特别慎重。

三、辩证分析

前述的形式逻辑分析给我们提供了比较稳定的逻辑分析框架，但辩证唯物主义告诉我们要促进融合教育的发展，需要着重研究融合教育与特殊教育、普通教育的联系和发展的一般规律，即对立统一规律、质量互变规律与否定之否定规律。

从对立统一规律的角度来看，融合教育将原来分离且对立的普通教育、特殊教育统一起来，促进了普通教育与特殊教育朝着提高教育质量的共同方向进行改革，两者之间的矛盾斗争促进了彼此之间的相互渗透，不但生成了各自发展的动力，而且促进了普通儿童与特殊儿童之间教育公平实现途径的拓展。

从质量互变规律的角度来看，融合教育的发展具有阶段性和连续性相统一的特点，融合教育推行之初让特殊儿童到普通学校随班就读，体现了量的积累的过程，通过量变促进质变，即使融合教育从刚开始的普及到最后的提高，最终实现所有儿童"同在蓝天下""同坐课堂中"的局面，"从随班就读到同班就读"③。

---

① [德]埃德蒙德·胡塞尔.逻辑研究（第一卷）[M].倪梁康,译.上海：上海译文出版社,1994：53.
② 刘文君.普通逻辑导论[M].武汉：华中师范大学出版社,1992：214.
③ 邓猛,景时.从随班就读到同班就读：关于全纳教育本土化理论的思考.中国特殊教育,2013,(8)：3-9.

从否定之否定规律的角度来看,融合教育内部也包含着肯定和否定两个方面、两个因素。这体现在融合教育的利弊表现上。斯坦贝克(Stainback,1993)等人指出融合教育的优点有:① 每个人都受益,而非特定的对象或族群。② 将教育资源和努力放在教学上,而不把时间与金钱花在分类、标记与鉴定上,学生受益较快,而教育经费也可精简。③ 给予每位学生在社会性互动与教学上的支持,建立相互依存、互相尊重与彼此负责的教室生态。不过,融合教育并非全无缺点,也并非容易实施,学者们指出其至少有如下缺点:① 普通教育与特殊教育的合作基础尚未建立,合作技术尚未形成。② 缺乏实际资料支持。③ 降低教育品质,教学效率差。④ 目前教育经费、师资训练、教师资格皆以双轨制为主。⑤ 部分学生还是较适合接受特殊教育。⑥ 并非每位教师都有能力教导所有的学生。⑦ 标记并非没有好处,甚至有必要。⑧ 缺乏具体实施方案。[①] 融合教育的肯定方面与否定方面共同构成的统一体,辩证的否定强调融合教育的自我否定,如果融合教育的否定方面战胜了肯定方面,就会演变为他物(普通教育或特殊教育);如果融合教育的肯定方面战胜了否定方面,就会不断朝前发展。辩证的否定强调融合教育的发展不是通过一次量变或质变完成的,而是通过多次螺旋式上升完成的,发展的趋势是大势所趋,但发展的道路可能充满艰辛。

四、总结

特殊儿童的融合教育要作为一个科学的理论在全社会、全世界推广,就要从单称命题上升到概率命题或全称命题,就要在归纳推理的基础上进行演绎推理,并有必要在一定时间与范围内对在普通班级内的特殊儿童进行分类观察并将数据进行统计,从而得出统计规律。尽管统计规律与必然规律有较大差别,但是两者皆为科学陈述的两种形式,都具有解释和预言的功能,即解释已经知道的事实以及预言尚未知晓的事实。融合教育的发展需要处理好与特殊教育、普通教育之间的关系,需要从"量"的普及达到"质"的提高,需要通过不断的辩证否定完善自我。

第3节 融合教育的观点论争

尽管融合教育作为一种全新的教育思想正在指导着特殊教育的改革,但是很多国家对融合教育的研究存在争论,例如英国、美国、加拿大等。这些争论主要集中在融合教育的概念[②]、理据、模式、规模、效果等方面。

一、理据之争

赞成融合教育的论据为:① 融合教育之理论基础来源于"正常化原则"。其主张使

---

① 邱上真.特殊教育导论[M].台北:心理出版社,2002:29-30.
② "概念之争"已体现在融合教育概念分析之中,另请参阅雷江华.全纳教育之论争[J].教育研究与实验,2004(4):48-52.

特殊儿童能在与普通儿童的要求相同或近似的条件下生活、学习。特殊儿童与普通儿童同校就读的要求就是从这一定义引发出来的。② 融合教育实施的教学方式有多种,例如,特殊儿童可在由一名巡回教师进行特教咨询指导的普通教学班就读,或者在配有两名教师的普通教学班就读。融合教育的目的是减少那些把特殊儿童从普通儿童群体中划分出来的隔离因素。③ 融合教育可起到反隔绝的作用,可以使特殊儿童一开始就生活在正常人群的环境之中,有利于其社会交往能力的发展,为特殊儿童创造了回归社会和参与文化生活的可能。④ 融合教育贯彻"就近入学"的原则,有利于争取家长的配合,使家庭教育和学校教育形成一股合力,且可以减轻或者避免特殊儿童因远离家庭造成的心理和生理负担。

反对融合教育的论据有:① 融合教育不能满足特殊儿童在教育方面的特殊需求,只有高度专门化的特殊学校才能做到这一点。② 融合教育使特殊儿童在普通班级难以适应课程教学的要求。如很多融合学校缺乏为特殊儿童配备的必要的辅助器具(如应为视障儿童配备的助视器具、定向行走辅助工具、教材教具)和相应的工作人员(如特殊教育教员),不能为所有特殊儿童提供符合其需要的教育及资源支持,而特殊学校能够做到。③ 融合教育不利于多重障碍儿童(如既盲又弱智的儿童)的身心发展,因为他们需要有终身的强化辅助,有必要为他们营造一个有保护性的空间环境。④ 实施融合教育的普通学校从教学组织形式和条件上完全不同于特殊学校,班级明显大得多(每班约40人左右),教师难以照顾到特殊儿童的特殊需要,而特殊学校班级明显小得多(每个班约10名学生),且拥有的教师和管护人员的数量多得多。⑤ 实施融合教育的学校的教学人员很多没有受过特殊教育方面的专业培训,难以根据特殊儿童身心特点进行差异教学和缺陷补偿。⑥ 融合教育不利于特殊儿童学术利益的发展。

理据之争从教师对待融合教育的态度中可见一斑。教师对融合的态度基本上有三种:积极支持态度、消极排斥态度、中立态度。由于各国的国情不同,不同国家的教师对待融合的态度也存在一定的差异。在一项对美国、德国、以色列、中国、加纳和菲律宾等六个国家的3500多名普通小学教师的比较研究中发现,不同国家的教师对融合的态度存在一定的差异,美国和德国的教师支持融合,其他四个国家及地区对融合持中立的态度。①

目前尚未发现对融合持完全消极态度的国家。不过教师对待融合的不同态度在同一个国家的教师中也有所体现。在巴勒斯坦,60%的教师认为残疾学生或有特殊需要的学生应该融合。② 在加拿大,有人提倡充分的融合,每个学生都融入普通教育班级中,另

---

① Liv Randi Opdal, Siri Wormnaes & Ali Habayeb, Teachers' Opinions about Inclusion: A pilot study in a Palestinian context[J]. International Journal of Disability, Development and Education, 2001, 48: 144.
② 孙建荣,冯建华,等. 憧憬与迷惑的事业——美国文化与美国教育[M]. 北京:中国社会科学出版社,2000: 101.

一些人主张为有特殊需要的学生提供隔离的环境。① 总之，赞成者认为："在隔离环境里上学实际上是剥夺了特殊儿童的均等机会。"反对者则认为："不考虑个别小孩的特殊需要，而把他们放在同一环境里，其实是剥夺了他们的均等教育机会。"② 可见，很多国家当前仍对融合教育缺乏一致的看法，如在美国，为特殊儿童提供何种教育环境和服务由各校区自行决定。根据20世纪末美国教育部每年向国会提交的报告（Annual Report To Congress），全美3～21岁12类特殊儿童青少年不少于543万人，约有超过1/4在隔离的特殊教育学校（班）和医疗等隔离环境中，有2/3的言语障碍、1/4的肢体障碍残疾学生在普通班级中，而仅有不到5%的弱智学生在普通班级中学习。各地区情况也不相同：在马里兰州、亚拉巴马州、马萨诸塞州等地有40%以上的残疾学生在正常班，而在得克萨斯、亚利桑那、印第安纳等州在正常班的残疾学生不足10%，有的甚至只有2%～3%。③

据我国有关调查显示，在被调查的100名教师中，对随班就读持否定态度的达67.3%，其中，认为这些学生学习能力差或难以理解所学知识的教师达总数的65.68%，认为教师专业知识和经验不够的教师占总数的49.73%。④ 可见我国普通教师对有特殊教育需要的学生在普通班随班就读的态度上总体是消极的。

二、模式之争

模式之争主要集中在特殊学校教育模式、特殊学校与普通学校分担模式究竟属不属于融合教育的模式，融合教育的实施系统——融合学校是否包含特殊教育学校或者普通学校特殊班上。模式的争论在很大程度上反映了人们对融合教育的误解。有人认为，融合教育就是要将所有的儿童安置在普通学校，而且应该融合到普通的班级中去。其将"最少受限制环境"理解为正常人的学习和生活环境。而有人则反对这种看法，认为融合教育应考虑儿童在学校学习和生活的质量，如果儿童在普通学校的普通班仅仅"随班就坐"，并没有达到"就读"的状态，这种融合恐怕是弊大于利。"对于那些真正被全纳的学生，他们会全身心地、积极地参与到主流学校的生活中去，会被看作是学校有价值的成员并和学校融为一体。如果全纳真是如此，那么许多一体化教育的方式（如特殊学校学生定期到主流学校去，在主流学校设特殊班等）都不能算是全纳教育。"⑤ 这些被融合的学生不如被安置到适合其生活与学习的特殊学校教育环境中去。

因此，融合教育应有多元化的教育模式，采用何种教育模式仅是形式上的不同，其关键在于提高融合学校容纳和服务所有学生的能力，在多层次、多层面上实现教育公平，提

---

① Stanley J. Vitello, Dennis E. Mithaug. Inclusive Schooling: National and International Perspectives[M]. London: Lawrence Erlbaum Associatates, Inc., Publishers,1998: 24-34.
② 孙建荣,冯建华,等.憧憬与迷惑的事业——美国文化与美国教育[M].北京：中国社会科学出版社,2000: 101.
③ 朴永馨.融合与随班就读[J].教育研究与实验,2004,(4): 38.
④ 韦小满,袁文得.关于普小教师与特教教师对有特殊教育需要的学生随班就读态度的调查[J].中国特殊教育,2000,(3): 32-33.
⑤ 黄志成,王伟.英国全纳教育研究的现状[J].外国教育研究,2002,(3): 13.

高教育质量。但当前特殊教育界一般认为，普通学校是融合教育的实施机构，把特殊学校排斥在融合教育的实施机构之外，故融合教育的模式应从普通学校内部来发展，进而认为融合教育模式包括三种：普通学校特殊班模式、普通学校普通班模式、普通学校特殊班和普通班分担模式。

教师对待三种融合教育模式的态度表现出明显的差异。在巴勒斯坦，被调查的90名教师中有54位赞成融合，他们最愿意接受的模式是特殊班与普通班分担模式，54位教师中有29人赞成这种融合教育模式，占总数的54%，16位（30%）赞成普通班课程模式。只有5位（9%）教师赞成特殊班课程模式，4位（7%）教师没有说明自己的观点。不同年级教师对融合教育模式偏好的具体情况如表4-3[①]。

表4-3 巴勒斯坦不同年级教师对特殊需要教育倾向的组织模式

年级	特殊班课程模式	普通班课程模式	特殊班与普通班分担模式
1	1(7%)	4(29%)	9(64%)
2~4	10(22%)	13(28%)	23(50%)
5~6	7(22%)	9(28%)	16(50%)
7及以上	9(50%)	2(11%)	7(39%)

尽管以上调查的对象有限，但是在很大程度上说明了教师比较赞成特殊班与普通班分担的特殊教育组织模式。马斯东（Maston）在对三种模式的比较研究中也发现二者结合的模式更有利于残疾学生学业发展。[②]

三、规模之争

融合教育规模之争主要集中在特殊儿童将在多大范围内与普通儿童一起就读于融合学校，是不是所有类型的特殊儿童将都被融合。对此，有人极力主张取消特殊学校，将特殊儿童全部安排在普通学校就读，如雷诺（Reynolds）1989年提出，特殊护理学校、寄宿学校和机构安置应该彻底取消，以便所有学生能在普通教育学校中接受教育。有人主张保留特殊学校，将特殊儿童安排在特殊学校就读。[③] 多数人主张，让儿童在最少受限制的环境中受教育，依据障碍程度的不同，设置各种类型的特殊教育形式，制订个别化教育计划，使大多数特殊儿童尽可能在普通学校或普通班中与健全儿童一起学习和生活，改变以往主要将特殊儿童集中到特殊学校，将他们与健全儿童隔离开的传统教育方式，达到将特殊教育的"支流"回归到普通教育的"主流"中，特殊教育与普通教育融为一体的目

[①] Liv Randi Opdal, Siri Wormnaes, Ali Habayeb. Teachers' Opinions about Inclusion: A Pilot Study in a Palestinian Context[J]. International Journal of Disability, Development and Education, 2001, 48: 153.

[②] Maston, D. A comparison of inclusion only, pull-out only, and combined service models for students with mild disabilities[J]. The Journal of Special Education, 1996, 30(2): 121-132.

[③] Sushama & Sharma. Social Perspectives of the Visually Impaired Children in India[M]. New Delhi: Radha Publications, 2002: 10.

的。但不完全取消特殊学校,特殊学校仍将发挥接收、教育障碍程度重、不适合在普通学校学习的学生,向普通教育学校提供特殊教育咨询服务等作用。①

融合规模的大小可根据特殊儿童的障碍类型、障碍程度、地方的经济发展水平、学校教育教学条件等诸多因素的不同而酌情考虑不同的安置模式。例如《确保所有特殊儿童接受免费合适的公共教育:美国教育部向国会提交的残疾人教育法案执行情况第21份年度报告》提供1996—1997年度智力障碍儿童的教育安置情况是:普通班级占11%,资源教室占28%,家庭或医院占0.5%,寄宿机构占0.5%,隔离机构占6%,隔离班级占54%。而听觉障碍儿童的教育安置情况为:普通班级占38%,资源教室占18%,隔离班级占26%,隔离机构占8%,寄宿机构占9%,家庭或医院占1%。② 可见智力障碍儿童与听觉障碍儿童的安置形式有较大的差别。

在巴勒斯坦,23%的教师认为身体残疾的学生可以融合,14%的教师认为视觉障碍的学生可以融合,13%的教师认为听觉障碍学生可以融合。而对有行为问题和学习困难的学生,很少有人认为可以融合。8%的教师特别提到智力障碍的学生不应该被融合。③

四、效果之争

实施融合教育的学校其办学效果直接影响到人们对融合教育的态度。融合学校的办学效果在不同的国家因经济条件、政治体制、资源服务体系、教师素质等的不同而存在差异。即使同一国家的不同地区,融合教育的办学效果也不一定一致。例如在美国,不同的研究者提供的资料显示了对融合教育效果的不同认识。美国在1967年至1984年期间,特殊学校与特殊班的智障学生纷纷回归到普通班。然而,由于缺乏有效的配合措施,这种混合在社会适应上产生了不利的影响。④ 美国纽约城市大学研究院和大学中心的利普斯博士和加特纳博士1992年在其撰写的《实现全纳:将学生置于教改中心》中指出,学校教育改革的第一和第二次浪潮都没有将特殊儿童包括进去。但这并不是因为这种教育获得了好的效果。调查发现,特殊儿童隔离式教育的效果是非常令人沮丧的,无论用什么评估标准(学业学习成绩、毕业率、毕业后就业和继续教育等)来检验,都是如此。例如:特殊学校学生在进行最低能力测验时,近四分之一的人答不出任何部分的测试题目;在辍学率方面,特殊学生比普通学生高出20%或更多;在两年当中,特殊学生只有56%毕业于中等学校,其中获得一般毕业文凭的只有79%;毕业后,残疾学生要等一年多才能就业,而接受继续教育的只有15%(正常学生达到96%)。他们认为,这些材料

---

① 金平.中国特教发展与全纳教育[J].特殊教育研究,1997,(1):13.
② 美国教育部.确保所有特殊儿童接受免费合适的公共教育:美国教育部向国会提交的残疾人教育法案执行情况第21份年度报告[R].华盛顿:美国教育部.1999.
③ Liv Randi Opdal, Siri Wormnaes, Ali Habayeb. Teachers' Opinions about Inclusion: A pilot study in a Palestinian context[J]. International Journal of Disability, Development and Education, 2001,(48):150.
④ 吴武典.从特殊儿童的教育安置谈特殊教育的发展——台湾的经验与省思[J].中国特殊教育,1997,(2):16.

足以证明美国的特殊教育体系没有给残疾人带来持续的好处。[①]

威特罗与米特尔格(Vitello & Mithaug)在1998年撰写的《全纳学校教育：国家和国际的视角》中指出[②]：20世纪90年代早期，美国在特殊教育法规实施过程中，针对具体的案件，特别强调残疾学生的社会利益与普通教育安置，认为普通教育安置环境有利于形成和发展所有儿童(特别是有特殊教育需要儿童)的社会适应能力。而在20世纪90年代后期，案件的判决更倾向于注重残疾学生所获的学术利益，并根据残疾学生行为问题的严重性对其进行恰当的安置——普通教育安置或特殊教育安置。他们认为特殊教育安置环境有利于提高学生的学术成绩。可见在美国，人们对融合教育的办学效果的认识更趋理性，且越来越从多元的角度来审视融合教育的办学效果。

英国伦敦纽汉姆区是英国融合教育实施得比较好的地区，经过20多年的实践，融合教育已经深入人心。在取消隔离的一段时间里，并没有足够的证据表明这对儿童有什么不利影响。反之，学生的考试成绩有了相当大的提高，过去被贴上"有严重学习困难标签"的学生现在可以参加考试，并且也及格了。而且，融合也让没有残疾或学习困难的学生受益。由于长期以来倡导回归主流和推行融合教育，英国120万有特殊教育需要的儿童只有2%左右在专门的特殊学校接受教育，绝大部分都在普通学校就读。[③]

在我国，部分地区和学校开展了融合教育，但融合教育学校的办学效果并不太理想。有些实施融合教育的学校在教学中忽略了对有特殊教育需要学生的引导与个别化教学计划的实施，而把精力放在培养优生上。有些学校片面追求升学率，将有特殊教育需要的学生排斥在教育评估的范围之外，或者降低衡量有特殊教育需要学生各方面发展的具体标准。有的学校为了提高升学率，甚至不让成绩差的学生参与各种评定，给学习成绩差的学生贴上各种标签。如北京丰台区某中学为确保升学率，迫使一位学生家长去给自己的孩子开具弱智证明，结果导致该生精神失常。[④]"在彭霞光的一项研究中发现，北京市3所小学教师推荐的所谓智力落后儿童中，真正为智力落后儿童的百分比很低，在30%以下。"[⑤]

总之，关于融合教育办学效果的不同报告正好说明了融合教育作为一种新生事物所具有的不确定性。它需要不断完善，以提高教育质量并使所有学生受益。如果融合班级中的教学适应了学习进度快的学生，就会阻碍进度慢的学生发展；反之，它适应了学习进度慢的学生，势必又会损害学习进度快的学生的才能。融合教育强调在面向全体学生的同时注重个别对待。如果融合性的班级中包容了多种类型的学生，如学习障碍学生、行为问题学生、情绪问题学生、听障学生等，就会使融合班级的教师因要处理不同类型学生

---

① 银春铭.是实行"全纳"还是坚持特殊教育——两种相反观点的论争[J].特殊教育研究，1997，(1)：1.
② 编者注：此部分内容可以参阅第7章第1节，亦可参阅雷江华，张洁.今日美国之特殊教育法规[J].特殊教育，2003，77(3)：44-47.
③ 中国特殊教育赴英考察团(方俊明执笔).现代理念下的英国融合教育[J].现代特殊教育，2007，(5)：38.
④ 宋专茂，陈伟.心理健康测量[M].广州：暨南大学出版社，1999：前言第1页.
⑤ 肖非，王雁.智力落后教育通论[M].北京：华夏出版社，2000：88.

的不同问题而不得不分散自己的注意力,影响教育教学的效果。美国教育学会在1981年对全美的教师做了一个调查,90%的教师认为学生在教室内的偏差行为会干扰教学,其中有25%的教师认为受到了"严重的干扰"。这些不良的行为干扰了正常的教学秩序,分散了师生注意力,浪费了大家的时间,影响了教师的情绪。①

五、启示

从融合教育的论争来反思我国的随班就读可得到如下启示。

首先,融合教育的论争反映了人们追求教育机会均等的理念。融合教育尽管在概念、理据、模式、规模、效果等方面存在诸多的歧见,但它作为一种现代教育思想,是教育民主化运动的必然结果。它主张加强特殊儿童的参与和减少特殊儿童的被排斥,体现了人们追求平等和尊重人权的价值观,反映在教育领域,就是推行真正的"教育机会均等"的理念。1990年在泰国召开的世界全民教育大会通过的《世界全民教育宣言》提出:全世界都应积极关注残疾人的学习问题,各国政府必须采取措施为各类残疾人提供平等教育的机会。

其次,融合教育并非完美无缺,我国特殊教育工作者应辩证地对待特殊儿童的随班就读。我们在发展随班就读的过程中要尽量扬长避短,从多元视角来全面审视随班就读,不能采取一刀切的方法将所有特殊儿童安置于普通学校,而应根据他们的身心特点、家长的意愿及随班就读学校的条件完善程度等来决定采取何种融合教育模式。因为无论对特殊儿童做出何种安置,都必须遵循有利于提高教育质量的原则,其最终的目的是为了促进特殊儿童身心的健康发展。"特殊儿童是具有个别差异的儿童,没有任何一种服务方式或学校计划能适用于某一类的特殊儿童。以目前特殊学校办理的完善程度而言,特殊儿童就读于普通学校,显然不是'对'与'错'之间的抉择,而是个别儿童'适合'与'更适合'之间的抉择。"②特殊教育工作者"应依据儿童的特殊性,而决定将之安置于何种教育情景,使儿童得以充分发展潜能。但并非所有较重度的特殊儿童都要安置于特殊班或特殊学校里,如语言缺陷和学习障碍者,可安置于普通教室内,或采取资源教室的服务方式。但是又盲又聋的学生,一定要安置于隔离的特殊班或特殊学校"③。

第三,融合教育之论争旨在提高融合教育的质量。融合教育的理据、规模、模式、效果等方面争论无不折射出人们对融合教育办学效益与办学质量的重视,目的在于提高融合教育质量。"经过十余年的实践,我国随班就读已经发展到由追求数量向追求质量转化的时期,在今后的发展中,我们不仅应该努力将那些还没有进入学校的特殊儿童招收进来,而且要更加注意提高教育的质量,并注意吸收西方融合教育的经验和教训。"④为切实提高随班就读的教育质量,国家在制定融合教育质量标准时应该注意将衡量特殊儿童

---

① 汤盛钦.特殊教育概论[M].上海:上海教育出版社,1998:98.
② 台北编译馆.特殊儿童教育[M].台北:正中书局,1991.
③ 王文科.特殊教育导论(第3版)[M].台北:心理出版社,2000.
④ 邓猛,潘剑芳.关于全纳教育思想的几点理论回顾及其对我们的启示[J].中国特殊教育,2003,(4):1-7.

教育质量的"质标"与"量标"①有效地结合起来,既重视个体发展的质量又重视其生存质量,并注意通过家庭与社区的配合来提高随班就读的教育质量。

第4节　融合教育的基本理念

一、融合教育的基本理念：教育机会均等

1994年由联合国教科文组织在西班牙萨拉曼卡召开的"世界特殊教育需要大会"重申了1947年《世界人权宣言》中提出的每个人都有受教育的权利,并郑重声明"有特殊教育需要者必须有机会进入普通学校,这些学校应将他们吸收进能满足其需要的、以儿童为中心的教育活动中",并号召所有政府"以法律或方针保证全纳性教育原则的采用,将所有儿童招收进普通学校,除非有不得已的原因才作别种选择"。"有特殊教育需要者必须有机会进入普通学校"以及"将所有的儿童招收进普通学校"等思想体现了人们在特殊教育领域中追求一种"教育机会均等"的理念。

什么是教育机会均等呢?《教育大辞典》将教育机会均等的含义概括为：① 入学机会均等或入学不受歧视；② 受教育过程中的机会均等；③ 取得学业成功的机会均等；④ 机会均等的原则是指那些在物质、经济、社会或文化方面处于最低层者应该而且应尽可能地通过系统得到补偿；⑤ 不仅在获得知识,而且在获得本领上的机会均等;等等。由此可见,教育机会的均等是建立在多层次、多方位理解基础上的均等。② 然而只要我们认真领会《萨拉曼卡宣言》中的声明,就不难发现其中无处不体现着教育机会均等的思想。

《萨拉曼卡宣言》针对"入学机会均等或入学不受歧视"提出了"每一个儿童都有受教育的权利,必须给予他实现和保持一可接受水平的学习机会","建立实施此种全纳性方针的普通学校,是反对歧视、创造欢迎残疾人的社区、建立全纳性社会和实现人人受教育的最有效途径。进而言之,他们为绝大多数儿童提供了一种有效的教育,提高了整个教育体系的效益,并从根本上改善了教育的成本——效益比"。针对"受教育过程中的机会均等"提出了"有特殊教育需要者必须有机会进入普通学校,这些学校应将他们吸收在能满足其需要的、以儿童为中心的教育活动中"。针对"取得学业成功的机会均等"提出了"教育体系的设计和教育方案的实施应充分考虑到这些特点与需要的广泛性",以实现特殊儿童潜能的充分发展。针对"不仅在获得知识,而且在获得本领上的机会均等"提出了"每个儿童都有独一无二的个人特点、兴趣、能力和需要",全纳教育要使特殊儿童能在教育体系中获得学习适合于个人特点、兴趣、能力和需要的相关本领的机会。机会均等的原则——补偿原则则体现在整个融合教育思想体系之中。由此可见,融合教育的理念就是教育机会均等。

---

① 雷江华.我国特殊教育质量标准的历史回顾与剖析[J].中国特殊教育,2002,(4)：7-11.
② 顾明远.教育大辞典(第6卷)[M].上海：上海教育出版社,1992：413.

二、融合教育的四重境界[①]：教育机会均等的价值追求

（一）真融：有教无类

特殊儿童与普通儿童实现真正的融合，不但是每一个特殊儿童的梦想，而且是每一个特殊教育工作者的梦想，更是国家教育发展的梦想。融合教育作为一种教育理想，可以真正实现普通教育与特殊教育从隔离到融合，共同形成一个单轨的教育体系，让学校成为接纳所有儿童的理想教育场所，有教无类。融合教育更能使普通教育与特殊教育从主流与支流的关系演变为"同为主流"，彼此共同承担起"双主角"的角色，而不是仅仅由特殊教育机构或人员来推动融合的单向作用机制，实现双向互动交流，双方皆能勇于担当。真正的融合教育必然改变从分类的视角来进行不同场所的区别性教育安置，进而从差异的角度出发来看待所有的儿童并给予同等的安置机会，实现有教无类！从差异出发的儿童观认为每个儿童具有不同的特征，我们不能把"特征""特点"当成"特殊"并且将其无限放大，进而背离了"教育为所有儿童服务"的宗旨。因此，普通教育与特殊教育要实现"有教无类"，在改良教育体系的同时，还需要考虑改革课程体系，让普通教育课程呈现出"通用课程设计"的思路，迎合每个儿童的需要。在厦门国际会议上澳大利亚悉尼大学大卫·埃文斯（David Evans）教授在讲座中放映的适合所有人使用的楼梯石级简单明了地反映出了通用设计的思路。

（二）美融：身心皆安

融合教育不但是将特殊儿童的身体安置在普通学校的普通班级，而且需要将其心理安置在普通学校的普通班级，更要让他们能真正成为融合性的普通班级的一员，实现其在班级中的可持续性发展，做到"久安长治"！笔者曾听闻有的普通学校通过轮班制来推进融合教育，实现特殊儿童在普通学校不同班级的"安身立名"，相信这一做法的出发点是好的。然而，特殊儿童辗转于特殊教育技能不足的教师之课堂中，难免不会出现"随班混读"或"随班转读"的情况，这既无法让特殊儿童在同一班级安身，又可能使他们本已脆弱的心更加难安！只有特殊儿童在普通班级中实现身安与心安，才能使融合教育成为一道靓丽的风景线，彰显出"你若安置得好，便是美景"！例如，韩国梨花女子大学李叔香教授在厦门会议讲座中放映的一名肢体残疾儿童与普通儿童在课堂中的欢声笑语让我们看到了融合之美！正如美国威廉·亨德森（William Henderson）博士融合学校（学前至12年级）的校训所示："我们在一起更美好！[②]"

（三）善融：兼融并包

融合教育成功的案例显示既有从外部环境（包括政策、制度等）营造来促进融合，也有从内部实践探索来构建融合，更有由外而内或由内而外的双向互动推动融合。北京作为"首善之都"，2014年通过颁发《北京市中小学融合教育行动计划》从政策层面来推进融

[①] 雷江华. 融合教育的四重境界[J]. 现代特殊教育,2017,(3):1.
[②] 奇色花福利幼儿园. 同学 你好：融合教育二十年,最温暖的情感故事[M]. 郑州：河南大学出版社,2016:序1.

合教育,推行"双学籍制"来保障特殊儿童的教育权利,实现内外兼融,普特并包。内外兼容主要体现出小到班内班外需要融合,大到校内校外做到融合,通过社区融合最终实现社会的深度融合,并让融合成为社会文明的标杆。普特并包主要做到普通学校与特殊学校彼此包容,共同创造良好的氛围来促进融合;普通儿童与特殊儿童相互包容,共同从彼此的身上来汲取营养,实现双赢。

(四)高融:等量齐观

融合教育要达到一定的高度,必然需要在数量与质量两个方面体现出高标准的要求,做到"等量齐观"。从数量上来看,不但需要看到特殊儿童接受融合教育的绝对人数不断增加,而且需要凸显特殊儿童在普通学校安置的比例有所增长;从质量上来看,不但需要在普通班级培养出个别优秀的特殊儿童个体,而且要培育出一批优质的特殊儿童群体,更要促进特殊儿童与普通儿童两个群体的共荣共生,让融合实现教育优质均衡发展的目标。

三、实现我国特殊儿童教育机会均等的路径:随班就读[①]

《第二期特殊教育提升计划(2017—2020年)》中提出"坚持统筹推进,普特结合"的基本原则,明确了"以普通学校随班就读为主体,以特殊教育学校为骨干,以送教上门和远程教育为补充,全面推进融合教育"的总体格局。因此可以预见,随班就读将会作为特殊儿童接受教育安置的一种主要形式,在各地深入推进。其作为融合教育在中国实践的一种创新形式,褒贬不一,成绩与问题同在,如何更好地促进随班就读工作的深入发展,不但是特殊教育领域的一个重要的命题,而且是普通教育的一项重要的使命。

(一)共在:随班就读的前提

随班就读实现了普通儿童与特殊儿童在普通班级的共同存在,从过去隔离式教育的角度来看,这无疑是一种进步。尽管它实现的是"随班就坐"或"随班混读",但它毕竟实现了在普通学校的普通班级的"有班可读"或"有班可混",不同于过去仅仅把特殊儿童限定于特殊学校或庇护性机构的隔离式教育,因此从这个角度看,随班就读在形式和内容上都是对隔离式教育的一种进步或超越。当然,如果从随班就读"高标准、严要求"的角度来看,随班就读应该达到更佳的状态,即特殊儿童在普通学校不仅有校可读、有班可进,有位可坐,而且应该坐得稳,跟得上,读得好。然而,随班就读从现实到理想的目标达成,需要将其作为具有不同发展阶段或进程的阶梯来看待,明确普通儿童与特殊儿童的"共在"是其基本的前提条件,或者说它是随班就读深入开展的众多阶段中的初级阶段,即如果特殊儿童与普通儿童连坐在一起的机会都没有,那么奢谈高质量的教学效果等都只能是空谈。"共在"具有不同的发展阶段:一是隔离式的共在,尽管两者都存在于普通班级,但是各自从事各自的学习;二是隔离与融合并存的共在,两者共同存在于普通班级,时而共在,时而不同在;三是融合的共在,两者共同存在于普通班级,能很好地交融式

[①] 雷江华.把握内涵,提升随班就读工作水平[J].现代特殊教育,2020,(5):1.

存在。作为随班就读前提条件的"共在"最主要的体现是时间的"共在",特殊儿童是否能像普通儿童一样在普通班级的存在具有时间的连续性与一致性。从时间的连续性上来看,特殊儿童是否是仅在部分时间上与普通儿童"共在"于普通班级,且这种"共在"只是表现在某些特定的事件与情境下,那么这种"共在"可能是价值不高的,例如个别地方的个别学校为了应付随班就读工作的检查,当检查组到达时将特殊儿童安排在普通教室,等检查组一走,特殊儿童随之也被送走,这种状况仅是"昙花一现"式的表演性"共在",难以对随班就读工作的推进起到实质性的作用。当然,我们希望特殊儿童能像普通儿童一样能在"共在"上保证时间的连续性,即每时每刻都存在于课堂中,避免出现极端的"名在而人不在"的情况(即该特殊儿童的名字存在于班级的花名册以及学校的档案中,但该特殊儿童并不在普通班级上学)。

(二)共享:随班就读的保证

随班就读如果仅仅停留在彼此"共在"的初级阶段,那么随班就读的质量是难以保证的。如有些特殊儿童自然会因学业进展受挫而中途从普通班级回流到特殊教育学校。其中最为重要的原因之一是特殊儿童在普通学校的普通班级并不能实现文化、课程、活动等的"共享"。从目前融合学校的文化来看,学校的文化、课程、活动等都是以普通儿童为中心的"共享",即共享的资源都是为"普通儿童"设计的,特殊儿童只是作为一个附属的部分来分享普通儿童的资源,特殊儿童越是参与分享,越可能会从心灵深处烙上边缘化的烙印。当然,目前,普通学校很难实现以特殊儿童为中心的文化、课程、活动等的"共享",因为这样同样会导致普通儿童的边缘感受,从一个极端走向另一个极端。因此,随班就读工作做得好的普通学校必然是以儿童为中心的"共享",即从儿童的差异出发,尊重每个儿童的特殊需要来实现学校内部物质、制度与精神等层面的"共享",建构起通用的文化、课程、活动等方面的设计,满足儿童多方的需求,让学校焕发出生命的活力,让儿童展现出阳光的心态。

(三)共生:随班就读的核心

随班就读要不断深化发展,就必须实现普通儿童与特殊儿童的"共生",即类似于"深度学习"理念指导下的自主学习,不断生成各自的有利于彼此成长的文化、课程与活动等,实现彼此共同生根、共同生长、共同生成。共同生根是符合普通儿童与特殊儿童的文化等共同在学校生根,扎根于学校文化的土壤,并能从中汲取养分共同生长,最后生成出残健共融的独具特色的文化。当然,在这个过程中,需要考虑彼此"共生"的基点是否相同?共生的趋势是否相同?"共生"包括两个群体的独立共生、交融共生与融合共生,独立共生是建立在两个群体(特殊儿童群体与普通儿童群体)各自作为成长群体的基础上所进行的"共生",这种情况出现的极端就是特殊儿童从事自己的学习与活动,普通儿童从事自己的学习与活动,并行不悖;交融共生就是两个群体具有交融共同成长的过程,这种交融又包含不同程度的交融:部分交融与完全交融,部分交融的一种情况是普通班级中只有一小部分普通儿童接纳特殊儿童,这种情况可能并不利于特殊儿童在普通班级的成长;完全交融出现的是所有的普通儿童都能接纳所有的特殊儿童,这种方式就有利于特殊儿童在普通班级的成长。当然如果特殊儿童本身也能接纳普通儿童的文化,能主动参与等,那么就出现了融合的"共生",最后出现的就是融合的"形散而神不散",即尽管特殊儿童与普通儿童的学习形式与活动形式各不相同,但是大家彼此都能包容"共生"。

(四)共赢:随班就读的目标

随班就读最终的理想状态是实现从单赢到共赢。单赢常常表现为普通儿童单方面的成功,即一所随班就读的学校尽管招收了一些特殊儿童随班就读,但仍只在普通教育中取得各种各样的成绩,而没有在特殊儿童的教育上取得更长足的进步,这种单赢仅仅表现在普通教育的成效与质量上。反之,一所普通学校进行随班就读,仅在特殊儿童的教育上取得了各种成绩,而在普通儿童的教育上成绩平平,这种单赢仅仅表现在特殊教育的成效与质量上,尽管它符合了特殊教育的最终要求,但它在一定程度上忽视了普通儿童的教育需求,这样的教育同样是值得我们忧虑的,因为可以说它在一定程度上是以牺牲大多数个体的需要而满足极少数个体的需要基础上进行的。共赢则要求随班就读学校不仅让普通儿童取得进步乃至成功,而且让特殊儿童有所进步直至成功。当然,有人可能会追问"共赢的可能性是否存在"?如何实现"共赢"?可以肯定的是,"共赢"是存在的,只是具有一定的难度和高度,只有长期执着追求这种高度的学校才有可能实现,并会从"共赢"走向"共荣"。

总之,随班就读学校要实现普通儿童与特殊儿童的真正融合,必须克服两个群体或个体出现的"融"而难合的情况,避免出现沙子与水相伴但不相融的情形,实现"水乳交融"的境界。

第5节 融合教育的困境

融合教育思想,发端于19世纪60年代的人权运动,认为残疾人与社会中的大多数群体一样,应该获得平等的人权以及受教育权,从而推翻了"隔离但平等"的双轨制教育体系,让残疾人回归到主流社会中。[1] "融合教育"的概念,最初是由Stainback夫妇于1984年提出,并在1994年西班牙《萨拉曼卡宣言》和《特殊需要教育行动纲领》中正式获得了确立,认为"学校应该接纳所有的儿童,而不考虑其身体的、智力的、社会的、情感的、语言的或其他任何条件"。[2] 在融合教育思想的影响之下,残疾人应该获得"零拒绝""最少受限制环境原则""个别化教育计划""正当程序"等各种权利。[3] 由此,融合教育思想成为判断残疾人是否获得了公平和公正权力的至高无上的伦理武器,并迅速在全世界范围内扩散开来,从而不再是西方世界独有的话语,在中国也散发着独特的魅力,中国的学校

---

[1] TiinaItkonen. PL 94-142:Policy,evolution and Landscape shift[J]. Issues in teacher education,2007,16(2):7-17.

[2] 邓猛,泽剑芳.关于全纳教育思想的几点理论回顾及其对我们的启示[J].中国特殊教育,2003,(4):1-2.

[3] 肖非.美国特殊教育立法的发展:历史的视角[J].中国特殊教育,2004,(3):91-94.

以"随班就读"的形式践行着融合教育的思想。① 然而,融合教育强调的是将所有儿童(不分残疾类型与程度)都纳入普通学校普通班中获得积极支持以及平等的教育②,但这在现实生活中却遭遇到来自社会各界的批评和质疑,例如,有人认为融合教育是一种美好的理想,是一种哲学思想,是一种观念和态度,但不具有实践性。③ 因此,我们需要进一步探讨融合教育所面临的理解困境、理念困境、理论困境、理想困境,从而找出摆脱困境的出路。

一、理解困境

(一)理解的视角

在中西方,不同的视角对融合教育的理解有所不同。对于西方社会而言,融合教育经历了"完全的融合""有责任的融合""谨慎的融合"以及"适当的融合"的历史发展过程,它所蕴含的本质内涵也是各有不同。④ 在"完全的融合"的历史背景下,融合教育强调的是把所有人纳入普通教育体系中接受教育,对于残疾类型和残疾程度视而不见,它的精神理念产生于狂热的人权运动,宣扬后现代主义的"反传统、反权威,消灭同一性,强调多元性"⑤,并且认为凡是没有把残疾儿童纳入普通教育体系中的行为都是一种对人权的亵渎和蔑视,因而融合教育成为评判一切非正义的教育形式的伦理武器。⑥ 在"有责任的融合"和"谨慎的融合"的历史背景下,融合教育逐渐摆脱妖魔化的历史境遇,它从伦理制高点的圣坛逐渐回归自然,它看到了残疾人群体的多样性和差异性,在普通教育体系中接受教育的各种困难,因此,融合教育要根据残疾类型和残疾程度"有责任的"和"谨慎的"进行融合,不只注重融合的数量,更强调融合的质量和效果。⑦ 那么对于质和量之间如何进行平衡,融合教育究竟应该处于何种维度中,则引发了人们哲学上的思考,从而提出"适当的(appropriate)"融合。⑧ 对于我国而言,融合教育经历了原生态的随班就读、西方社会的融合教育的冲击、具有融合教育本质的随班就读模式,即"原生态—西方化—本土化"的发展路径。在这种发展路径中,对融合教育的理解也随着时代的变迁而有所不同。在原生态的随班就读阶段,特殊儿童的教育是一种没有物质基础支持的教

---

① Nelson,J. Ferrante,. CMartella,R. Children's evalutions of the effectiveness of in-class and pull-out service delivery models[J]. International journal of special education,1999,14(2):77-91.

② Kenneth A. Kavale,StevenR. Forness. History,rhetoric,and reality:Analysis of the inclusiondebate[J]. Remedial and special education,2000,21(5):279-296.

③ Falvey,M. A. ,Givner,C. C. ,Kimm,C. What is an inclusive school[C]//R. A. Villa,J. S. Thousand,Creating an inclusive school. US:Association for supervisin and curriculum development,1995:1-13.

④ Kenneth A. Kavale,StevenR. Forness. History,rhetoric,and reality:Analysis of the inclusion debate[J]. Remedial and special education,2000,21(5):279-296.

⑤ 李芳,邓猛. 全纳教育的后现代性分析[J]. 外国教育研究,2009,(2):16-19.

⑥ 李芳,邓猛. 全纳教育的后现代性分析[J]. 外国教育研究,2009,(2):16-19.

⑦ 黄志成,仲建维. 全纳教育的理据:三个维度的分析[J]. 外国教育研究,2001,(11):14-17.

⑧ Stainback,W. ,Stainback,S. A rationale for the merger of special and regular education[J]. Exceptional children,1984,51(2):102-111.

育,它不是以儿童的发展和特殊需要为教育目的的教育。特殊儿童没有更多的教育选择机会,只能在普通学校就读。在一个没有特殊支持的教育环境中,特殊儿童常常随班就坐和随班混读。[①] 在这种教育背景下,如何提供有效的和更有针对性的教育支持,特殊教育学校应运而生。然而,特殊教育学校一方面为特殊儿童提供了更加专业和有效的支持,另一方面则形成了与普通教育相隔离的教育体制,从而限制了特殊儿童的社会适应能力,这种教育模式与西方社会19世纪60年代以前的双轨制的教育模式十分相似。20世纪90年代,在西方融合教育理念的传播和渗透之下,如何发展具有融合和接纳精神的融合教育,则对当前的双轨制教育模式提出了挑战。[②] 在不同文化背景的冲击和碰撞中,激发了对融合教育的重新认识。它主要表现为:适应西方社会的融合教育的本质内涵,对所有特殊儿童提供有效的和适当的教育服务,并结合我国的经济发展的不均衡特点,将融合教育的精神进一步延伸,即从"为所有特殊儿童提供普通教育"到"尽可能地提供普通教育＋提供有效的特殊教育",从而构建了具有本土化的融合教育。

(二) 理解的程度

融合教育,从诞生之日起就衍生出多种含义。例如:融合教育是一种态度、价值和信仰系统;融合教育是一种权利;融合教育是一种过程;融合教育是全体成员的教育等。[③] 这些纷繁复杂的含义折射出人们对融合教育多元化的、多层次的理解程度。笔者认为,融合教育应该追求适度性、适应性和适当性的发展模式,以此来评判融合教育的实施效果。第一,追求适度性是指融合教育的发展要与教育体制相协调。在一个双轨制的教育体制中,融合教育更偏重于资源教室的设立、巡回辅导制的建设,它更偏重于对特殊儿童"尽可能的"融合,而不是"全部的"融合。在一个单轨制的教育体制中,融合教育更体现为受限制环境少的普通学校普通班,它的实现是以"所有"特殊儿童受到普通教育为判断标准。在一个开放的、资源充裕的教育体制中,融合教育更有实现的可能性,而在一个封闭的、资源缺乏的教育体制中,融合教育实现的可能性相对较小,因此,教育体制的模式和发展状况直接决定了融合教育的实现程度。由此可以看出,不同的教育体制,对残疾人的融合教育的理解程度也不一样。在对融合教育的理解过程中,要充分考虑到相关教育体制的实际情况,使之适度发展。第二,追求适应性是指融合教育的发展要与文化发展相一致。不同的文化背景所孕育和发展的融合教育也有所不同。在西方特有的文化背景之下,人权思想的宣扬、自由精神的传播、多元化精神的彰显,孕育和发展的融合教育更强调对弱势群体的帮扶和平等精神的实现,融合教育更体现了绝对公平的精神实质,更强调与所有人一起接受平等的教育,也从而体现

---

① 陈云英.全纳教育的元型[J].中国特殊教育,2003,(2):1-9.
② Sonali Shah. Special or mainstream? The views of disabled students[J]. Research papers in education,2007,22(4):425-442.
③ Falvey,M. A.,Givner,C. C.,Kimm,C. What is an inclusive school[C]//R. A. Villa,J. S. Thousand,Creating an inclusive school. US: Association for supervisin and curriculum development,1995:1-13.

了对社会公正的不懈追求。① 在我国特有的文化背景之下,融合教育体现为随班就读,且还没有进行充分的发展。对特殊儿童的教育,目前仍然集中于特殊教育学校,而随班就读是否能够取得比在特殊教育学校更好的教育效果,则持有保留态度。因此,融合教育的发展,也处于被质疑的阶段。在这种文化背景之下,融合教育还没有呈现出蓬勃发展的趋势。第三,追求适当性是指为特殊儿童提供的教育服务要满足其特殊需要。特殊儿童究竟需要什么样的教育,特殊教育工作者应该为其提供什么样的服务,所谓的公平和正义如何来予以实现?这些问题都困扰着融合教育的发展。针对特殊儿童的类型多样化和残疾程度的不同,我们为之提供的特殊教育服务,要以"适当性"为判断标准,只有提供了特殊儿童所需要的教育服务,才能让特殊儿童获得更好的教育效果。

(三)理解的过程

人们在对融合教育的理解过程中,交织着情感和理性的相互构建。第一,在融合教育的发展初期,是以对融合教育思想的宣扬为主要特征,它更多地交织着对融合教育狂热的情感。② 对融合教育的理解,既不考虑残疾的种类和程度,也不考虑普通教育体制是否接纳,而以"人权"的旗帜鼓吹融合教育实现的必要性和必然性,并把融合教育置于道德制高点,裁判凡是与之不相符合的教育形式都是对人权的精神实质的违背,从而把对融合教育的热爱之情变为一种非理性的狂热,并显示出妖魔化的特征,偏离了教育发展的轨迹和社会发展的实际情况,从而沦为部分人士的一种激情。第二,在对融合教育思想的批判和审视之后,逐渐融入理性的思考元素。③ 融合教育,不再是一种纯粹的社会思潮,它要扎根生长,就意味着要与现行的教育体制、文化因素、政治经济等现实利益进行不断的冲突和碰撞,在碰撞之中,它逐渐褪去了纯粹情感的外衣,而从现实性角度进一步构建自身的理论体系,这种构建,是情感和理性的交织体。它看到了残疾类型的多样性和残疾程度的严重性,看到了现实生活中对极重度残疾人融合教育的困境,因此,它提出了完全融合和部分融合的概念,提出了谨慎融合和适当融合的策略。在情感与理性的交织中,西方社会的情感的发展已经经历了从"不乐观"的情感到"乐观"的情感的转变;理性的发展也已经经历了从"较少"到"逐渐增多"的转变。④ 在我国现阶段,则还处于情感的渲染时期。一方面它承认融合教育的必要性;另一方面,又对融合教育持保守和警惕的态度。在这种复杂的情感交织中,目前仍然处于"不乐观"的情感状态。融合教育,还只是特殊教育学界关注的事物,还没有成为一种社会思潮发散于整个普通教育体制中。

---

① AnnCheryl Armstrong, Derrick Armstrong, Carlyle Lynch, Sonia Severin. Specialand inclusive education in the Eastern Caribbean: Policy practice and provision[J]. International journal of inclusive education, 2005, 9(1): 71-87.

② 邓猛,肖非.隔离与融合:特殊教育范式的变迁与分析[J].华中师范大学学报:人文社会科学版,2009,(7): 138.

③ Kenneth A. Kavale, StevenR. Forness. History, rhetoric, and reality: Analysis of the inclusion debate[J]. Remedial and special education, 2000, 21(5): 279-296.

④ EnnioCipani. Inclusiveeducation: What do we know and what do we still have to learn[J]. Exceptional children, 1995, 61(5): 498-500.

二、理念困境

理念是指引融合教育的方向和目标予以确立的重要航标,不同的理念,折射出特殊儿童融合教育的关怀视角也有所不同,这意味着融合教育的发展路径和形成模式也将有所不同,最终意味着融合教育是否能够实现。

(一) 人权的理念

融合教育,由人权运动推动、萌发和发展。在人权的理念范畴中,融合教育交织着诸多的困境。融合教育是特殊儿童的发展权利,是自由与平等的体现,是精神权利的范畴,它更偏向于抽象性。在一个抽象权利的范畴中,倘若没有具体的权利予以实现,则就常常成为理念上的权利。在融合教育的发端之时,人权的理念起到了不可忽视的作用,它推动着普通教育体系的改革,并获得了社会主流群体的共识,认为特殊儿童接受融合教育是"天赋人权",是对历史的一种矫正,是社会发展的一种必然。然而,在人权的理念下,只有"权利",没有与之相应的"义务",从而成为理念上的权利。[①] 在人权的理念中,融合教育的实现具有最低保障的特征。人权具有普遍性的特征,即人人都能够享有的权利。人人享有,意味着最低的保障水平。因此,在这种逻辑框架体系下,人人能够实现的融合教育,则意味着更加偏向于"量"的实现,而对于"质"的实现则成为最低保障水平的牺牲品。在人权的框架体系下,融合教育也具有公正权。如何体现公正性,则一直是融合教育困惑的难点。它在理念上认同公正性,而无法将理念和现实统一起来,即通过具体的权利来实现公正性。

(二) 法权的理念

法权,是权力和权利的统一体,是广义权利和狭义权利的统一体,是社会关系的总和。对于融合教育而言,它既包含着抽象的人权,又包含着具体的权利和权力,并通过具体的法律制度予以保障。它具有抽象性,又具有实践性和具体性。融合教育从最初的文化土壤的孕育,到人权理念的发展,再到法权理念的成熟,经历了巨大的转变。在法权的理念下,融合教育意味着:第一,法权的框架体系,需要对融合教育的内涵与外延有明确的界定,从而确立权利边界,将抽象的权利与具体的权能统一起来。这意味着需要对融合教育的含义进行梳理,确立所有人都认可的概念,这是融合教育的必然发展,但也是目前所遭遇到的巨大的困境的表现。第二,法权的理念意味着对融合教育重新构建,确立自己的权利属性。其一,应该构建适当的融合教育的权利。对于普通教师、资源教师和其他教育工作者而言,应该提供融合教育环境和师资设备以实现融合教育。其二,应该构建相应的救济制度。对于没有提供资源教师等融合教育资源的普通学校,特殊儿童及其家属具有相应的诉讼权利,以获得融合教育的权利顺利实现。第三,法权的理念意味着融合教育是权力和利益的统一体。它意味着既有内在的规律性,又有外在的规定性;既有抽象的理想性,又有具体的现实性。如何构建内在的关系,则是融合教育的重大困

---

① 程燎原,王人博.权利及其救济[M].济南:山东人民出版社,1993:271-272.

境之一。

三、理论困境

（一）理论的基础

融合教育，中西方的理论基础是有差异的。西方社会的融合教育，建立在实践的基础之上。它通过实践活动，对融合教育的理论假设进行验证，从而获得更为科学的发展模式。其一，社会运动的实践孕育和推动了融合教育的产生和发展。它强调特殊儿童的融合教育是历史发展进程中的必然产物，是人类文明从物质文明向精神文明转变的必然结果。人权运动的兴起，促使了特殊儿童的教育安置模式从双轨制的隔离教育体系向普通教育体系的回归和融合。对特殊儿童进行适当的融合教育，是社会理性文明的反映。这种理性，在后现代主义的基础上进行价值重构，它不仅关注特殊儿童的教育问题，也关注特殊儿童的教育与整个社会之间发展的关系问题，它在对弱势群体进行价值倾斜的同时，也强调弱势群体与社会共谋发展的协调问题。其二，通过不断的实践活动，改变了融合教育的内在构成要素，它从乌托邦的理念层面转向具有操作性的实践层面。在融合教育的过程中，遭遇着现实的诸多难以融合的困境，从而将"必须将所有人"融合转变为"尽可能将所有人"融合。[①] 融合，也不再是道德层面的产物，而是法权实践中的产物。其三，在实践的基础上，融合教育也改变了社会对特殊儿童的认识，促进了特殊儿童自身的转变。人是具有能动性的，人在改变世界的时候，世界也具有反向改变的作用。在人们不断修正融合教育的实践路径时，融合教育也在改变着人们的思想，从对特殊儿童的同情和怜悯转变为本该享有权利和义务，从对特殊儿童的不能容纳到必须容纳，从对特殊儿童的全部容纳到有责任的容纳。同时，特殊儿童也对自己的受教育权有了显性的认识，从被动地接受教育到主动地接受教育，对受教育权从漠视到重视，从而改变了自身的境遇。

我国的融合教育，是建立在实用的基础之上的。实用主义，是对经验的一种反映，它认为人的认识是基于经验的基础之上，至于经验背后的原因、规律等，则并不探讨。因此，对于实用主义路径下的融合教育具有不可忽视的困境：其一，融合教育强调经验的重要性。例如，对于随班就读的认识，就基于随班就读在融合教育观念形成之前就存在，从而强化了随班就读的正当性，而对于随班就读是否诠释了融合教育精神，以及什么样的随班就读才是真正的融合教育等问题则关注较少，从而在很长的一段历史时期内，都没有自发地生成融合教育思想。具有实用主义特征的融合教育，它的发展模式能够解决当前的需要，但是不能建立长远的发展机制，这对于融合教育的本质探讨和制度建立是不利的。其二，实用主义是一种机械的唯物主义，它看到了经验是一种客观存在物，但没有看到人对于经验的能动性作用。在实用主义的理论基础上，融合教育是否实现通常以教

[①] Jennifer Evans, Ingrid Lunt. Inclusive education: Are there limits[J]. European journal of special needs education, 2002, 17(1): 1-14.

育安置模式为判断标准,而教育安置模式是以特殊儿童的特殊需要而不断发生变化的,而这种不断变化是人们对特殊儿童的特殊需要的不断认识。因此,实用主义框架下的融合教育,会将融合教育置于机械的、经验的发展路线,而不去思考其本质特征和规律,以及不会随着社会的变迁而发生变化。

(二) 理论的体系

理论体系,在库恩看来,是一种"范式",即用最简练和核心化的表述来阐述事物的本质、构建基础以及研究方法。融合教育的理论体系,在中西方,有着各自不同的理论体系。

西方的融合教育,研究的核心是教育机会均等[①];理论构建的基础是实证主义与建构主义的交织,共同推动着融合教育的发展;研究的方法遵循着实证主义的路线,以实验研究、个案研究为主要方法。其一,教育机会均等是促使融合教育萌芽和发展的核心要素。正基于此,融合教育的发展一度陷入非理性的境地,认为任何有利于促进教育机会均等的措施都是正当的,从而引发了融合教育的妖魔化,在实证主义和建构主义相互构建的过程中,融合教育的理论体系逐渐回归自然,教育机会均等依然是其核心,但同时还需要具有教育实施的正当性和合理性,即在法权体系的基础上实施融合教育。其二,融合教育长期处于"心理—医学"模式范畴下的实证主义研究范式,认为残疾人的残疾是由于本身的生理和心理的缺陷所造成的,从而构建了基于该范式基础上的学科教育体系,即以生物学、心理学、教育学为主要学科基础。在社会运动的发起和推动下,融合教育的发展主要处于建构主义的研究范式,认为残疾人的残疾在社会支持不足的情况下由"第一缺陷"衍生了"第二缺陷",从而导致了障碍。正是由于实证主义和建构主义的相互交织和构建,才构建了融合教育的理论体系。

我国的融合教育,研究的核心是尽可能地为残疾儿童提供教育支持;理论构建的基础是实用主义;以定性研究、个案研究为主要研究方法。其一,在一个没有融合与融入的社会环境中,融合教育的发展还处于萌芽时期,它还处于特殊教育的发展领域,还没有渗透到普通教育体系之中,更没有引发普通教育体系的相应变革,因此,融合教育的"机会均等"是一种有限的平等。这种有限性表现为在资源缺乏的现实状况中,只要有利于促进特殊儿童的教育途径都是一种适当的教育。其二,在理论基础中,还没有生成本土化的特色理论,依然沿用着实用主义的发展路径。在融合教育的学科构建上,一方面把西方现成的融合教育理论和方法运用于我国的实践,从而出现理想与现实的巨大冲突;另一方面运用生理学、心理学、社会学等学科的概念体系、研究方法、科学范式来发展其理论体系,从而出现了没有自我生成的概念体系、研究本质和研究范式。这种实用主义的发展路径让融合教育的研究范畴极易变化,这种变化不是随着事物发展的规律而变化,而是根据不同研究流派的兴起与没落、不同教育思潮的渗透与传播、不同研究领域的林立与分散而发生根本性变化,这就难以形成融合教育自我生成的理论体系。

---

① 彭兴蓬,邓猛.融合教育的社会学分析[J].中国特殊教育,2013,(6):20-24.

(三)理论的话语

理论话语,是对理论构建过程中所形成的特有的表述方式、思维方式和行为方式。融合教育的理论话语,在中西方也是各具不同。

西方社会中的融合教育,是由崇尚自由和平等的社会改革人士所推动的,在融合教育的初期,其话语特征是一种富有情感的社会运动的产物,它从社会建构的层面来宣扬社会公正的价值观,因此,它的话语词汇集中于"人权、平等、自由、接纳"等,它的思维方式具有线性化特征,它的主要目的是扩散和宣扬融合教育的思想,让社会更多的人予以关注,因此在行为表现上比较直接。在后期,融合教育已经不满足于探讨价值层面的理论问题,而是引入了实证科学的分析工具,来探讨融合教育如何具体化和操作化,在此,融合教育的理论话语逐渐融入科学化的层面。例如,其话语体系融入了"干预""实验"等词语,逐渐地转变了科学研究范式,思考问题更加具体化和情境化,会考虑到残疾人的残疾种类的多样性、残疾程度的严重性、普通教育环境是否接纳等多种因素,摸索融合教育实践模式的过程也显露出审慎的态度,从而显现出理性的特征。在西方社会的理论话语体系的构建中,它反映了社会发展变革的历史轨迹,也反映出不同学科对融合教育的交织构建的过程。

我国的融合教育,以"随班就读"为主要话语词汇。在随班就读的发展初期,其理论话语是实用主义的,它是为解决特殊儿童入学的问题而推行的一种策略,而没有摸索融合教育的本质规律,因而其话语特征是简单的、直接的、没有独特的话语词汇。① 在西方融合教育思想融入的过程中,我国的融合教育的理论话语反映出拿来主义的特征,它将国外的词汇直接引进,形成中西参半的话语体系。例如"全纳""一体化""去机构化"等。在这种话语的冲击之下,没有形成彼此融合的话语体系,而是有着某种生硬和照搬的特征。如今,我国的融合教育的理论话语体系还在这种冲击中不断地自我解构和建构,因此,融合教育的理论话语仍然遭遇着不同文化背景下的困境。

四、理想困境

融合教育,总是遭遇着理想与现实的冲突和困境。在理想的世界中,它有着来自各个方面的困惑,现从学术的构建与实践的推行来予以阐述。

(一)学术的构建

在融合教育的学术构建的理想层面,西方社会以及我国都还面临着诸多困境。第一,融合教育的学术体系的构建。融合教育的核心概念、构成要素、内部的逻辑关系、外部的保障制度、救济方式、研究方法等,都还处于模糊不清的状态。西方社会中的融合教育与我国的融合教育的内涵和外延不但有所不同,而且缺乏各自构建完整的学术体系。然而,融合教育的学术体系是终究要构建完整的,它需要有一种无论是西方世界还是我国都承认的核心要素,以便于中西方有效的对话。在核心概念之外,又各自以不同的环

---

① 邓猛,肖非.全纳教育的哲学基础:批判与反思[J].教育研究与实验,2008,(5):18-22.

境背景衍生出具体的政策保障,来构成具有既相通又相异的学术体系。第二,融合教育的学术话语的构建。融合教育需要一种什么样的学术话语,这取决于融合教育的理论基础和学科背景。在医学和心理学的学科背景下,融合教育的话语体系偏向于医疗、诊断、干预、实验等,它的研究方法主要运用个案研究法、实验法等;在社会学和教育学的学科背景下,融合教育的话语体系偏向于排斥、融合、平等、分化等,它的研究方法则主要采取访谈法、调查法等。因此,如何构建融合教育的学术话语体系,则是不断思考的话题。第三,融合教育的研究范式的构建。任何学科都会以独特的科学研究范式来予以研究,融合教育也不例外。在西方社会的研究范式中,希望构建一种实证与建构相融合的研究范式,既能通过实验来认知融合教育,又能通过计量来认知融合教育,既能以微观的个案为研究对象,又能以宏观的社会为研究对象。如何实现这种研究范式,则成为理想的困境。我国的研究范式主要集中于哲学的思辨研究以及心理学的实验研究,以及运用调查法来研究融合教育的现状,而没有形成独特的研究范式,这与我国目前的融合教育的研究视角是紧密相连的。

(二)实践的推行

在中西方,融合教育的实践推行有着巨大的差异性。对于西方社会而言,融合教育既是一种理念,又是一种实践,并通过普通学校的改革、法制环境的建立、研究范式的转变来予以实践。如今,融合教育虽然依然存在融合的程度和效果之争[1],但对于是否有必要融合的问题已经获得了广泛的理念上的一致性,并且在欧洲、美国等已经予以了实施。对于我国而言,融合教育的实践还存在巨大的困境。其一,对于普通教育体系而言,目前还没有意识到要进行全面的改革以适应特殊儿童的融合教育。在笔者的访问调查中,很多普通学校的教师对特殊儿童是十分抵触的,他们认为特殊儿童的教育就应该放到特殊教育学校中去。其二,普通教师对各种类型的特殊儿童的认识不足,从而不愿意接纳特殊儿童。对于不爱讲话的学生武断地认为是自闭症儿童,对于考试成绩差的学生武断地认为是智力落后儿童,等等,这种认识状态对于特殊儿童的融合教育十分不利。其三,在对特殊儿童应该采用何种教育模式,认为特殊儿童应该根据评估量表分门别类地安置到封闭的特殊学校等体制中,而没有意识到特殊儿童无法获得教育是由于社会环境的支持不足,这对于特殊儿童的融合教育的实践十分不利。其四,对于特殊教育教师而言,他们对融合教育的态度是"天上的星星、可望而不可即的",认为融合教育仅仅只是理论工作者的理想,而不具有现实性。

五、总结

本节从理解、理念、理论和理想的层面对融合教育的困境进行了解读,在这立体的视角体系中,融合教育的本质特征、发展历程、思想流变、理论基础、学科体系、文化制度、研究范式等都有着不同文化背景下的困惑。在中西方的文化语境中,融合教育的表现形式

---

[1] 雷江华.全纳教育之论争[J].教育研究与实验,2004,(4):48-52.

和践行方式也有所不同。然而,如何构建具有自我生成的理论模式,则需要首先对融合教育所遭遇的各种困境进行解读,从而理清脉络,从本质到体制、从理想到实践、从抽象到具体来构建融合教育。当然,对于融合教育的困境分析,还有很多视角,本节只是抽取其中四个相互关联的视角来予以分析,以期更多的专家学者,尤其是普通教育体系的工作者能够参与进来,来共同研究融合教育。

本章小结

融合教育作为一种新的教育思想,如何把握其内涵以及融合、融合班级、融合学校等相关概念,不但直接影响着我们对融合教育基本特征的认识,而且间接影响着我们对国际融合教育与我国的随班就读之间的关系的认识。本章在分析融合教育概念的基础上,分别从命题分析、推理分析、辩证分析的维度探讨了融合教育的可行性;通过梳理国内外融合教育在理据、模式、规模、效果等方面存在的争论,提出我们需要用辩证的观点来看待融合教育,特别是需要结合中国的国情开展融合教育;从融合教育理解的不同视角、融合教育理念的不同层面、融合教育理论的不同成分、融合教育理想实现的不同路径这四个方面探讨了融合教育所面临的各种困境;明晰了融合教育的基本理念是教育机会均等,指出了融合教育的四重境界,提出了我国通过随班就读实现教育机会均等的思路。

思考与练习

1. 试分析融合教育与随班就读的关系。
2. 你认为当前融合教育存在哪些困境?
3. 谈谈融合教育的基本理念。
4. 试分析融合教育的利弊。

第 2 章 融合教育的历史发展

融合教育的发展历经正常化运动、回归主流与一体化教育。融合教育思想一经提出迅速席卷全球,成为各国教育改革关注的焦点问题,中国的融合教育受到了西方融合教育的影响,既具有国际性的共性特征,也具有民族性的本土特色。

第 1 节 融合教育发展的历史背景

一、人权运动的推动

残疾人的权利维护经历了从生存权[①]到教育权,再到人格权[②](融入社会生活的各项权利)等一系列的演变过程,这种演变经历了联合国以及相关国际组织发布倡导性宣言以促进各国立法的行动过程。从各国立法对残疾人基本权利的保障来看,重点强调的权益包括[③]:① 防止受到虐待、剥削与利用。② 避免在就业方面的不公平待遇与歧视。③ 接受免费而最少限制的公共教育的权利。④ 参与投票的权利。⑤ 参与政府有关残障事务立法与决策过程的权利。⑥ 保障起码生活水平及获得生活津贴的权利。⑦ 康复器具低廉或免费取得及免税进口的权利。⑧ 重度残障儿童上下学获得交通津贴或随护者津贴的权利。其中残疾人教育权的维护、保障与融合教育的发展密切相关。在教育权的保障中,残疾人的受教育权经历了"从孤立(isolation)到隔离(segration)再到整合(integration)"[④],进而到融合(inclusion)的过程。美国在 20 世纪 60 年代,由身心障碍者发起的独立生活运动(Independent Living Movement),反对歧视性用语的正名运动,推动权利保障法案保障教育权、无障碍环境、免于歧视等相关法案的实施,以及国际障碍权利运动等一系列的活动,其核心就是保障身心障碍者的权利和尊重身心障碍者的主体性。[⑤]

人权运动的基本线索是:1948 年联合国的《人权宣言》提出受教育是人的基本权利。

---

① 笔者注:在古代残疾人的生存权是无法得到保障的,特别有些国家的相关法律中都制定有"不准一个残疾人生存"的相关条款。
② 这是 1979 年"国际儿童年"特别强调的观念,即对残疾儿童不仅要给予教育,同时对他的人格应予尊重,不仅不要歧视,还应让他有参与各种活动的机会。详见柳树森.全纳性教育[M].武汉:武汉出版社,1998:4.
③ 台湾特殊教育学会.特殊教育课程与教学[M].台北:心理出版社,1987:48.
④ Winzer, Margret. The History of Special Education: from Isolation to Integration[M]. Washington D. C.: Gallaudet University Press, 1993.
⑤ 张恒豪.特殊教育与障碍社会学[J].教育与社会研究,2007,13:75.

1971年,联合国通过了《弱智儿童权利宣言》,1975年在联合国签署的《障碍者权利宣言》(Declaration on the Rights of Disabled Persons)中明确指出:"障碍者有维持人类尊严的基本权利。身心障碍者不论他们的出身、障碍的性质和严重程度,都应享有与其他同龄公民一样的基本权利,也就是拥有一个正常而充足的生活的权利。"1979年12月,联合国经第34次大会决议,确定1981年为国际残疾人年,口号是"机会均等与全面参与(Full Participation and Equality)",呼吁全世界的人都能正视残疾人的基本人权,共同致力于开展残疾人的教育福利及康复工作,使残疾人能充分参与社会生活,并分享因社会经济进步所带来的现代生活的改善①。1989年联合国通过的《儿童权利公约》第28条提出②:

1. 国家承认儿童受教育的权利,并且在平等的基础上逐步使儿童实现这一权利。国家应采取如下做法。

(1) 对所有的人提供免费的、义务的基础教育。

(2) 鼓励发展不同方式的中等教育,包括普通教育和职业教育。采取免费教育或为有需要的儿童提供教育补助的方式使每个儿童都有获得中等教育的机会。

(3) 采取措施保证学生正常地上学,以减少辍学率。

2. 国家应该鼓励教育领域里的国际合作,学习科学技术、知识和先进的教学方法,共同为扫盲做贡献。这一点对发展中国家尤其重要。

1990年世界儿童问题首脑会议通过了《儿童生存、保护和发展世界宣言》及《执行九十年代儿童生存、保护和发展世界宣言行动计划》。1993年联合国的《障碍者机会均等实施准则》(Standard Rules on the Equalization of Opportunities for Persons with Disabilities)第6条不但肯定了残疾儿童、青年人以及成年人享有平等的受教育机会,而且还进一步提出,这部分人的教育应该在残疾学生和其他学生融合的学校环境,或者普通学校中进行。③ 2000年在国际残疾人日中障碍者权利运动的口号是"所有关于我们的事情,我们都要参与(Nothing About US, Without US)"。根据人权运动的观点,融合教育对于特殊学生而言是一种权利,而不是一种优待。2008年5月3日,联合国《残疾人权利公约》正式生效,全球约6.5亿残疾人的权利从此将以国际公约的形式受到保障。截至目前,已有127个国家签署了公约,其中25个国家正式予以批准。④ 其基本宗旨是促进、保护和确保所有残疾人充分和平等地享有一切人权和基本自由,并促进对残疾人固有尊严的尊重,其核心内容是确保残疾人享有与健全人相同的权利。

二、经济发展的支持

经济基础决定上层建筑。贫困国家发展融合教育大多走在发达国家的后面,除了观念上的原因外,经济发展程度是其中的一个决定因素。在经济总量有限的情况下,如果

---

① 台湾特殊教育学会.特殊教育课程与教学[M].台北:心理出版社,1987:26.
② 联合国教科文组织.全纳教育共享手册[M].陈云英,杨希洁,赫尔实,译.北京:华夏出版社,2004:7-8.
③ 联合国教科文组织.全纳教育共享手册[M].陈云英,杨希洁,赫尔实,译.北京:华夏出版社,2004:14.
④ 涂艳国.中国儿童教育30年[M].长沙:湖南师范大学出版社,2008:193.

国家教育经费总投入缺乏,特殊教育经费就更难以得到有效的保障,这样就必然限制融合教育的推进与发展。1975年,美国联邦政府颁布了94-142公法,即《全体残障儿童教育法案》,要求为每个儿童制定个别化教育计划(IEP),为他们提供免费的适当的教育。①

2012年2月13日,美国奥巴马政府发布了2013年财政预算,新预算案的总开支达3.8万亿美元,而教育经费占698亿美元,比2012年教育预算增加了2.5%,即17亿美元。698亿美元中有127亿美元用于特殊教育,旨在改善对残疾儿童的教育和早期干预的结果,以追求、实践美国教育公平的理念。②

英国政府将全纳学校改革运动视为提升教育质量的重要途径。英国政府投入大量资金帮助学校开展全纳教育,他们认为,只有从财力上全力支持全纳教育,全纳教育的益处才能显现出来。1997年英国教育与就业部发表的绿皮书——《所有儿童的成功:满足特殊教育需要》(Excellence For All Children: Meeting Special Education Needs),明确指出要给普通学校提供特定的补助经费,加强其接纳残疾儿童少年和满足残疾儿童少年特殊教育需要的能力。③

《国家"十二五"教育发展规划纲要》中要求各级政府要加快发展特殊教育,把特殊教育事业纳入当地经济社会发展规划,列入议事日程。健全特殊教育保障机制,国家制定特殊教育学校基本办学标准,地方政府制定学生人均公用经费标准。加大对特殊教育的投入力度,鼓励和支持接收残疾学生的普通学校为残疾学生创造学习生活条件。加大对家庭经济困难残疾学生的资助力度,逐步实施残疾学生高中阶段免费教育。2017年教育部等七部门印发的《第二期特殊教育提升计划(2017—2020年)》明确要求"健全特殊教育经费投入机制":"在落实义务教育阶段特殊教育学校生均公用经费6000元补助标准基础上,有条件的地区可以根据学校招收重度、多重残疾学生的比例,适当增加年度预算。各省(区、市)根据残疾学生类别多、程度重、教育成本高等特点,在制定学前、高中阶段和高等教育的生均财政拨款标准时,重点向特殊教育倾斜。随班就读、特教班和送教上门的义务教育阶段生均公用经费标准按特殊教育学校执行。县级以上人民政府可根据需要,设立专项补助资金,加强特殊教育基础能力建设,改善办学条件。中央财政特殊教育专项补助资金重点支持困难地区和薄弱环节。加大残疾学生资助力度。义务教育阶段在"两免一补"的基础上,针对残疾学生特殊需要,统筹资源倾斜支持残疾学生,提高补助水平。对家庭经济困难的残疾学生实行高中阶段免费教育。学前教育和高等教育阶段优先资助残疾学生,逐步加大资助力度。建立完善残疾学生特殊学习用品、教育训练、交通费等补助政策。鼓励和引导社会力量兴办特殊教育学校,支持符合条件的非营利性社会福利机构向残疾人提供特殊教育。积极鼓励企事业单位、社会组织、公民个人捐资

---

① 汪斯斯,闫艳,雷江华.美国学前特殊教育政策法规的发展及启示[J].现代特殊教育,2010,(10):6-10.
② 欧桃英,王凤玉.对策与建议:美国特殊教育经费投入与使用的探析及启示[J].重庆文理学院学报,2013,(1):1-4.
③ 谢敬仁,钱丽霞,杨希洁,江小英.国外特殊教育经费投入和使用及其对我国特殊教育发展的启示[J].中国特殊教育,2009,(6):32-41.

助学。"

三、社会文化观念的转变

在20世纪主流的西方社会价值中,身心障碍被认为是一种生物医学状态:一种需要被"治愈""矫正"的身体状态。到了20世纪90年代,有障碍研究的学者开始提出障碍文化——以障碍为傲的、障碍者认同的运动。障碍者文化的论者提出,身心障碍者经历了类似的社会压迫,虽然每个障碍者的经验都是不同的,但可借由障碍文化的建立提供一个建立身心障碍者社群的机会。身心障碍者不应该被认为是被社会排除或救济的对象,而应该被认为是社会多样性的一种,多元文化的一环。[①]

在中国,长期以来,人们总习惯于把各种残疾的人称为"残废人"。似乎物残即弃,人残即废,这种旧观念使得"残"与"废"之间总是用"="号连接。直至20世纪80年代初期,我国许多人还将1981年联合国倡导的全球性支持和声援残疾人活动译成"国际残废人年"。[②] 这种现象至今仍然或多或少地存在。甚至有人基于对残疾儿童、少年身心特点的考虑,只注意残疾儿童、少年的缺陷,而忽视他们所蕴藏的巨大能量与潜力,认为残疾儿童、少年不可能全面发展。

王国羽、吕朝贤2004年指出:"身心障碍经验,在社会模型内,不是医疗后果,而是社会结构忽视身心障碍的需求所产生的外部结构问题。另一方面,由文化研究角度切入的讨论不同于社会对所谓'正常'身体经验的描述,将身心障碍过程定位为'不正常'的生活经验,而社会如何定义正常与不正常的身体经验,成为了解身心障碍过程的核心社会动态关系。相对于医疗模型的个体层面论述,社会模型论者认为身心障碍经验是社会所建构的经验,障碍经验与过程,必须纳入社会层面的讨论才较完整。"[③]

四、教育改革的拓展

(一)特殊教育改革

开始的特殊教育机构具有收容所的性质,承担着特殊儿童的养护工作,可说是"养重于教",教育只是辅助于养护而存在,因此在西方社会出现了去机构化的运动,这种去机构化的目的在于将特殊教育机构的养护职能转向普通教育机构的教育职能,即从生存权的维护到教育权的保障。正常化与回归主流的理念在于不让特殊学生在隔离的特殊环境中学习,而应该回归到普通班级与普通学生一起学习。此时是特殊教育领域的专家(如邓恩(Dunn))主动拓展特殊儿童受教育的领域,使特殊教育向外扩张的过程,该过程主要基于提高特殊儿童入学率、使其基本受教育权利受到保障的考虑,但并没有改变普通教育与特殊教育的二元体系隔离的状态,甚至将这种二元体系直接延伸到了普

---

① 张恒豪.特殊教育与障碍社会学[J].教育与社会研究,2007,(13):76.
② 朴永馨.特殊教育概论[M].北京:华夏出版社,1994:27.
③ 王国羽,吕朝贤.世界卫生组织身心障碍人口定义概念之演进:兼论台湾身心障碍人口定义系统问题与未来修正方向[J].社会政策与社会工作,2004,8(2):197.

通学校的内部,即普通学校为了接纳特殊儿童,专门设置了特殊班来予以安置,特殊儿童只是从一个隔离的空间进入了一个部分融合部分隔离的空间(教室是隔离的,活动场所是融合的)。在不同的历史时期,很多国际性组织在特殊教育改革中发挥了比较大的作用,如世界残障联盟(International Society for Rehabilitation of the Disabled)、亚洲智能不足联盟(Asian Federation for the Mentally Retarded)、美国智力障碍者协会(National Association of Retarded Citizen)、特殊儿童教育学会(The Council for Exceptional Children),等等。

(二) 普通教育改革运动

20世纪80年代兴起了由美国特殊教育署助理秘书威尔(Will)所提倡的普通教育改革运动(Regular Education Initiative,简称REI),威尔1986年认为特殊教育服务常忽略了特殊学生的需求,应该让特殊学生在普通教育中得到支持与协助,将特殊学生融合安置于普通公立学校。[①] 普通教育机构需要做出一定的调整,以主动接纳特殊学生到普通学校就读,将普通教育服务与特殊教育服务融合在一起,在普通教育体系中为特殊学生提供各种服务。尽管普通教育改革运动要求普通教育做出调整,接受能适合普通学校的特殊学生,威尔也认为"普通教育与特殊教育是共担责任的体制"[②],但仍然没有改变普通教育与特殊教育的二元体系。

(三) 全民教育运动

1990年在泰国举行的世界全民教育大会上提出了全民教育运动,并发表了《世界全民教育宣言》,把基础教育规定为每位学习者的权利,提出"……需要再次重申基础教育的重要性。而且要拓展视野,在目前最好的基础上改善资源、体制结构、课程以及传统的教育方法",以保证"对所有的儿童、青年和成年人进行普及教育,并提供均等的机会"。[③] 此次大会之后,各国都在践行旨在确保每个人都能接受基础教育的全民教育运动。例如,南非在相关的法律条文中保证要实行全民教育。全民教育运动所坚持的信念是所有的人都有接受教育的权利,无论是残疾人还是正常人。可见,全民教育运动不但为融合教育的开展、发展奠定了基础,而且旨在打破普通教育与特殊教育的二元体系,建立一元的教育体系,以适应所有学生的需要,且要求追求优质的教育。

五、科技发展的助动

科技的发展为融合教育的发展提供了技术支持。例如,交通工具的日新月异,使生活空间限制大大地减少,残疾人可以在现代社会中顺利地出行;通信工具的创造革新,使人们直接沟通的渠道更加畅通,听觉障碍者可以利用手机进行书面信息交流;电脑科技的突飞猛进,使残疾人处理各种资料的能力大大提高,盲人电脑的发展为盲人的学习提供了便利;

[①] Will, M. C. Education children with learning problems: A shared responsibility[J]. Exceptional Children, 1986, 52(5): 411-416.

[②] 郑耀婵,何华国. 小学融合班学生学习态度及其相关因素之探讨[J]. 台湾教育研究学报, 2004, 13: 218.

[③] 联合国教科文组织. 全纳教育共享手册[M]. 陈云英,杨希洁,赫尔实,译. 北京: 华夏出版社, 2004: 9.

医疗科技的惊人发展,使特殊儿童的早期预防与干预成为可能,特别是针对听觉障碍儿童康复的人工耳蜗技术的发展,使"由聋变健"的希望成为可能,以至于美国有些州针对听觉障碍儿童的资源教室开始关闭,[①]使听觉障碍儿童真正地、无障碍地融入普通班级成为了现实。科学技术不但能最大限度地避免残疾的发生,而且能够"变障碍为正常"[②]。

第2节 西方融合教育的历史发展

特殊教育在其有限的历史进程中,经历了从隔离到融合的过程。早期的特殊教育是以隔离、分类为特征的教育,将视障、听障和智障特殊儿童安置到特殊学校和班级,以隔离于普通儿童所接受的普通教育。这种状况一直延续到20世纪50年代。随后在欧洲出现了特殊教育"正常化运动",从此拉开了特殊教育改革的序幕。

一、特殊教育的正常化

正常化原则(Normalization)自从丹麦的米克尔森(Mikkelsen)在1950年提出后,经瑞典人尼尔耶(Nirje)和美国人沃尔芬伯格(Wolfensberger)的倡导在20世纪60年代奠定了其基本的思想体系,即强调身心障碍者的个别性和权利,认为身心障碍者应该尽可能与普通人一样,拥有一个良好的教育和生活环境,并享有自由的权利和公平的机会。[③] ① 有正常的每日作息;② 正常的每周作息;③ 正常的每年作息;④ 有正常的生命周期发展;⑤ 享有正常的经济条件;⑥ 享受正常的环境条件;⑦ 获得正常的个人尊重;⑧ 拥有正常的人际关系。而正常化原则的核心思想在于强调"人皆平等,享有同等权利""接受他们的障碍情形,提供一样的机会和权利""给他们应有的尊重和了解"和"提供他们自我决定和参与的机会"。普琳(Perrin)与尼尔耶(1985)更进一步澄清所谓"正常化原则"并不是只针对轻度障碍者而言,也不是要让障碍者变成"正常",更不是要把这群人扔入社区而不提供任何支持,而是让他们在享有同样权利和机会的同时,也应提供他们所需要的支持性服务。[④]

正常化运动要求改革原有的隔离封闭形式的特殊教育、养护机构,将特殊儿童安置到正常社会环境中生活和学习,使其能够适应社会生活。实施途径有二:一是通过改造特殊教育、养护机构,使其在隔离的环境中提供尽可能正常的设施与环境等;二是使特殊儿童融合到普通教育机构,与普通儿童、主流社会文化保持联系。目的在于为在隔离式

---

① Kevin J. Miller. Closing a resource room for students who are deaf or hard of hearing[J]. Communication Disorders Quarterly,2008,29(4):211-218.

② 刘全礼.特殊教育导论[M].北京:教育科学出版社,2003:126.

③ Hallahan, D. P., Kauffman, H. M. Exceptional children: introduction to special education[M]. Boston: Allyn & Bacon., 1994.转引自吴永怡.小学教育人员对身心障碍学生融合教育态度差异分析研究结果[J].台东特教,2004,20:30.

④ 林宝贵.特殊教育理论与实务[M].台北:心理出版社,2001:99-100.

教养院中的特殊儿童提供正常的生活和学习条件。但早期正常化所针对的是轻度智能不足儿童,后来推而广之,逐渐从广度和深度上向其他类型的残疾以及中重度特殊儿童拓展开来。

过去认为,"正常化"的环境就是正常人生活的环境,并将此定格为"最少受限制的环境",随着人们对实践的认识转化以及对特殊儿童在"正常化"环境中出现的各种利弊的权衡,最少受限制环境得到了重新理解。许多研究揭示,有些被安置在普通班的特殊学生,一整天都孤立于同学中间。实际上,这些特殊学生仍是完全被隔离的,尽管他们是在一体化的学校里。[①] 梅罗拉斯基罗(Menolascino,1997)曾经提出将正常化原则应用于教育、住宿及社区,以服务于障碍者之建议(Heward & Orlansky,1992)[②]为例:① 对障碍者提供的方案与设施,应使障碍者之身心皆与所属社区统合。② 不宜在一机构内收容过多的障碍者。③ 对障碍者之设施应依人口密度及分布状况而做不同的统合及采用正常化模式。④ 针对障碍者的服务与设施,应与其他类似机构服务普通人的服务与设施同一标准,故不必太严或太宽。⑤ 服务于障碍者的工作人员,应符合服务普通人之最低标准。⑥ 为完成正常化最大目标,障碍者必须经常在正常社区中出现或参与活动。⑦ 障碍者每日例行活动,应与同年龄之普通人在一起。⑧ 由于儿童会模仿成人的偏差行为,故儿童和成人应该隔开服务,其设施亦应分别设计。⑨ 对障碍者生活自理能力的教导,应以同年龄普通儿童行为表现为标准。⑩ 对障碍者的就业,最好以安置于与普通人一起工作的环境中为目标。

二、回归主流

"正常化"主张传播到美国后,邓恩于20世纪60年代提出改革方案,认为"特殊教育与普通教育必须融合,于是在教育体制上传统学校的自足或特殊班的隔离教育学者们纷纷主张回归主流"[③],并于20世纪70年代中期开展了一场"回归主流(Mainstreaming)"运动。一般认为,美国发布《所有残疾儿童教育法》(PL94-142),标志着回归主流教育运动的开始。[④] 回归主流就是要最大限度地将特殊儿童安置在普通班级接受教育,与普通儿童共同学习和生活。其核心思想包括:① 让特殊儿童在最少受限制的环境中接受教育,依据特殊儿童残疾程度的不同,设置各种类型的特殊教育形式,制订个别化教育计划,主张使大多数特殊儿童尽可能在普通学校与普通儿童一起学习和生活,改变以往主要将特殊儿童集中到特殊学校,将他们与普通儿童隔离开的传统教育方式,使特殊教育的"支流"回归到普通教育的"主流"中。② 让特殊儿童在最少受限制的环境中接受教育。环境的限制程度视特殊儿童本人的具体情况而定。③ 设置各种类型的特殊教育形式,制订个别化教育计划,以期满足残疾程度各异的特殊儿童的不同需要。

---

① 黄志成,王伟.英国融合教育研究的现状[J].外国教育研究,2002,(3):13.
② 王文科.特殊教育导论[M].台北:心理出版社,1997:31.
③ 台湾特殊教育学会.特殊教育课程与教学[M].台北:心理出版社,1987:149.
④ 佟月华.美国融合教育的发展进程[J].济南大学学报,2002,(1):77.

回归主流主要有两种模式[①]：① 零拒绝模式(Zero Reject Model)，主张特殊儿童原本就应该在普通班就读，并认为儿童已经统合在普通班不可能被转移到特殊班就读。不过，此模式必须附设特殊教育教师的咨询服务，并训练普通班教师处理特殊儿童的问题。② 失败-救援模式(Fail-save Model)，该模式具有一定的弹性，可看成是一种过滤体系。首先，普通班教师可要求一位特殊教育咨询人员协助其教材设计和教学方法，一旦不成功，可将特殊儿童转移到资源教室/普通班，如再行不通，可再转移到资源教室/特殊班就读两个学期，待期满后，经过评量再决定特殊儿童是否回资源教室/普通班或特殊班。如果选择后一种形式，最长以两年为期限，时间一到必须再送回资源教室/普通班再评量。

雷诺与伯齐(Reynolds & Birch)1982年认为回归主流可根据其统合的程度分为三种形式：① 物理空间的回归主流，是最基本而简单的方式，即特殊儿童与普通儿童在相同的学校中及相同的设施下接受教育，所有儿童都有机会去体验他们生活在相同的世界里，彼此生活的空间是重叠的。② 社会交互活动的回归主流，特殊儿童与普通儿童不只是在相同的空间接受教育，学校人员还安排进行有计划的社会交互活动，让他们相互了解尊重，相互邀请参与一般的社交活动。③ 教学的回归主流，特殊学生与普通班教师、普通学生进行交互活动，并在特殊教师的指导下接受高品质的个别化教学，使他们在学习上、社会活动上及物理空间上都相互统合。[②]

然而，很多国家的实践证明，回归主流需要一定的条件支持，否则特殊儿童不宜安置在普通班。舒伯特(Schubert)和格里克(Gllick)提出特殊儿童可否回归主流具有七项判定标准：① 学生应具有学习同级部分课业的能力。② 学生应具备不依靠太多的帮助(特殊教材、设备或普通班教师)而学习课业的能力。③ 学生应具备在普通班中安静学习而无须太多关注的能力。④ 学生应具备适应原普通班常规教学的能力。⑤ 学生应具备在普通班中与人互动并模仿楷模行为的能力。⑥ 普通班的各项设备应该适合特殊学生的需要。⑦ 课表应具备弹性以适合特殊学生的需要，并能随其进步相应调整。因此，要抑制盲目的回归主流的思想与行动。[③]

哈拉汉和考夫曼(Hallahan & Kauffman,1991)提出了做好回归主流的六项原则：① 鼓励普通班教师实施有效教学。② 请特殊班教师担任咨询教师。③ 建立转介辅导小组。④ 鼓励能力水准不一的学生一起合作学习。⑤ 利用小老师制度或导生制度。⑥ 应用课程设计及教材设计来改变一般学生对障碍者的态度。[④]

三、一体化教育

一体化教育(integrated education)在日本被称为"统合教育"。日本在"正常化"理念

[①] 我国台湾地区特殊教育学会.特殊教育课程与教学[M].台北：心理出版社,1987：93.
[②] 我国台湾地区特殊教育学会.特殊教育课程与教学[M].台北：心理出版社,1987：103.
[③] 转引自吴武典.从特殊儿童的安置谈特殊教育的发展——台湾的经验与省思[J].中国特殊教育,1997,(3)：16.
[④] 王文科.特殊教育导论[M].台北：心理出版社,1997：35-36.

支配下,于20世纪80年代初期在部分地区掀起了"将所有障碍儿童送入普通学校"的教育改革运动,并称之为"统合教育"。丹麦从20世纪70年代开始将盲童安置在普通公立学校接受混合式的学校教育,使盲婴幼儿进入普通托儿所和幼儿园。1980年1月1日起,丹麦新立法明确规定:丹麦障碍儿童与其他儿童一样以同样的条件接受教育。一体化教育要求把两种不同的教育(普通教育和特殊教育)简单地糅合在一起,组成一种新的教育体系。1981年"国际残疾人年"时人们提出了一体化的概念,其主要观点是:无论障碍的种类和程度如何,所有障碍儿童都可以直接进入中小学的普通班级接受教育。统合教育的安置形式有两种:① 特殊儿童在全部时间内参与普通儿童的学习、生活,由辅导教师或巡回教师给予特殊的帮助。② 特殊儿童部分时间参与普通儿童的学习、生活,另外的时间在特殊班进行缺陷补偿训练。一体化的层次包括四个层次:① 形体上的一体化,目的在于减少特殊儿童与普通儿童间的距离。特殊儿童可以组成一个特殊的教学组或班级,但从空间差别上并不隔离,他们仍在一所普通学校之内。② 功能上的一体化,旨在缩减特殊儿童与普通儿童之间功能上的差异,在开展诸如音乐、美术、戏剧和体育运动等活动中共同使用设备。③ 社交上的一体化,旨在减少交际能力方面的差距,鼓励残疾人与非残疾人之间的接触和联系。④ 社会上的一体化,力图扩大特殊儿童与社会方面的相互作用和联系,使他们广泛了解社会。[①]

四、融合教育

1990年,泰国召开了世界全民教育大会,155个政府组织、20个国际组织及150个非政府组织参加了这次会议。会议通过的《世界全民教育宣言》提出:全世界都应积极关注残疾人的学习问题,各国政府必须采取措施向各类残疾人提供平等教育的机会。1993年2月在菲律宾召开的亚太地区工作会议上,新西兰的一位代表在发言中提出了"融合学校(Inclusive School)"的说法。1994年6月7日至10日,联合国教科文组织在西班牙萨拉曼卡市召开了"世界特殊教育大会",颁布了《萨拉曼卡宣言》,宣言声明:

① 每一个儿童都有受教育的基本权利,必须给予他实现和保持可接受水平的学习机会。

② 每个儿童都有独一无二的个人特点、兴趣、能力和学习需要。

③ 教育体系的设计和教育方案的实施应充分考虑到这些特点与需要的广泛差异。

④ 有特殊教育需要者必须有机会进入普通学校,这些学校应该将他们吸收在能满足其需要的、以儿童为中心的教育活动中。

⑤ 建立实施此种全纳性方针的普通学校,是反对歧视、创造欢迎残疾人的社区、建立全纳性社会和实现人人受教育的最有效途径。进而言之,他们为绝大多数的儿童提供了一种有效的教育,提高了整个教育体系的效益,并从根本上改善了教育的成本——效益比。

---

① 陈云英,等.特殊教育学基础[M].北京:教育科学出版社,2004:450-451.

会议上首次明确提出了"融合教育（Inclusive Education）"的思想。其核心思想是让所有儿童都得到教育，让所有儿童都得到适合他的教育，使每个儿童都得到最佳成长机遇和对社会生活的最佳适应。

2000年7月24—28日，在英国曼彻斯特大学召开的第五届国际特殊教育大会讨论的主题就是"融合教育"。大会呼吁各国积极进行融合教育改革，要求学校采取融合教育模式，为实现特殊需要儿童的平等教育权利而努力。

在这次大会上，与会代表主要围绕以下5个主题进行了交流和研讨。①

1. 融合教育的政策

20世纪90年代发布的许多国际政策性文件，都十分强调所有儿童和青少年都享有均等的受教育权利，在这种国际教育发展政策的大背景下，需要关注的是：

① 哪些团体目前仍然受忽视或排斥？
② 哪些融合教育政策已在国家、地区、社区和学校中实施了？
③ 非正规教育或以社区为基地的教育是否贯彻了融合教育的政策？
④ 融合教育政策如何来维护个人的权利？

2. 融合教育的不同观点

对融合教育，存在各种不同的看法。这次大会鼓励发表和交流不同的观点和看法。这对融合教育的发展是有益的，尤其是以下一些问题：

① 对差异和残疾还存在哪些不同的看法？
② 怎样能听到被轻视或被排斥的人的观点？
③ 怎样能克服交流的障碍？
④ 儿童、青年人及家庭对目前的教育状况有什么看法？
⑤ 在不同的意识形态或社会经济背景中人们有哪些经验？
⑥ 在教育过程中，残疾人有哪些被排斥或被容纳的体验？

3. 特殊教育功能的转变

随着融合教育的发展，许多国家正在发生着教育思想和教育实践的转变，这种转变涉及了教育过程中的每一个人，这就向各级各类教育提出了挑战。特殊教育未来作用的发挥，尤其需要按照融合教育的思想来进行改革。对特殊教育而言，以下几方面的问题已引起了广泛的关注：

① 特殊教育机构对融合教育的发展能作出什么贡献？
② 特殊学校怎样促进融合的开展？
③ 特殊教育专业功能的变化对师范教育具有哪些意义？
④ 怎样看待特殊教育专业功能的转变？
⑤ 应采取怎样的方式促进各领域的人员合作？
⑥ 在开展融合教育的过程中，家长和社区能发挥哪些作用？

---

① 黄志成.从第五届国际特殊教育大会看融合教育的发展[J].现代特殊教育,2001,(3):46.

4. 融合教育的实践

以怎样的形式来开展融合教育的实践,这实际上是要建立能容纳社区中每个学生的教育和管理机构。

① 哪种班级形式有助于开展多样化的教学?
② 特殊教育的技术怎样发挥作用?
③ 怎样的组织机构有助于实施融合教育?
④ 非正规和非正式教育对融合教育有哪些作用?
⑤ 特殊教育机构对融合教育会起多大的作用?
⑥ 怎样能消除排斥的压力?
⑦ 融合教育的开展有哪些障碍?怎样克服?

5. 融合教育的质量和效益

在向融合教育发展的过程中,重要的是要确保质量和效益。

① 所有的儿童进入相同的学校是否可能或值得?
② 怎样评价融合教育的效益?
③ 融合教育是否有益于学校中的每一个儿童?
④ 为了确定优先发展的方面,教育制度应怎样评价其工作?
⑤ 融合教育是否有助于提高特殊儿童的生活质量?

以上提出和讨论的问题正是融合教育发展过程中亟待解决的问题。这些问题为融合教育的发展与完善,为从事融合教育研究的人员指明了方向。

目前,国际上对融合教育的研究和发展方兴未艾。英国、美国、澳大利亚、加拿大、西班牙等发达国家已在较大规模上开展了融合教育的理论研究、政策制定和实践;英国曼彻斯特大学已建立了"融合教育研究中心";澳大利亚、英国、美国等联合创办了第一本融合教育杂志《国际融合教育杂志》;西班牙、荷兰、澳大利亚、英国等已设有专门培养"学习辅导教师"的学士学位课程,有的还设有硕士学位课程。许多发展中国家,如智利、秘鲁、南非、加纳等,也都在很大程度上开展了融合教育。1995 年,国际智力障碍者联盟更名为国际融合教育联盟[①]。"融合国际"组织在 1995 年至 1998 年,以"每人都有受教育权利"和"融合教育"作为宣传的重点。2002 年,联合国教科文组织为了支持在世界各国推行融合教育,组织来自 30 多个国家和地区的 40 多位专家,精心编写了一个在不同国家推行融合教育经验的手册——《融合教育共享手册》(Open File on Inclusive Education)[②]。2005 年 8 月 1—6 日,第六届国际特殊教育大会在英国格拉斯哥城举行,大会的主题为"融合教育:包容多元(Inclusion：Celebrating Diversity)",来自世界 77 个国家和地区的代表参加了此次会议。2007 年 6 月 10—14 日,美国国际特殊教育协会与我国香港大学特殊教育研究发展中心共同举办了特殊教育全球会议,主题为"特殊教育全球挑战:历

---

① 方俊明.融合教育与教师教育[J].华东师范大学学报(教育科学版),2006,(3):38.
② 刘春玲,江琴娣.特殊教育概论[M].上海:华东师范大学出版社,2008:27.

史、现状、未来"。

从融合教育发展的过程来看,融合教育的发展不但对特殊教育的理论和实践提出了挑战,而且也对普通教育的理论和实践提出了挑战。它要求特殊教育的功能发生转变,特殊学校要按照融合教育的思想进行改革,发挥资源优势,服务于融合性的普通学校、普通班级;要求普通教育在教材、教法、课程设置、管理、评价等方面进行改革,以适应有特殊需要的儿童的需要。因此,融合教育的发展将引起整个教育制度的改革。

总之,融合教育在其发展过程中经历了"正常化"运动、回归主流、一体化教育。大多数人认为,"正常化""一体化""回归主流"①只是语词表达上的不同,实质并无太大差异。其核心内容都是:让儿童在最少受限制的环境中受教育,依据残疾程度的不同,设置各种类型的特殊教育形式,制订个别化教育计划,主张使大多数特殊儿童尽可能在普通学校或普通班级中与普通儿童一起学习和生活,改变以往主要将特殊儿童集中到特殊学校,将他们与普通儿童隔离开的传统教育方式,达到将特殊教育的"支流"回归到普通教育的"主流"中,特殊教育与普通教育融为一体的目的。但不完全取消特殊学校,特殊学校仍将发挥接受教育残疾程度重、不适合在普通学校学习的残疾学生,向普通教育提供特殊教育咨询服务等作用。② 甚至有人认为,融合教育也是一体化教育的翻版。

其实,两者有很多不同。首先,两者在指导思想上存在差异。一体化教育仍是以特殊需要儿童应属于正常环境之外的"支流"为前提的,是"正常的主流"要去统合这一"特殊的支流",而"他们"这一支流必须适应"我们"这一主流。这一前提假设使得一体化教育从产生之初就已经违背了其要追求的教育平等的目标,因而具有先天的缺陷。与此不同,融合教育则较好地体现了教育平等的原则。在融合教育者看来,没有所谓的主、支流之分,每个儿童都应纳入"我们"这一主流,普通教育机构一开始就应根据儿童的不同需要对其实施教育。因此,融合教育的实施不仅有利于特殊需要儿童,而且有利于不同语言背景、不同文化背景和不同学习风格的普通儿童。基于以上原因,目前人们开始逐步放弃"一体化教育"这一术语,转而使用"融合教育"这一称谓。③ 其次,两者的出发点不同。一体化教育是从推广特殊教育的角度提出的,而融合教育是立足于全民教育的基础上强调提高教育质量。第三,两者对学校与儿童关系的认识不同。一体化教育强调儿童通过一系列的改进来适应学校,对学生而言是被动接受,融合教育则不同,融合教育更倾向于"儿童中心论",即以儿童为中心,要求学校自身充分认识到学生的差异及特点,设法满足儿童的各种不同需要,即学校适应学生。即一体化教育强调学生在入学前做好一切准备以适应普通班级、普通学校的生活,而融合教育强调学校应在师资、设施等方面提前做好准备以适应各类不同特殊需要的学生入学。例如在美国,当一个视障学生进入普通

---

① lissa Conroy,M. A 在 2008 年 Reasearch Starters:Academic Topic Overview 撰写的 Inclusive Education in Developing Countries 一文中认为"融合教育"即"回归主流"(inclusive education, also known as mainsteaming)。
② 金平. 中国特教发展与融合教育[J]. 特殊教育研究,1997,(1):13.
③ 曹漱芹. 概观德国不来梅州学前融合教育[J]. 中国特殊教育,2006,(5):19.

班级,一般需要进行三方面的改变①:一为课堂环境的改变。当视障儿童第一次进入学校和班级时,教师要向他们介绍学校的布局、教室的布置;他们的书桌要靠近黑板,光线也要适当;教室或学校布置的改变都要让他们知道。二为教学材料的改变。由资源教师为普通班级中的盲童提供盲文教材、课文录音、作业录音和测试录音,为弱视儿童提供放大的印刷物。此外,在课堂中还要尽量使用实物或可触摸的模型。三为教学方法的修改。教师必须改变一些平时与学生交流的方式,多用口头语言;允许他们花更多时间进行学习和完成测验;给予其口头或录音测验并允许学生口头回答。此外,视力障碍儿童还应接受特别技能的教学,如日常生活技能、动作训练、方位训练等。

台湾省的梁素霞老师将回归主流与融合教育的共同点与优缺点进行了详细的分析(见表2-1)。

表 2-1 回归主流与融合教育的共同点与优缺点②

比较\类型	回归主流	融合教育
相同点	(1) 使普通学生与特殊学生产生最大的互动,减少标记。 (2) 提供障碍学生在最少限制环境下适当的教育机会。 (3) 以个别化教育计划为基础	
不同点	(1) 对象:并非全体障碍儿童,早期正常化或回归主流所指的是轻度智能障碍儿童。后来推而广之,也包括其他类别的轻度障碍儿童从特殊学校(班)迁置于当地普通班或特殊班。 (2) 服务:回归主流所提供的特教服务,是在安置特殊学生的场所内。如某位学生被安置在特殊班,则其所接受的特教服务来自特殊班	(1) 对象:是班级内所有具有特殊需求的学生,包括轻、中、重度障碍者,由普通教师、特殊教师及相关专业人员协同合作,分担责任,共同完成教学工作。 (2) 服务:特殊学生完全融入普通班中,并且特教服务完全移至普通班
优点	(1) 特殊学生因回归主流而拥有正常住宿或接触正常学习环境的机会,他们期待有朝一日能正常独立地生活,而回归主流可以增进其适应正常社会生活的能力。 (2) 所选择的学习环境都会将特殊儿童的教育需求列为优先考虑因素,这将最大限度地降低对障碍儿童潜能发挥的限制。 (3) 提供机会和同伴作"正向"的互动。 (4) 尽量减少不必要的标记及减少隔离。	(1) 与同年龄的同伴一起学习增进互动。 (2) 残障类别及程度不列入考虑范围。 (3) 尊重每个人,视每个人都是平等的。 (4) 和同伴一起升级。 (5) 没有特殊班,只有所有学生共同的特殊教室。 (6) 普通及特教教师一起合作,确保: ① 特殊儿童自然参与,并成为班上的一分子。 ② 个别化教育计划的执行,班上的课程能将个别化教育计划的目标融入。

---

① 曹捷琼,昝飞.美国、日本、中国大陆地区融合教育的比较与思考[J].中国特殊教育,2003,(4):71.
② 梁素霞.融合教育[N].教育趋势导报,2003,(3):5-6.

续表

比较\类型	回归主流	融合教育
	（5）帮助障碍儿童发展健康和正面的自我观。 （6）对一般儿童而言，回归主流可以使他们学习接受人们的个别差异。 （7）对父母而言，因观看障碍儿童与一般儿童混合就读，回归主流使得他们能以更客观的角度来认识障碍儿童。 （8）对教师而言，教育障碍儿童使其回归主流可提升教师的教学技能和扩展教师的教学与个人经验	③将主要课程或材料改编，以增进儿童的参与学习。 （7）提供儿童间合作学习、活动本位学习、全语言等教学策略。 （8）尊重个别差异，每个人都是特别的，尊重其贡献及能力。 （9）所有人不需要做同样的事。 （10）每个人的兴趣都需顾及。 （11）有些残障学生在特殊班接受教育会有较高的学业成就
缺点	（1）并非轻、中、重度障碍儿童都能回归主流，未重视平等教育，只考虑部分学生。 （2）在普通班教室内，完全无特殊教师的情况下，回归主流对障碍儿童的认识不足，较不易沟通。 （3）障碍儿童如果具有干扰性行为、破坏行为，需借助教师额外的注意力，因而影响教学及其他儿童的学习情绪，此类儿童无法混合就读	（1）一般教师未完全持支持态度接受障碍者。 （2）普通班教师没有合作教学的技巧。 （3）没有足够的实证研究支持。 （4）降低正常学生的教学品质。 （5）缺乏合格的师资

第3节 中国融合教育的历史发展

中国特殊教育的发展受到了西方特殊教育发展思潮的影响，现简要阐述融合教育在大陆以及港澳台地区的发展概况。

一、中国大陆随班就读的历史发展

（一）随班就读发展的简史

1. 民间自发的萌芽阶段

特殊教育专家朴永馨先生指出，残疾人（盲、聋）在普通班级中学习的情况中国文献早有记载。例如，1948年出版的《第二次中国教育年鉴》就记载了盲人罗福鑫在普通大学毕业的事例。这类情况在中国一直没有间断。20世纪70年代后在中国东北、长沙、北京、南京等地先后有聋人黄夷欧、杨军辉、周婷婷，盲人邵佐夫、王韧等在国内外高校读书并毕业的事例。改革开放初始，为了普及儿童的初等教育，东北的一些学校出现了不追求升学率而让弱智儿童就近跟班学习的事例，海伦县也有了聋童、多重障碍儿童在村小就读的实践。

2. 以行政支持为主的探索阶段

1983年8月教育部在《关于普及初等教育基本要求的暂行规定》中明确指出:"弱智儿童目前多数在普通小学就学。"[1]1986年《中华人民共和国义务教育法》颁布不久,9月11日国务院办公厅转发的《关于实施〈中华人民共和国义务教育法〉若干问题的意见》中提出:"办学形式要灵活多样,除设特殊教育学校外,还可在普通小学或初中附设特殊教育班。应该把那些虽有残疾,但不妨碍正常学习的儿童吸收到普通中小学上学。"随班就读的思想在此时已初现端倪,但真正提出"随班就读"一词是在1987年12月30日国家教委《关于印发〈全日制弱智学校(班)教学计划〉(征求意见稿)的通知》中:"在普及初等教育过程中,大多数轻度弱智儿童已经进入当地小学随班就读……对这种形式应当继续予以扶持,并帮助教师改进教学方法,加强个别辅导,使随班就读的弱智儿童能够学有所得。"1988年,国家教委副主任何东昌在《发展特殊教育的方针》讲话中指出:"要在办好特殊教育学校的同时,有计划地在一部分普通小学附设特殊班或吸收能够跟班学习的特殊儿童随班就读,逐步形成以一定数量特殊学校为骨干,以大量特殊班和随班就读为主体的残疾儿童、少年教育的格局。"[2]同年,国务院转发的《中国残疾人事业五年工作纲要(1988—1992)》中提出,坚持多种形式办学,办好现有的盲、聋和弱智学校,新建一批特教学校。同时,采取有力措施,积极推动普通学校和幼儿园附设特教班,以及普通班吸收肢残、轻度弱智、弱视和重听(含经过听力语言训练达三级康复标准的聋童)等特殊儿童随班就读。1988年全国7~15岁盲童的入学率仅为3%,聋童的入学率仅为5.5%,弱智儿童的入学率仅为0.33%。可见,特殊儿童适龄人口接受教育的比例很小。

就视障儿童的随班就读来看,1987年在各级有关部门的支持下,"金钥匙计划"开始在山西省襄垣县、长治县、江苏省淮安县、宜兴县建立试点,7月培训教师,秋季开学后正式招收视障儿童进入普通学校随班就读。1988年3月8日,国家教委柳斌副主任接见"金钥匙计划"负责人,在听取汇报后指出:"这项工作是非常有意义的。现在看来,我国现阶段盲童教育普及,至少是小学义务教育,恐怕光有盲校、盲班还是不行。徐白仑同志提出的进行这个实验,在扫盲后跟普通学生一起跟班上课,就是所说的一体化教育。由于盲生逐渐减少,这种形式便于普及,便于盲童就近入学,对这个实验我们一开始就是支持的。"1989年5月,国务院办公厅转发了国家教委、中残联等八个部门《关于发展特殊教育的若干意见》的规定:"在当前和今后一个时期,发展特殊教育的基本方针是,着重抓好初等教育和职业技能教育,积极开展学前教育,逐步发展中等教育和高等教育。""盲童教育,原则上以省、自治区、直辖市为单位。划片设校,或以地市为单位设校,并有计划地在聋哑学校和普通学校附设盲童班,或吸收掌握盲文的盲童在普通小学随班就读。"1989年,"金钥匙计划"除在华北、华东地区继续推行外,试点工作又扩大至东北地区的黑龙江省。1990年5月,国家教委在江苏省无锡市召开了盲童随班就读现场会,各省、自治区、

---

[1] 朴永馨.融合与随班就读[J].教育研究与实验,2004,(4):38.
[2] 何东昌.在全国特殊教育工作会议上的讲话[J].特殊教育,1988,(4):10-16.

直辖市教委(教育局)和残联派代表参加,听取了曾经试行"金钥匙计划"的各省、市的经验介绍,到宜兴市、无锡县作了实地考察。国家教委基础教育司在同年9月发出了《关于转发盲童随班就读现场会交流材料的通知》。1991年6月国家教委基础教育司又在河北省石家庄市召开了第二次现场会议,进一步交流视障儿童随班就读的经验。据此次会上统计,全国进行此项试点工作的已有北京、河北、山西、黑龙江、辽宁、江苏、湖北、贵州、广西、甘肃等10省、自治区、直辖市的88个县(市),有444名视障儿童随班就读。①

3. 以法律保障为主的发展阶段

1990年12月28日第七届全国人民代表大会常务委员会第十七次会议通过的《中华人民共和国残疾人保障法》第二十二条规定:"普通教育机构对具有接受普通教育能力的残疾人实施教育。"1994年7月21日,国家教育委员会为贯彻执行《中华人民共和国义务教育法》和《中华人民共和国残疾人保障法》,颁发了《关于残疾儿童少年随班就读工作的试行办法》,提出"残疾儿童少年随班就读是发展和普及我国残疾儿童少年义务教育的一个主要办学形式"。该文件从7个方面用36项条款对随班就读进行了全面规定。1994年8月23日颁布的《残疾人教育条例》第十七条规定:"适龄残疾儿童、少年可以根据条件,通过下列形式接受义务教育:① 在普通学校随班就读;② 在普通学校、儿童福利机构或其他机构附设的残疾儿童、少年特殊教育班就读……"随后,各地纷纷出台了关于开展随班就读的具体政策,例如上海市教育委员会于1997年8月颁发了《关于在本市普通中小学开展随班就读工作的暂行规定》。根据1998年10月16日邓朴方在中国残疾人联合会第三次全国代表大会上的报告中指出的"盲、聋、哑、弱智儿童入学率由6%提高到64.3%",可推测特殊儿童的入学率为70%左右。这说明了入学率比80年代提高了很多,但同时也说明了还有很多特殊儿童没有接受必要的教育。要使这些特殊儿童接受必要的教育,不可能仅仅依靠办特殊学校来解决,更重要的是在普通中小学推行随班就读。

4. 质量保障的深化阶段

2003年2月教育部和中国残疾人联合会印发的《全国随班就读工作经验交流会议纪要》指出:"十多年来的实践证明,随班就读在普及残疾儿童少年义务教育中发挥了非常重要的作用,是发展我国特殊教育事业的重要策略,是我国基础教育工作者特别是特殊教育工作者参照国际上其他国家融合教育的做法,结合我国的特殊教育实际情况所进行的一种教育创新,充分体现了'三个代表'的重要思想,从一开始就深受欢迎并不断显示出其强大的生命力,是一条符合我国国情的普及残疾儿童、少年义务教育的有效途径,它对发展我国特殊教育乃至推动整个基础教育工作具有十分重要的意义和作用。"② 根据2003年教育部统计的数据,我国有特殊教育学校1551所,单独统计的盲、聋、弱智学生364740人,其中随班就读的学生24万多人,约占总数的2/3。③ 这说明随班就读不但成

---

① 徐白仑.视障儿童随班就读教学指导[M].北京:华夏出版社,1992:6-10.
② 教育部基础教育司,中国残疾人联合会教育就业部.关于印发《全国随班就读工作经验交流会议纪要》的通知,2003:5.
③ 朴永馨.融合与随班就读[J].教育研究与实验,2004,(4):38.

为我国解决特殊儿童享受教育权利的主要方式,而且成为实施融合教育的主要途径。

2006年6月29日第十届全国人民代表大会常务委员会第二十二次会议修订的《中华人民共和国义务教育法》第十九条规定:"……普通学校应当接收具有接受普通教育能力的残疾适龄儿童、少年随班就读,并为其学习、康复提供帮助。"第三十一条规定:"特殊教育教师享有特殊岗位补助津贴。"第四十三条规定:"特殊教育学校(班)学生人均公用经费标准应当高于普通学校学生人均公用经费标准。"第五十七条规定:"学校有下列情形之一的,由县级人民政府教育行政部门责令限期改正;情节严重的,对直接负责的主管人员和其他直接责任人员依法给予处分:拒绝接收具有接受普通教育能力的残疾适龄儿童、少年随班就读的……"①新的《中华人民共和国义务教育法》不但确认了随班就读的合法性,而且从经费、教师、奖惩等方面予以了保障,这对提高随班就读的质量起到了至关重要的作用。

2008年3月28日,中共中央政治局全体会议通过的《中共中央、国务院关于促进残疾人事业发展的意见》第十条明确规定:"发展残疾人教育……各级各类学校在招生、入学等方面不得歧视残疾学生。"2008年4月24日第十一届全国人民代表大会常务委员会第二次会议修订的《中华人民共和国残疾人保障法》第三章专门对残疾人接受教育的权利进行了具体的阐述,其中第二十五条规定:"普通教育机构对具有接受普通教育能力的残疾人实施教育,并为其学习提供便利和帮助。普通小学、初级中等学校,必须招收能适应其学习生活的残疾儿童、少年入学;普通高级中等学校、中等职业学校和高等学校,必须招收符合国家规定的录取要求的残疾考生入学,不得因其残疾而拒绝招收;拒绝招收的,当事人或者亲属、监护人可以要求有关部门处理,有关部门应当责令该学校招收。普通幼儿教育机构应当接收能适应其生活的残疾幼儿。"修订后的《中华人民共和国残疾人保障法》从学前教育到高等教育规定了特殊儿童、少年在普通学校接受教育的权利。

教育部等部门颁发的《特殊教育提升计划(2014—2016年)》中指出:全面推进融合教育,使每一个残疾孩子都能接受合适的教育。"扩大普通学校随班就读规模。尽可能在普通学校安排残疾学生随班就读,加强特殊教育资源教室、无障碍设施等建设,为残疾学生提供必要的学习和生活便利。有条件的儿童福利机构可设立特教班。"《第二期特殊教育提升计划(2017—2020年)》中进一步指出:"优先采用普通学校随班就读的方式,就近安排适龄残疾儿童少年接受义务教育。以区县为单位统筹规划,重点选择部分普通学校建立资源教室,配备专门从事残疾人教育的教师(以下简称'资源教师'),指定其招收残疾学生。其他招收残疾学生5人以上的普通学校也要逐步建立特殊教育资源教室。依托乡镇中心学校,加强对农村随班就读工作的指导。有条件的儿童福利机构继续办好特教班或特殊教育学校。"

2017年5月修订颁行的《残疾人教育条例》提出:"残疾人教育应当提高教育质量,积极推进融合教育,根据残疾人的残疾类别和接受能力,采取普通教育方式或者特殊教

---

① 朴永馨.特殊教育辞典(第2版)[M].北京:华夏出版社,2006:87.

育方式,优先采取普通教育方式。"2020年6月教育部印发的《关于加强残疾儿童少年义务教育阶段随班就读工作的指导意见》指出,加强残疾儿童少年义务教育阶段随班就读工作要坚持以习近平新时代中国特色社会主义思想为指导,全面贯彻党的教育方针,落实立德树人根本任务,弘扬社会主义核心价值观,强化依法治教理念,更加重视关爱残疾学生,坚持科学评估、应随尽随,坚持尊重差异、因材施教,坚持普特融合、提升质量,实现特殊教育公平而有质量发展,促进残疾儿童少年更好融入社会生活。

我国大多数人将融合教育理解为:在普通学校的普通班级内教育所有学生,无论他们有何种残疾,也无论他们的残疾程度如何,都必须在普通班级内接受所有的教育。随班就读既可以认为是一体化教育的形式,也可以认为是融合教育的一种形式。但需要明确的是:从一体化教育的角度来看,随班就读要求学生适应学校;从融合教育的角度来看,随班就读要求学校适应学生。因此,融合教育对随班就读的学校要求更高,其实施将会引起教育体制的改革,涉及课程设置、课堂组织、评估体系、教师培训、特教中心、社区服务、父母参与和特殊儿童的早期教育等一系列问题。

(二) 中国大陆随班就读发展的布局

我国大陆特殊教育发展的格局逐渐从"形成以一定数量的特教学校为骨干,以普通学校附设大量的特教班和随班就读为主体"转向"以普通学校随班就读为主体、以特殊教育学校为骨干、以送教上门和远程教育为补充,全面推进融合教育"的特殊教育格局。特殊学校应在实施随班就读过程中发挥资源中心和指导中心的作用,促进随班就读的发展。特殊教育的总体布局要求是各地根据特殊儿童少年的生源和残疾类别,合理布校设班。

为此,随班就读发展的布局则要求深入开展工作,不断提高质量。特殊儿童、少年随班就读,应当就近入学;各级政府部门要落实"控辍保学"。在城市和交通便利的地区,也可以相对集中在指定学校就读。具体布局如下。

(1) 从残疾类型来看,要形成不同类型特殊儿童随班就读的体系。《关于开展特殊儿童少年随班就读工作的试行办法》指出,特殊儿童少年随班就读的对象主要是指视障(包括盲和低视力)、听障(包括聋和重听)、发展性障碍(轻度,有条件的学校可以包括中度)等类别的特殊儿童少年。

(2) 从地区来看,要形成各地区独具特色的特殊儿童随班就读体系。首先要形成城乡兼顾的发展特殊儿童少年接受教育的新格局。例如,针对智障儿童的教育,城市可以在普通小学、特殊儿童福利机构分散办班或随班就读,也可以集中办校。农村实行就近入学,随班就读,加强个别辅导。有条件的县、乡(镇)也可以办班或建校。山东省在《关于加快弱智教育的意见》中指出,随班就读是农村办智障教育的主要形式,这种办学形式不仅投资少,见效快,且能避免隔离式教育,有利于智障儿童同普通儿童的交往。其次要通过随班就读发展先进的学校、地区来带动落后的学校和地区。

(3) 从教育层次上来看,要形成学前教育、初等教育、中等教育、高等教育随班就读的教育体系。针对学前教育,普通幼儿教育机构应接受特殊儿童入园,对特殊儿童进行早期智力开发和功能训练。针对初等教育,普通小学要接受特殊儿童入学,对特殊儿童实施义务教育。针对中等教育,普通初中要接受特殊儿童入学,对特殊儿童实施义务教育,普通高中和职业高中应接受特殊儿童入学,为特殊儿童升学及就业打下坚实的基础。针对高等教育,高等学校应招收符合条件的残疾人入学。

(4) 在特教学校(班)合理布局的基础上,各省、自治区、直辖市及其所属地、市,应有重点地办好几所盲、聋和弱智学校或特教班,作为教学研究中心,发挥以点带面、典型示范的作用。

(5) 从安置学生的数量上来看,《关于开展特殊儿童少年随班就读工作的试行办法》要求"在普通学校随班就读的特殊儿童少年每班以 1~2 人为宜,最多不超过 3 人"。

(6) 从资源教室建设的角度来看,《关于加强残疾儿童少年义务教育阶段随班就读工作的指导意见》指出:"县级要根据残疾儿童入学分布情况,合理规划,统筹布局,在区域内选择若干普通学校设立特殊教育资源教室,对接收 5 名以上残疾学生随班就读的学校应当设立专门的资源教室,并按照特殊教育资源教室建设指南,根据学生残疾类别配备必要的教育教学、康复训练设施设备和资源教师及专业人员。对其他接收残疾学生随班就读的普通学校,也应给予相应的支持。要进一步提升资源教室的使用效率,充分利用资源教室为残疾学生开展个别辅导、心理咨询、康复训练等特殊教育专业服务。"

(三) 中国大陆融合教育发展的展望

中国大陆融合教育发展方向主要体现为以下几个方面。

1. 融合教育办学形式多样化

我国当前融合教育的主要办学形式是特殊儿童在普通儿童就读的班级随班就读,要求针对特殊儿童少年的随班就读要做到:有利于特殊儿童少年就近入学;有利于提高特殊儿童少年的入学率;有利于特殊儿童与普通儿童互相理解、互相帮助,促进特殊教育和普通教育有机结合,共同提高。随着国际上将普通儿童安置在特殊儿童所在的特殊学校就读的实验成果的推广,相信在不久的将来我国也会出现此种办学形式,甚至更多其他值得借鉴和推广的办学形式。例如,湖南省桃江县[1]形成了"以县特教本部为龙头,以乡镇分校为基地,构建县域特校网络"的办学模式;浙江省的"卫星班"模式;江苏省常熟市的县域"特教班"融合教育运行模式等。

2. 融合教育越来越注重双赢

融合教育不仅仅要考虑到特殊儿童的受益程度,而且要考虑到普通儿童的受益程度,无论何种融合,必须使就读于融合学校的所有儿童在得到足够的资源服务与支持的情况下实现"双赢",普通学校、特殊教育学校、社区、家庭等的共赢。

3. 融合教育越来越注重向两头延伸

融合教育由基础教育向两头延伸的趋势已越来越明显。

首先,越来越多的普通幼儿园在融合教育的推动下,主动接受了有特殊教育需要的

---

[1] 陈云英.融合教育的元型[J].中国特殊教育,2003,(2):3.

儿童,并通过教育与康复相结合来提高儿童的能力。从整个人生的心理发展来说,学前期是心理发展的关键期。在语音学习方面,2~4岁是关键期;在掌握数概念方面,5~5岁半是关键期;4岁前智力发展最为迅速;4~5岁坚持性行为发展最为迅速;等等。儿童心理发展关键期的现象主要表现在智力及语言的发展方面。① 因此,学前期被认为是人在某个方面发展速度最快、可塑性最大的最佳时期。可见我国学前融合正在逐步形成以幼儿园学前班为主体,特殊学校和其他部分办班的多样化的办学格局。虞永平教授在解读《学前教育法(征求意见稿)》时指出:"县级以上地方人民政府应根据本区域内残疾学前儿童的数量、类型和分布情况,统筹实施多种形式的学前特殊教育,推进融合教育。幼儿园应接收具有接受普通教育能力的残疾学前儿童入园。鼓励、支持有条件的特殊教育学校、儿童福利机构和康复机构设置幼儿园(班)。幼儿园对体弱和残疾学前儿童应予以特殊照顾。"②

其次,越来越多的残疾学生在普通高等学校接受高等教育。北京大学于1987年首次招收肢残学生,21名来自全国各地的残疾考生得以进入中国最高学府学习。目前,全国已累计有万余名残疾考生步入普通高等学校大门,上线考生录取率连续几年保持在90%以上,有些省为100%。

4. 融合教育越来越注重技术和服务的支持

融合教育的实践需要为有特殊教育需要的儿童提供各种技术支持和服务。例如,在融合学校中为低视力学生准备的放大镜、助视器、视听觉转换阅读机、触觉转换阅读机等,为听障学生准备的斜面镜、助听器、语言训练设备等,为学习困难儿童准备的感觉统合训练设备等。科技的发展,特别是计算机多媒体技术的发展,从根本上改变了传统的教学方式,使特殊学生能够在融合班级上获得更多的感觉刺激,大大提高了教学质量。

5. 融合教育研究成果日益丰富

大量有特殊教育需要的儿童进入了普通教育机构接受教育,使普通学校遇到了前所未有的机遇与挑战。融合教育研究的专家、学者、教师、管理者以及家长从不同的角度和层面对融合教育的内容、方法、形式等进行了全面的研究,很多融合教育研究的书籍与文章已经呈现在人们的面前。例如,华东师范大学国际与比较研究所黄志成教授在翻译介绍国外融合教育的理论与实践的同时,也在上海进行融合教育的实验研究,出版了《全纳教育——关注所有学生的学习和参与》;柳树森研究员主编了《全纳教育》《全纳教育导论》;邓猛教授独撰的《融合教育与随班就读:理想与现实之间》等。这为融合教育的发展提供了理论的支持与实践的范式。随着融合教育的发展,融合教育的研究成果必将越来越丰富。

6. 融合教育的国际合作与交流日渐加强

中国融合教育的发展与参与国际特殊教育会议和开展国际的合作是紧密相关的。中国融合教育的发展是以中国代表团参加1994年世界特殊教育大会,通过与参会各国

---

① 王雁.早期干预的理论依据探析[J].中国特殊教育,2000,(4):2-3.
② 虞永平.保障儿童受教育权是学前教育立法的核心追求.中国教育报,2020-10-9.

代表的交流,并将有关材料翻译成中文为起始,此后融合教育的观念逐渐深入人心。随后,通过加强国际合作与交流,输入了许多国外融合教育的信息和思想,例如,华东师范大学学前教育与特殊教育学院方俊明教授等翻译了一套丛书,其中就有一本介绍特殊儿童早期融合教育的著作,华东师范大学黄志成教授通过参加合作研究项目——"中英特殊教育比较研究",介绍了许多国外融合教育发展的基本情况,为国内的融合教育提供了丰富的、可资借鉴的材料。2005年10月9—14日,在甘肃兰州召开了"让更多的孩子接受更好的教育——低年级儿童发展、特殊教育需要和教师专业发展国际研讨会",研讨会的主题是:教育工作者如何回应儿童的不同需求,促进教育公平,提高教育质量。国内很多知名学者通过参加国际会议、发表论文等方式介绍了中国融合教育的进展,随着中国融合教育的发展,国际的合作与交流将会逐渐加强。

二、中国港澳台地区的融合教育

(一)香港的融合教育

在国际融合教育发展潮流的推动下,香港自20世纪70年代以来就极力推崇将"有特殊教育需要的儿童融入主流学校,好让他们能够与同龄普通儿童一起接受适当的教育,为协助有特殊教育需要的学生,政府提供各种支援服务,包括特别班、巡回辅导服务及为身体弱能学童提供的辅导教学服务等"[1]。当时的香港教育署曾订下如下政策:"尽量协助有特殊教育需要学生融入主流学校,好让他们能够与同龄儿童一起接受适当教育。"[2]这一时期,部分有特殊需要的学生被安置到普通学校就读。1987年仅听障儿童融入普通中小学就读的人数已达700余人,其他类型特殊儿童融入普通中小学就读的人数也不少。[3] 1995年,香港提出《平等齐参与,展能创明天(*Equal Opportunity Rehabilitation and Service*)》白皮书,倡导"所有儿童都应有机会充分发展潜能,长大后成为社会上积极而负责任的一分子"。1996年,香港颁布了反歧视条例(*the Disability Discrimination Ordinance*),并成立了平等机会委员会。至1997年6月,有67名视障学生、647名听障学生、333名智障学生和136名肢体障碍学生被安置在普通学校。普通学校为特殊学生设立特殊教育班。在普通学校当中,政府实施以学校为本位的学生辅导计划及心理辅导服务,以帮助有较多学习成绩差的学生的学校为回归主流的特殊学生提供支援性辅导服务。小学校内的辅导服务由启导班或巡回辅导教学中心负责,此外校外服务由辅导教学服务中心负责。中学的辅导服务由以学校为本位的督学计划、辅导教学服务中心的辅导计划和技能训练学校负责。[4]

1997年9月,香港推行了一项为期两年的融合教育先导计划,有7所小学及2所中

---

[1] 教育统筹局. http://www.emb.gov.kPEDNEWHPPSchoolPeducation-serv-icesPint2eduP,2003.
[2] 连明刚.融合教育:理论与实践[J].香港特殊教育论坛,2004,7(1):63.
[3] 袁希树.香港的基础教育[J].湖北教育,1998,(1-2):32.根据此文献记载:香港真铎启喑学校校长提供的资料,香港从1968年开始即尝试推行"融合性质"的弱听学童特殊教育班。
[4] 顾定倩.特殊教育导论[M].大连:辽宁师范大学出版社,2001:79.

学参加,录取了49名有特殊教育需要的学生。[①] 该计划鼓励学校"全校参与",为学生提供支援。每所学校录取5~8名有特殊教育需要的学生,而他们最多分布于两个级别,以易于学校照顾。计划中所指的特殊教育需要学生包括以下残障类别的学生:轻度智障;听障;视障;肢体伤残;一般智力的自闭症学生。为了保证先导计划的顺利实施与完善,在香港大学的研究顾问协助下,9所先导学校都各自就教学、学习、课程和朋辈支援等方面进行行动研究,以便加强学校对教学及学校组织的自我评估及完善。同时委托香港教育学院对先导计划进行检讨,检讨报告书就校长的领导能力、教师协作、评估方法的调节及家长参与等方面提出多项建议。鉴于报告书的建议,香港决定继续在主流学校推广"全校参与"模式的融合教育,并根据学校已经录取的学生数目,为推行计划的学校提供额外的人力及津贴。此外,香港教育统筹局的教育心理学家、督学、听力学家及学校发展主任等亦定期向学校提供专业支援及校本培训课程,教育统筹局同时经常为这些学校及其他主流学校举办各项有关知识、实际技巧和共融策略等的全港性研讨会、工作坊和经验交流会等。[②] 1999年,香港课程发展议会属下的特殊教育协调委员会(后称特殊教育委员会)提出了《迈向21世纪香港特殊教育课程发展路向检讨》的决议,就当时的教育趋势,要求妥善照顾主流学校中智能、学能、体能及情绪方面受到不同限制的儿童的学习障碍与个别需要,并建议特殊教育课程发展应建立在主流课程上,以利于融合教育的成功实行。[③] 2001年香港在相关的教育细则中要求主流学校,除非有无法克服的困难,应接受特殊学生入学。上述政策极大地推动了融合教育的发展,并要求学校尽量改善设施,改善课程设计、教学方法和评估方法,以满足学生的特殊需要。从1997年至2006年,香港采用"全校参与"模式融合教育的学校每年增加,具体情况见表2-2。

表2-2 1997—2006学年"全校参与"模式融合教育学校数量[④]

学年	小学数目	中学数目	总数
1997/1998—1998/1999	7	2	9
1999/2000	16	5	21
2000/2001	31	9	40
2001/2002	45	21	66
2002/2003	80	36	116
2003/2004	80	37	117
2004/2005	80	37	117
2005/2006	78	37	115*

* 部分学校于2005/2006学年开始合并或转为全日制

[①] 教育统筹局."全校参与"模式的融合教育,2005.
[②] 教育统筹局."全校参与"模式的融合教育,2005.
[③] 连明刚.融合教育:理论与实践[J].香港特殊教育论坛,2004,7(1):63.
[④] 教育统筹局."全校参与"模式的融合教育,2005.

从2003/2004学年开始,香港教统局在小学试行一项新的资助模式,使一些录取少数有特殊教育需要学生而未能在融合教育计划或加强辅导教学计划下获拨额外资源的学校,亦可按有关学生的数目获得资助,同时学校需要采用"全校参与"的模式照顾学生的个别差异。在2005/2006学年,共有240所小学参与新的资助模式。新的资助模式实施后,采用"全校参与"模式的学校数目在过去三年有所增加,2007/2008学年度,采用新资助模式的学校约为300所。[①] 2003—2006年度香港参与新资助模式的学校具体情况如表2-3:

表2-3 香港采用"全校参与"模式支援有特殊教育需要的学生的学校数量

学年	采用全校参与模式支援有特殊教育需要的学生的学校*数目
2003/2004	135
2004/2005	271
2005/2006	334

* 这些学校包括已参与融合教育计划或新资助模式的学校(部分学校可能同时参与两项)。一些推行融合教育及加强辅导教学计划的学校鉴于新资助模式提供灵活拨款安排而选择采用新资助模式

根据2005年7月底的调查,参与融合教育计划、新资助模式的学校中推行"全校参与"模式的融合教育的501名有特殊学习需要的学生取得了显著的学习效益。91.4%的学生整体学业成绩保持水平或有进步;92.8%学习动机表现保持水平或有进步;96.8%社交适应行为表现保持水平或有进步;97%自尊感表现保持水平或有进步。[②] 教育统筹局指出,学校自我评估调查显示,9成学生因学校推动融合教育而在学业成绩、学习动机等方面均有提升。

为了进一步加强对有言语障碍学生的辅助及支援,教育局于2006/2007学年开始,分阶段向公立及普通资助小学发放"加强言语治疗津贴",让学校尽早为有关学生提供适当的校本言语治疗服务,避免其言语障碍发展成永久性的学习障碍。

为提升支援有特殊教育需要学生的教师的专业知识,教育局在2007/2008学年委托大专院校为所有普通及特殊学校教师提供三层架构的在职教师专业进修课程,当中包括分别为时30小时和90小时的"照顾不同学习需要"的基础和高级课程,以及各类为时60小时的特殊教育需要专题培训课程。[③]

(二)澳门的融合教育

澳门的中、小学教育主要是以私立学校为主,公立学校为辅。澳门为了促进特殊教育的发展,不但在1991年颁发的《澳门教育制度法》中将"特殊教育"纳入澳门教育的一

---

① 香港教育局.特殊教育. http://sc.edb.gov.hk/gb/www.edb.gov.hk/index.aspx? langno=2&nodeID=154
② 教育统筹局.全校参与模式的融合教育的推行情况及成效,2005.
③ 香港教育局.特殊教育. http://sc.edb.gov.hk/gb/www.edb.gov.hk/index.aspx? langno=2&nodeID=154

部分,明确了澳门特殊教育的宗旨,界定了有特殊需要人士的类别为感官障碍、沟通障碍、肌能障碍等。并在教育暨青年局"设立了特殊教育工作小组,以团队工作模式在学校提供辅导及治疗等服务,并举办家庭式生活教育、性教育及生活技能等教育活动"①。1991年的《澳门教育制度法》第十三条规定:

(1) 特殊教育旨在保证教育机会均等及使因以下因素而有特殊需要的人士能适应社会:精神特征;感官能力;肌肉神经及身体特征;感情及社会行为;沟通能力;多重缺陷。

(2) 特殊教育包括为受教育者而设的活动及为其家人、教师及社团而采取的措施。

(3) 特殊教育通过适合该类人士的特殊能力的教学方法或通过特殊教育机构或设在正规学校内的特别计划而展开,从而在可能的范围内,促使有特殊需要的学生能在教育及工作上融入社会。

(4) 行政当局将创造条件促进特殊教育,优先支持私人机构,诸如家长会、街坊会及社会互助机构开办的特殊教育。

1993年,澳门教育心理辅助办公室与特殊教育中心合并,成立"教育心理辅导暨特殊教育中心"。其服务宗旨是:以人为本的服务精神和工作模式,帮助在学儿童、青少年适应及解决学习、人际沟通及成长等方面的困难,使其能身心健康地成长,达到全面发展的目标;为有特殊教育需要学生提供合适的服务及教学安排,发挥其潜能。② 1996年7月1日颁发的澳门第33/96/M号《特殊教育》法令共19条,分别是适用范围、指导原则、特殊教育制度、特殊设施、学校硬件之配合、科目、行政程序、级别或班级之编排、评估之特别条件、附加之教学辅助、措施之并用、个别教学计划、教学活动大纲、期限、计划及大纲之延续及修订、监护人之同意、资优学生之评估、教师之培训、证明。上述两项法规与机构的设立为澳门融合教育的发展提供了制度与机构的保障。

澳门政府于1991年在各公立学校实施融合教育,每年都拨款支持融合教育的开展,2002至2003学年教育暨青年局为学校提供800多万元的特殊教育津贴,以协助有特殊需要的学生融入普通学校,并与部分参与小班制的学校商讨实施融合教育的事宜。同时根据已完成的《特殊教育教师能力指标》开始分阶段培训特殊教育领域内的人员,教育暨青年局也出版了《特殊教育家长手册》,为相关人士提供资讯。③ 2004—2005学年度,共有6所公立小学及5所私立教育机构提供特殊教育服务,而两所公立中学也有特殊需要学生就读。同时教育暨青年局为学校提供超过900万元的特殊教育津贴,以协助有特殊需要的学生融入一般学校,继续开展特殊教育人员培训。④ 2005—2006学年度,共有6所公立小学及5所私立教育机构提供特殊教育服务,同时教育暨青年局也在公立学校开展融合教育,并积极推动私立学校设立融合班。为鼓励私立教育机构提供特殊教育服务,教育暨青年局除发放特殊教育津贴外,还对相关教育机构教学设施的添置及治疗用具的

---

① 澳门教育暨青年局.确保学生教育的均等机会与全面发展.澳门教育暨青年局2002年刊.2002:22.
② 沈玲馨,郭莉雯.澳门教育暨青年局教育心理辅导暨特殊教育中心简介.
③ 澳门教育暨青年局.学生教育的均等机会与全面发展.澳门教育暨青年局2003年刊.2003:26.
④ 澳门教育暨青年局.学生的全面发展.携手迈向优质——澳门教育暨青年局2004年刊.2004:16.

购买提供资助,保持分阶段培训特殊教育教师的政策。[①] 2006 年底约有 50 多个公立普通班级接受特殊学生,人数共 162 人。2005 至 2006 学年,澳门教育暨青年局针对澳门私立教育机构在澳门推行融合教育中的使命,制订了《融合教育资助计划》,对愿意接收有特殊教育需要学生的私立教育机构提供财政支援及技术支援,每名融合生的自主金额除免费教育津贴外,可额外获得两倍资助。对于融合生的学习,教育暨青年局定期派员到校与教师共同商讨融合生的个别学习需要及相应辅助措施,并提供教学策略、辅导策略及环境改造等建议。此外,亦会邀请家长共同参与个别教育计划会议,听取彼此的意见,加强家庭与学校间的伙伴关系。2006 年底,私立学校中参与融合教育计划的学校已由 9 所增至 16 所,学生人数由 15 人增至 52 人。[②]

为了促进融合教育的发展,澳门特别重视教师培训工作。教育行政部门筹办了教师课程培训,让教师对融合教育有更深入了解,认识不同学生的特殊学习需要,并掌握有关教学策略和技巧。为此,澳门教育暨青年局邀请了具有丰富知识及经验的专家学者,为教师举办工作坊及课程培训。2006 年 6 月至 7 月期间,澳门教育暨青年局委托香港教育学院举办了两个 30 小时的"融合教育教师"及一个 100 小时的"资源教师"专业发展课程培训班,培训了约 100 名教师。[③]

2014 学年,全澳共有 1304 名接受特殊教育的学生,其中有 692 名为融合生,其余 612 人就读于特殊学校或者特殊班级。《2016/2017 学年非高等教育和青年事务重点工作》中提出,增加派驻学校支援融合教师的巡回支援人员的人数及驻校支援的时间,为实施融合教育的学校提供专业技术支援,让学校能按融合教育学生的不同支援需求而投放资源。[④] 2007—2008 学年继续开展"融合教育资助计划",对接收有特殊教育需要学生的私立教育机构提供财政、培训及技术等方面的支持"融合教育资助计划"实施以来,参与的私立学校持续增加,2014/2015 学年达到 29 所,受资助的融合生人数也增至的 806 人。[⑤]

从澳门融合教育的发展历程来看,融合教育出现如下的发展趋势：① 通过立法推进融合教育；② 融合教育的实施机构逐渐从公立机构拓展到私立机构；③ 融合教育的经费逐渐提高,为了专门鼓励私立学校开展融合教育,政府拟订了《融合教育资助计划》；④ 重视融合教育的教师培训工作,澳门政府与高等院校建立了稳固的教师培训合作关系。

（三）台湾的融合教育

我国台湾特殊教育的发展受到了 20 世纪 70 年代的回归主流、80 年代的一体化教

[①] 澳门教育暨青年局.均等的机会与全面的发展.与时共进,共谱新篇——澳门教育暨青年局 2005 年刊.2005: 18.

[②] 澳门教育暨青年局.政府大力推行融合教育.http://www.gcs.gov.mo/showNews.php?DataUcn=23898&PageLang=C.

[③] 澳门教育暨青年局.教育暨青年局积极推展融合教育.http://www.edcn.cn/e21sqlimg/html_temple/2006-12-15/article_13255.htm.

[④] 教育暨青年局.2016/2017 学年非高等教育和青年事务重点工作.http://portal.dsej.gov.mo/webdsejspace/internet/Inter_main_page.jsp?id=57200.

[⑤] 澳门教育暨青年局.教育暨青年局.政府希望更多学校参与融合教育.http://portal.dsej.gov.mo/webdsejspace/internet/Inter_main_page.jsp?id=49419.

育、90年代的融合教育的影响,目的皆在于将身心障碍的学生安置在最少受限制环境接受教育。台湾在1992年进行的第二次特殊儿童普查表明大多数身心障碍儿童被安置在一般学校普通班级(约占80%),尤以颜面伤残(97.80%)、学习障碍(96.29%)、性格行为异常(95.53%)、语言障碍(94.51%)、身体病弱(93.65%)、肢体障碍(89.15%)及视觉障碍(88.04%)等类型较为突出,相比之下统合于普通班的自闭症儿童仅占33.78%,听觉障碍儿童仅占38.94%。[1]

综观我国台湾融合教育,其安置主张有如下共同之处[2]:① 将身心障碍学生安置在住家附近学校的普通班级中就学。② 身心障碍学生必须在最少限制的环境之下学习。③ 提供身心障碍学生在普通班级的相关教育服务及对普通班教师必要的支持。④ 强调对人的尊重,重视环境改变所带来的障碍。

台湾的融合教育安置形式主要包括普通学校自足式特殊教育班、分散式资源班、巡回辅导班、在普通班接受特殊教育服务等多种类型。1997年,台湾特殊学校学前班转型为融合班;1998年,台北市小学附设幼稚园全面实施融合教育;2000年,新竹市小学前特幼班转型为融合班。2008年4月《台湾特殊教育发展报告书》中的数据显示,台湾高中职以下特殊教育学生人数,安置在一般学校的有82581人,占全体身心障碍学生的92.85%。此外,就读大专院校身心障碍学生计8796人,学前至大专阶段身心障碍学生人数共计97736人。[3] 2001年度接受特殊服务的身心障碍学生有35451人,其中就读特教班及特殊学校的有10902人,普通班的有24549人。[4] 据我国台湾2010年特殊教育通报网的统计,共有30904名的小学身心障碍学生于普通班中接受特殊教育服务,约占所有小学身心障碍学生(40746人)的75.85%。[5]

从教育阶段来看,台湾学前阶段的融合发展较多,而中小学阶段则较少。如1986年开始,辅仁大学生活应用科学系附设托儿所接收学前障碍幼儿与普通幼儿混合就读计划;1989年开始,新竹师院学前特殊教育班实施融合教育实验,并于1992年将学前融合教育班延伸至小学阶段;台湾师范大学特殊教育中心从1995年开始,于附设学前班实施障碍幼儿与普通幼儿融合教育计划;[6]1998年财团法人融合教育文教基金会成立大津融合教育中小学实验班,进行融合教育实验。[7] 台北市从1998学年度开始在小学附设幼儿园全面实施融合教育,特殊幼儿学生安置由监辅会分发至幼儿园,再由教育行政部门派特殊教育巡回辅导教师到校辅导,新竹市则从2000年全面实施学前融合教育。[8] 2002至

---

[1] 特殊儿童普查执行小组.台湾第二次特殊儿童普查报告[R].1993:ii.
[2] 陈婍月,陈信帆.智能障碍者融合教育的实行:以光仁小学启智班为例[J].身心障碍研究,2005,(4):248.
[3] 甘昭良,尤志添.闽台特殊教育[M].厦门:厦门大学出版社,2012,9:17-23.
[4] 陈婍月,陈信帆.智能障碍者融合教育的实行:以光仁小学启智班为例[J].身心障碍研究,2005,(4):247.
[5] 王欣宜,王慧娟,吴柱龙.台湾小学融合教育班级之教师教学困扰探究[J].湛江师范学院学报,2014,(2):10-13.
[6] 钮文英.融合教育的理念与做法——课程与教学规划篇[J].高雄师范大学特教中心,2003.
[7] 融合教育推广现状.http://192.192.169.101/longlife/newsite/education/educ04/educ04_3.htm.
[8] 李翠玲.学前阶段合作模式融合教育之探讨——以新竹市融合班为例[J].特殊教育与复健学报,2006,15:3.

2005年台湾学前阶段身心障碍类班级设置概况如表2-4,如今我国台湾地区的融合教育正在积极发展之中。

表 2-4　台湾 2002—2005 年度学前阶段身心障碍类班级设置概况①

年份 \ 班别	自足式特教班(班)	分散式资源班(班)	巡回辅导(班)	特殊学校(班)	合计(班)
2002	104	27	11	33	175
2003	93	30	7	49	179
2004	98	25	12	53	188
2005	99	24	21	53	197

本章小结

融合教育的发展主要源于人权运动的推动、经济发展的支持、社会文化观念的转变、教育改革的拓展、科技发展的助动。西方融合教育的发展经历了从特殊教育的"正常化"到"回归主流"的思想转变,从"回归主流"到"一体化教育"的模式转换,从"一体化教育"到"融合教育"的理念提升。我国大陆的随班就读作为融合教育的一种教育创新,经历了民间自发的萌芽阶段、行政支持的探索阶段、法律保障的发展阶段、质量保障的深化阶段,初步形成随班就读为主的格局。特殊儿童的随班就读将在祖国大陆获得深入的发展:融合教育办学形式逐渐多样化,越来越注重融合教育中普通儿童与特殊儿童的共同利益,越来越体现出向学前教育与高等教育两头延伸的特点,越来越注重支持服务体系的建设,研究的成果逐渐丰富且更多强调国际的合作与交流。我国港澳台地区的融合教育同样受到西方融合教育思潮的影响,不断推动融合教育,而且探索了结合各自地域特色的不同发展路径。

思考与练习

1. 试述人权运动在推动融合教育发展中的作用。
2. 试分析回归主流与融合教育之间的关系。
3. 试分析我国随班就读的发展趋势。

---

① 李翠玲.学前阶段合作模式融合教育之探讨——以新竹市融合班为例[J].特殊教育与复健学报,2006,15:3.

第3章　融合教育的模式

模式的英语单词是"model",原意是"模式""模型""典型""范型"等,它表示用实物或符号形式将原物、活动、理论等仿制、再现或表示出来。英国人麦奎尔和瑞典人温德尔则从传播学角度将模式看作是"用图像形式对某一事项或实体进行的一种有意简化的描述。一个模式试图表明任何结构或过程的主要组成部分以及这些部分之间的相互关系"[①]。董泽芳教授在《百川归海——教育分流研究与国民教育分流意向调查》一书中,将"模式"界定为"在一定教育指导思想支配下建立起来的、有关设计和调控教育分流活动全过程的理论模型与操作程序"[②]。根据上述的定义可将融合教育模式界定为在融合教育思想支配下建立起来的、有关设计和调控融合教育活动全过程的理论模型与操作程序。这些理论模型与操作程序包括纵向上的层级运作体系与横向上的要素组合体系。例如,我国的融合教育模式从纵向来看一般属于自上而下的行政运作模式,而美国的融合教育模式更多是自下而上的运作模式,例如吉雷(Gillet)1984年根据对美国各州及学区的特殊教育主任所做的调查,认为回归主流较普遍与成功的模式有17种:诊疗中心、资源方案、半专业人员及义工、同辈教导、资料检索中心、分别轮替活动、协同教学、学习中心、多年龄组的分班、诊断处方教学模式、加权的公式、个别辅导教育、内容/学科方案、熟练教学课程、团队训练、初级层次模式、教师协助小组。[③]

第1节　西方融合教育的模式

融合教育模式是在一体化教育、回归主流的实践运动中不断发展起来的,世界范围内出现了不同的融合教育模式,美国国家改革与融合中心1994年根据教师所扮演的角色将融合教育模式分解为小组模式(Team Model)、协同教学咨询模式(Co-teaching Consultant Model)、平行教学模式(Parallel-teaching Model)、协同教学模式(Co-teaching Model)、资源教师模式(Resource Teacher Model)。美国国家改革与融合中心根据教学的实施方式,将融合教育模式区分为多元教学(Multi-instruction)、合作学习(Cooperative Learning)、活动本位学习(Activity-based Learning)、精熟学习和成果本位的教学(Mastery Learning and Outcomes-based Education)、科技应用(Technology)、同

---

① [英]丹尼斯·麦奎尔,等.大众传播模式论[M].祝建华,译.上海:上海译文出版社,1987:2-3.
② 董泽芳,沈百福.百川归海——教育分流研究与国民教育分流意向调查[M].武汉:华中师范大学出版社,1999:71.
③ 台湾特殊教育学会.特殊教育课程与教学[M].台北:心理出版社,1987:107-108.

伴支持与指导教学(Peer Support and Tutoring Programs)等六种模式。汉森(Hanson)等人2001年根据学生融合程度将融合教育分为完全融合、部分融合与活动融合三种模式。斯泰恩伯克(Stainback)等人1996年根据普通儿童与特殊儿童的比例将其分为社区模式(Community-based Model)与合作模式(collaborative model)。① 在上述模式中,资源教室模式实施最早且流行最广,下面在介绍资源教室的基础上阐述咨询教师模式、巡回服务模式、资源中心模式、教育配对模式、合作学习模式和特殊教育班模式。

一、资源教室模式

资源教室模式(Resource Room Model,又称辅导教室)主要流行于美国与加拿大,是安置特殊学生的主要措施之一。② 特殊儿童与普通儿童一起在融合班级接受教育,但腾出一部分时间到资源教室接受个别辅导。其目的是使特殊儿童在普通教育环境中既能融入普通儿童的学习与社会生活,又能接受到满足其特殊需求的特殊教育与康复方面的专业服务。③ 最早的资源方案措施开始于1913年艾温(Irwin)专为视障儿童实施的一种资源方案的合作计划,④但直到20世纪五六十年代该计划才真正盛行一时,尤其是邓恩1968年根据其研究结果,批评特殊班的缺点,并提出几种可行的解决方案——其中就包括发展资源教室,使轻度障碍学生能重返普通班,只留部分时间在资源教室内接受特殊教育的补救,⑤并且对学生在普通班级的融合起到了良好的效用。比如,1977年美国马萨诸塞州开展的一项研究表明,在157名有特殊需要的学生中,有41名经过在资源教室的一学年学习之后回归到了普通班级学习,适应情况明显好转。⑥

在资源教室模式中,资源教师是教学方案的主要实施者,也是特殊教育和普通教育沟通的桥梁,负责对特殊儿童进行个别辅导、补救教学,对普通班教师和家长提供咨询与支援服务。哈里斯和斯库兹(Harris & Schutz)1986年将资源教室定义为"由资源教师为障碍儿童提供直接服务和由资源教师与普通教师合作为障碍学生提供间接服务之间的最佳平衡点"⑦,提出资源教师的主要职责有10项:① 建立、实施与协调全校特殊学生的转介与鉴定工作。② 负责制定本校特殊教育的有关规定,并对其实施情况进行检查与协调。③ 评估、获取、运用并解释各种诊断工具与策略。④ 和普通教师、家长一起编拟个别化教育计划,并对其执行效果进行评估。⑤ 为特殊学生提供直接教学(与学生有关之科目或必备的社会技能、学习策略)。⑥ 与普通班教师共同研究特殊学生在普通班的学习障碍和行为问题。⑦ 与特殊学生家长一起交流学生的学习情况,提供相关的服务措

---

① 李翠玲.学前阶段合作模式融合教育之探讨——以新竹市融合班为例[J].特殊教育与复健学报,2006,15:3-5.
② 邓猛.融合教育理论反思与本土化探索[M].北京:北京大学出版社,2014.265.
③ 同上.
④ 台湾特殊教育学会.特殊教育课程与教学[M].台北:心理出版社,1987:187.
⑤ 台湾特殊教育学会.特殊教育课程与教学[M].台北:心理出版社,1987:161.
⑥ 徐美贞,杨希洁.资源教室在随班就读中的作用[J].中国特殊教育,2003,(4):14.
⑦ 方俊明.特殊教育学[M].北京:人民教育出版社,2005:86.

施及相互支援的方式。⑧ 与可能为特殊学生及家庭提供服务与协助的社区、学校、医院等有关机构保持联系。⑨ 从各方面获取尽可能为特殊学生提供服务的各项支援的信息,并尽力在必要时加以利用。⑩ 为本校教师、行政管理者和家长提供特殊学生所需的在职专业培训。[①] 王和平 2005 年将资源教师定义为承担评估和计划的制订、资源教学、咨询以及日常管理和行政事务等多方面工作的主要资源人士,其职责体现在 6 个方面 30 多种工作中,如表 3-1 所示。

表 3-1　资源教师职责[②]

类别	职责
鉴定与评估	1. 启动转介程序,做好相关准备工作,如熟悉转介流程和设计表格。 2. 熟悉学生转介资料,安排筛选、鉴定和评估相关事宜。 3. 与普通班教师一起从普通班筛选"有特殊需要的学生"。 4. 搜集学生在普通班学习的具体情况,为鉴定和评估做准备。 5. 进行教育诊断测验,为鉴定和评估做准备。 6. 配合进行多元评估,汇总、撰写评估鉴定报告,提出初步安置和教育方案
教学与指导	7. 参与设计个别化教育计划方案。 8. 设计并运用特别的教学方法和行为指导策略,进行个别训练和指导。 9. 选择、设计适合个别学生需要的教材、教具和多媒体。 10. 开展小组的或个别的资源教学。 11. 动态观察和评估学生接受资源教学发展状况,为修改个别化教育计划搜集信息。 12. 促成学生回归主流,对其跟踪服务直至对其进行完全适应普通班级的教学活动为止。 13. 指导或协同完成正常班级的差异教学
咨询与沟通	14. 为普通教师、家长和(或)志愿者提供特殊教育专业技能咨询。 15. 给普通教师、家长等介绍或提供特殊教育的有关法规、书籍和其他信息。 16. 给普通教师介绍或提供在正常班可使用的特殊教材及教具。 17. 为普通教师介绍或提供在正常班开展个别化教育计划教学的辅导策略。 18. 主(协)办特殊教育研讨班(研讨学习活动),介绍特殊教育的有关知识
行政事务	19. 分析、整理学生接受资源教室方案服务的内容、教育效果及其他行为表现,充实和完善学生档案。 20. 定期开展资源教学成败的自评工作,将其作为发展或改进的参考。 21. 组织有关人员研讨针对资源学生的学期或学年度的实施计划。 22. 管理资源教室内各种软硬件设施。 23. 做好资源班学期经费预算和使用计划。 24. 组织召开(定期或不定期)资源班教育的各项会议

[①] 方俊明.特殊教育学[M].北京:人民教育出版社,2005:87.
[②] 王和平.随班就读资源教师职责及工作绩效评估[J].中国特殊教育,2005,(7):38.

续表

公共关系	25. 向同事和家长介绍资源教室方案的功能,获得其理解和支持。 26. 与普通教师交流资源班学生在两个环境中学习发展的信息,并交流经验。 27. 与相关教师或教辅人员沟通协调,建立良好关系,便于开展工作。 28. 组织并利用各种校外资源,促进资源班的教育教学工作的开展。 29. 与家长联系,告知学生在资源班的发展情况以及要求家长配合。 30. 与相关学术和行政机构保持联系,了解资源教室方案发展动态和相关政策。 31. 与专业机构联系,及时解决资源教室方案实施中的疑难问题。 32. 构建学区(校)"助学伙伴"队伍,获得助学者帮助及家长支持
教科研	33. 相关基础理论和研究方法的自学或咨询。 34. 规划学期、学年度或更长时间的研究课题。 35. 课题研究的组织实施。 36. 向学校同事、家长或相关会议作专题研究报告,介绍和推广研究成果

资源教室模式具有如下特点:① 资源教室模式是一种暂时性的支援教学。在连续性的教育服务设施中,资源教室的安置通常是暂时性的,要依据学生的个别需要及学习进步的情形作适时的调整。② 资源教室模式强调个别化教学。资源教师根据特殊学生个体的长处和缺陷,拟订个别化教育计划,并着重开展个别指导或小组学习。③ 资源教室模式具有预防功能。具有轻度学习障碍或行为问题的学生,在资源教室中及早地接受辅导,能预防问题向更严重的势态发展。④ 资源教室模式具有统合功能。资源教师在为特殊学生提供服务时,应以学生的整体发展为主,而不只考虑学生残障的补偿。需要注意的是,对特殊学生提供的服务,需要资源教师与普通教师、相关专业人员、管理人员和家长共同商量决定,不能只由某一方面决定。⑤ 资源教室模式可以缓解隔离与标记的不良影响。特殊学生在普通班与正常学生一起上课,并接受资源教师的辅导,这打破了传统的特殊教育分类,避免了标记与隔离。[①]

资源教室模式从国外传入我国,刚开始有人将其与特殊班、补习班等混同起来,其实三者之间存在一定的差异(见表 3-2)。

表 3-2 资源教室、特殊班与补习班的区别[②]

	资源教室	特殊班	补习班
服务对象	有特殊教育需要的儿童	有残疾证明的特殊儿童	功课落后、低成就的普通学生
目的	支持有特殊教育需要的儿童在普通班继续顺利地学习下去	提高残疾儿童入学率	提高毕业率和升学率

---

① 刘春玲,江琴娣. 特殊教育概论[M]. 上海:华东师范大学出版社,2008:29.
② 徐美贞,杨希洁. 资源教室在随班就读中的作用[J]. 中国特殊教育,2003,(4):17.

续表

入班标准	有正式的鉴定及教育诊断	有正式的残疾证明	学业成绩落后;老师推荐;家长申请
课程设置	根据学生需要	与特殊学校类似	重点学科,如语文、数学、英语
教材	修改、选编或自编的教材	特殊学校教材	与普通班级一致的教材
教学方式	个别化教学	集体教学	个别辅导或集体教学
排课方式	抽离式、外加式、抽离+外加式	在本班按课表编排上课	课余
学习时间长度	不超过在校时间的一半	全部在校时间	机动
任教教师及职责	受过特殊教育专门训练的教师负责诊断、教学、评量和咨询的工作	受过特殊教育专门训练的教师负责几乎全部的教育教学工作	普通教师负责

资源教室与特殊班的主要区别在于学生只是部分时间到辅导教师那儿上课,大部分时间仍留在普通班级。辅导教师根据学生的具体情况和实际需要为他们提供各种各样的服务,如补习功课、矫正语言缺陷、身体机能训练、物理治疗、职业治疗等。辅导教师除给特殊儿童提供服务外,还经常给普通班级教师和家长提供具体的教学建议和咨询服务。如今,资源教室在美国已相当普遍,覆盖所有年级与学科,并因地区、学校及学生的教育需求,产生了各种不同类型的资源教室,如巡回资源教室、多功能资源教室等。[1] 但是,近来美国为听觉障碍儿童服务的资源教室在有些地区出现了关闭的现象,其中的原因在于听障儿童出生率的下降、人工耳蜗植入技术的发展、特殊儿童多项服务项目的提供等。[2]

二、咨询教师模式

咨询教师模式(consultant teacher model)流行于挪威,让特殊儿童就读于普通班级,由受过训练的特殊教育专业教师作为咨询教师为普通教师服务,服务范围主要包括:① 给普通班级教师提供特殊教育与教学的咨询,并提出具体的教学建议。② 给普通班级教师提供特殊儿童心理与教育方面的基础知识,使其能够胜任特殊儿童的教育工作。③ 给特殊儿童家长提供咨询和培训,使其能够协助学校做好儿童的教育教学工作。可见,该模式的关键在于将受过专业训练的咨询教师作为融合教育的促进者与特殊儿童权益的保障者。咨询教师模式功能的最大限度发挥就是将咨询教师发展成为资源教室模式中的资源教师。例如英国伦敦采取让特殊教育教师接受6天培训成为咨询教师的办

---

[1] Kerri Phillips. The Resource Room in Special Education[J]. Research Starters. 2008:1-7.
[2] Kevin J. Miller. Closing a resource room for students who are deaf or hard of hearing[J]. Communication Disorders Quarterly. 2008,29(4):211-218.

法来实施融合教育。①

三、巡回服务模式

巡回服务模式"是指组织专家队伍,从一个学校到另一个学校开展评估、提供咨询、提供材料,甚至做一些直接教学的活动"②。其优点是专门化服务直接进入每一所学校和每一个社区,但如果服务过于分散则不利于保证服务的质量。特殊儿童就学于邻近的普通班级,而由巡回服务人员对其进行特殊教育和提供所需的其他服务,服务定期为每周1~5次。巡回服务人员主要包括语言病理学家、学校心理学家、社会工作人员、物理治疗师、医生、特殊教育教师等。在偏远的乡村地区和特殊儿童人数较少的学校或学区,多采用这一模式。例如,德国不来梅州的学前融合教育就是采用巡回服务模式,特殊教师和专业工作人员构成了主要的巡回师资队伍,他们各自负责多所幼儿园,通常往返于各个幼儿园,既直接对特殊需要幼儿服务,也为普通幼儿教师提供咨询和指导(见表3-3)。

表3-3　德国不来梅州学前融合教育的巡回服务人员及职责③

特殊教师	直接服务于有特殊教育需要的幼儿家长、普通教师并为其提供咨询
运动、教育、心理、语言、医学等领域的专业人员	直接服务于有特殊教育需要的幼儿,为家长、特殊教师和普通教师提供咨询和指导,向政府报告特殊需要幼儿的发展状况
志愿者和实践者	直接服务于全体幼儿

四、资源中心模式

资源中心模式可以看成是资源教室方案的一种拓展,只不过"资源教室为一所学校服务,而资源中心是跨校服务,为几所学校服务"④。一些国家以资源中心作为每个行政区专家团队的基地。资源中心一般开展以下工作:评估行为,提供建议,为教师和家长提供咨询和支持,帮助教师专业发展,帮助家庭训练和加强家长对残疾的认识;提供特殊材料和设备;帮助寻找地区或国家更专业的中心,提供更大范围的服务;从事有限的直接教学。⑤巡回服务模式是把服务移出学校,而在资源中心模式里,教师、家庭和学生可以进入团队中心。建立资源中心,可以促进学校和教师加速向融合教育的方向转变。该模式的好处是:可以提供资源和专家支持,使得集中的、多学科的干预成为可能。例如,西方少数特殊学校转变为资源中心,西方国家以援助的方式在发展中国家或贫困国家建立的资源中心模式就为当地的融合教育提供了良好的服务。

---

① Iris Goldberg. Implementing the consultant teacher model: Interfacing multiple linking relationships and roles with systemic conditions[J]. Journal of Educational and Psychological Consultant. 1995,6(2): 177.
② 刘春玲,江琴娣.特殊教育概论[M].上海:华东师范大学出版社,2008:28.
③ 曹漱芹.概观德国不来梅州学前融合教育[J].中国特殊教育,2006,(5):19.
④ 许家成.资源教室概述.资源教室建设与运作培训资料.
⑤ 刘春玲,江琴娣.特殊教育概论[M].上海:华东师范大学出版社,2008:28.

五、教育配对模式

教育配对模式(educational pairing model)主要流行于丹麦。自 1969 年丹麦政府致力于普通教育与特殊教育制度的统合,其教育部下属的特殊教育司为了减少特殊学校与特殊班的隔离安置,发展出一种教育配对计划,即在建筑设备上特殊班与普通班一一相配对,普通班教师与特殊班教师共同负责来教育彼此的学生,而在某些时间,特殊学生与普通学生在适当的课程一起上课[①]。这主要有两种做法:① 学校在教室的安排上以一个普通班级教室和一个特殊班级教室相配对,普通班级教室和特殊班级教室共同负责彼此学生的教育。例如特殊班级的某些课程如语文、数学可能单独上课,而另外一些课程(主要是非学术课程)则可能与普通班级合班上课。美国、加拿大等国部分时间制普通班加部分时间制特殊班的安置方式也属于这一类型。② 将特殊学校和普通学校相配对,两校之间的人员、设备和学生可以相互交流、相互帮助。实际上,美国出现的团队教学模式(Team Teaching)也可归为教育配对模式,该模式"要求普通教育教师和特殊教育教师在教室中共同工作以完成全部教学"[②],体现的是普通教育教师与特殊教育教师的配对。

六、合作学习模式

合作学习模式(cooperative learning model)是"一种积极互动的教学策略,强调学生们一起进行学习活动,达成共同目标"[③]。合作学习模式可使普通班级中的特殊学生能与普通学生一样在学业和社会生活方面达到有意义的融合。瑞科(Rieck)等人 1999 年认为,实施合作学习,对融合班级中的普通学生与特殊学生,有相当程度的帮助;科尔(Keel)等人指出,合作学习模式是融合教室中对轻度障碍学生进行教学介入的有效方法。一位社会学科的教师将合作学习模式运用于其任教的融合班级中,发现普通学生的社会技能提升后,能更好地处理同伴间的差异;合作学习中所包含的个人绩效与团体成就,对增进特殊学生的学业成就有很大的帮助。[④]

合作学习模式具有如下特点:① 明确界定学习任务。班级范围内的同伴指导计划是建立在明确界定学习任务和同伴指导角色及教育责任的基础之上的。② 个别化教学。在班级范围内的同伴指导中,教师会频繁地进行前测和后测,以确保满足每一个学生当前所需要的学习同伴。③ 来自学生高比率的积极反馈。在角色互换的班级范围内的同伴指导计划中,来自学生的积极反馈在总体上大大增长,原因在于每个学生既以被指导者的身份(对指导者的提示做出最初的回答),又以指导者的身份(对回答做出提示)。

---

① 台湾特殊教育学会.特殊教育课程与教学[J].台北:心理出版社,1987:106.
② 曹捷琼,昝飞.美国、日本、中国大陆地区融合教育的比较与思考[J].中国特殊教育,2003,(4):70.
③ 李乙兰.在融合的情境中实施合作学习的策略与方法——以团队游戏竞赛法为例[J].屏东特殊教育,2005,10:38.
④ 转引自李乙兰.在融合的情境中实施合作学习的策略与方法——以团队游戏竞赛法为例[J].屏东特殊教育,2005,10:41-42.

④ 直接的反馈和对正确回答的称赞。同伴指导者应当对被指导者做出反馈并称赞他们，教师则向指导者提供反馈，并以此促进班级范围的合作学习。⑤ 系统性的错误纠正。指导者应及时并系统地纠正被指导者所犯的错误。⑥ 激发学生的学习动机。在班级范围的同伴指导计划中，学生喜欢以类似于游戏的形式、团队目标或以图标表示进步情况等来激发学习动机。①

七、特殊教育班模式

特殊教育班模式一般是将特殊教育班附设在普通学校，专门为特殊学生服务，是特殊教育重要的实践方式。与传统的、寄宿制特殊教育机构或学校相比，特殊班从养护模式转变成真正意义的教育模式，教学效果有所改善。② 对于专门就读于特殊学校的学生而言，其隔离程度也大幅度降低了。③ 特殊教育班的班级人数一般为10～15人，教师一般受过特殊教育的专业训练，多采用有针对性的个别化教学。特殊教育班模式可以让特殊学生全部或大部分时间在特殊班中接受教育的同时，还可以与普通班的学生在同一校园环境进行部分时间的交流、交往或者共同参加的如升旗、团队活动、校外参观、野营等教学活动。④ 以提高他们与普通学生的交往能力和社会适应能力。特殊教育班模式具有如下优势：① 特殊儿童增加了与正常儿童的日常交往，有利于相互了解。② 教师可以进行有效的个别化教学。③ 为特殊儿童创造了适合他们的学习环境和可以达到最大可能发展的环境。④ 有利于全校同学正确认识人与人之间的关系。⑤

第2节 我国融合教育的模式

我国融合教育的模式在大陆表现为随班就读，且更多依赖自上而下的行政方式来运行；在香港表现为全校参与融合教育模式，且更多在政府的政策指引下自主操作；在我国台湾表现为资源教室模式，且更多根据相应的制度来保障实施。

一、我国大陆的随班就读模式

我国大陆的随班就读模式运行更多依靠行政推动来要求不同的学校根据实际情况具体实施，因此包括行政推动工作模式和学校实施模式。

(一) 随班就读的行政推动工作模式

"随班就读行政推动机制研究"课题组结合国际融合教育理念和我国大陆的实际提出了"以政府为主导，教育行政部门为主体，各职能部门紧密配合，全社会共同参与"的行

---

① 刘春玲，江琴娣.特殊教育概论[M].上海：华东师范大学出版社，2008：29-30.
② 邓猛.融合教育理论反思与本土化探索[M].北京：北京大学出版社，2014：266.
③ 同上。
④ 同上。
⑤ 方俊明.特殊教育学[M].北京：人民教育出版社，2005：88.

政管理模式(图3-1)。① 其运行要素包括：① 组织领导——主要解决观念、政策、制度、规划等问题，抓好结构性支持体系的建设，使随班就读工作有法可依，有章可循。② 队伍建设——主要解决人力资源配置、人员培训和管理等问题，提高管理队伍、科研队伍、教师队伍的人员素质，充分发挥其作用。③ 投入保障——主要解决经费和设备等物态资源配置的问题，充分满足随班就读的教学、科研、教师专业成长和学生素质发展的需要。④ 实施策略——主要解决随班就读行政操作技术层面的问题，探索行政管理与指导的基本经验，使随班就读工作得以有效组织和实施。

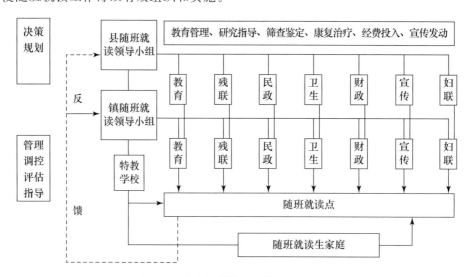

图3-1 随班就读的行政推动工作模式

(二) 随班就读的学校实施模式

1990年底颁布《中华人民共和国残疾人保障法》对特殊教育方针做了如下规定："残疾人教育，实行普及与提高相结合，以普及为重点的方针，着重发展义务教育和职业教育。"在国家方针政策的指引下，我国总体上采取了在普通学校设置特殊班与随班就读两种形式来促进特殊儿童的融合，在普通学校设置特殊班相当于西方国家主张的特殊教育班模式，随班就读则在借鉴西方融合教育模式的基础上产生了完全随班就读(类似于合作学习模式)、辅以咨询辅导服务的随班就读(类似于巡回服务模式)、配有资源教室的随班就读②(类似于资源教室模式)、提供特殊教育专业服务的随班就读(类似于资源中心模式)等四种模式。其中更多借鉴西方的巡回教师模式(巡回教师主要由各地方教育部门特殊教育专员或特殊学校中的骨干教师来充当，主要工作是指导各学校的随班就读工作)和资源教室模式(一般视随班就读学生的具体情况，在资源教室中接受不同内容和程

---

① 谢敬仁，须功，张咏梅.随班就读行政推动机制研究[J].现代特殊教育，2006，(11)：12-18.
② 在20世纪90年代初期，联合国儿童基金会研究项目曾经为我国贵州的两个贫困县配置了共30个资源教室的简单设备，如韦氏智力量表、社会适应量表，以及一些基本的特殊儿童的辅助设施，如助听器、盲杖、盲板和盲笔等，见徐美贞，杨希洁.资源教室在随班就读中的作用.中国特殊教育，2003，(4)：15.

度的个别辅导,主要是文化知识辅导)[①]两种方式来推行随班就读,早在20世纪90年代初,我国有些农村地区就在此方面做出过探索,例如,黑龙江省的呼兰县采用了巡回教师的做法并取得了成功的经验。[②] 20世纪90年代中期率先创建资源教室的北京后孙公园小学和上海的黄浦区新昌路小学等在国内影响较大。[③] 这些随班就读的模式对于提高特殊儿童的入学率起到了不可低估的作用,但有的地区误解了国家方针,只抓普及,而不重提高。安插特殊儿童到普通学校就读,不评估,不问残疾程度;普通学校与特殊学校并未达到真正的沟通与互相帮助;特殊儿童在正常的环境内接受隔离教育的问题依旧存在。

这样一来,有些地区的随班就读办成了"随班就坐"。"随班就坐"仅是随班就读的一种形式,教学任务表面上由普通学校承担,而实际上家庭、学校和社会并未真正参与;普通学校仅提供了特殊儿童坐在普通儿童中间的机会,对特殊儿童的教育不予以重视,特殊儿童在普通学校并没有得到与自身发展相适应的教育。这样特殊儿童仍然处于隔离的状态之中。从维护特殊儿童的教育权利和提高特殊儿童的素质来考虑,这种隔离的模式显然不利于特殊儿童的全面发展。因此,我国的特殊教育迫切需要一种全新的随班就读模式。

从目前来看,我国已有不少特殊教育工作者在特殊教育实践过程中积极探讨随班就读的最佳模式。上海奉贤钱桥中心校普特一体化课题组针对智力落后儿童的心理缺陷构建了心理补偿模式(见图3-2)[④]。

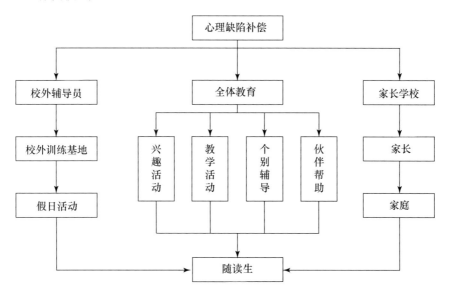

图3-2 智力落后儿童心理补偿模式

---

① 曹捷琼,昝飞.美国、日本、中国大陆地区融合教育的比较与思考[J].中国特殊教育,2003,(4):70-71.
② 邓猛.融合教育理论反思与本土化探索[M].北京:北京大学出版社,2014:270.
③ 陈丽江.特殊教育学校资源教室的建设[J].中国特殊教育,2005,(8):3.
④ 奉贤钱桥中心校普特一体化课题组.为随班生构建多方位的心理补偿模式[J].上海教育,1997,(10).

以上模式是一个以学校为核心、社区和家庭为辅的补偿模式。这种模式值得肯定，其中的"学校是实施随班就读生心理补偿的主阵地；家庭是实施随班就读生心理补偿的第二课堂；社区是实施随班就读生心理补偿的催化剂"[①]及一些具体做法值得借鉴。可以说将学校、家庭、社区联合为一个整体，为融合教育创设了良好的环境。值得指出的是，这种模式可以向前延伸到随班就读生入校前，向后延伸到高等教育；在平面上则增加了特殊学校与家庭的参与，家庭包括普通儿童和特殊儿童的家庭。基于上述思考试图构建一个随班就读的学校实施模式(见图3-3)。

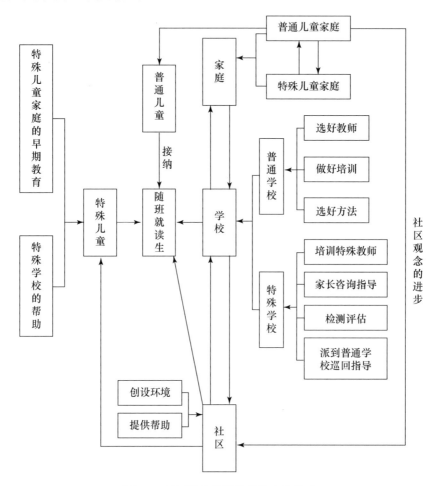

图 3-3　我国随班就读的学校实施模式

从图 3-3 的随班就读模式中，我们可以看到它主要包括三项内容[②]。

---

① 奉贤钱桥中心校普特一体化课题组.为随班生构建多方位的心理补偿模式[J].上海教育,1997,(10).
② 雷江华,邬春芹.我国一体化教育模式探讨[J].现代特殊教育,1998,60(9):17-19.

1. 两个帮助

入校前帮助与入校后帮助。入校前,帮助的主要目的是使特殊儿童具备随班就读的条件,如盲童需具备定向行走、社交技能、熟练书写等能力,这样才能跟上普通班级的教学。主要提供帮助的是特殊儿童家庭和特殊学校。入校后帮助的目的是使特殊儿童的素质提高,知识增多,拥有正常的心态。提供帮助的是普通儿童与特殊儿童家庭、普通学校、特殊学校、社区。特殊儿童家庭照顾其生活,辅导其功课;特殊学校为其家长提供咨询,对特殊儿童进行学习指导和职业培训;普通学校是特殊儿童随班就读的主要地方,为特殊儿童提供有责任心、有爱心、有一定教学水平的教师,营造接纳的环境;社区为其创造一个良好的就读环境,并为其提供职业训练场所;普通儿童在学习上给予特殊儿童帮助,与特殊儿童和睦相处。

2. 两个大交流

特殊儿童家庭同学校的交流以及学校与社区的交流。这里的学校既包括特殊学校,又包括普通学校。特殊儿童的家长在特殊学校接受指导,找到解决特殊问题的方法;特殊学校从家长处了解特殊儿童的问题,及时提供帮助。特殊儿童的家长在普通学校了解孩子的学习情况,及时辅导;普通学校也及时向家长反馈信息。不论是特殊学校还是普通学校,均位于社区中,他们可以宣传进步观念,使社区观念进步;社区在与这两类学校的交流过程中,形成一种良好的社区氛围,就会支持办学,积极地为他们创造条件,从而使特殊儿童在心理和物质上得到帮助。

3. 两个小交流

普通儿童家庭与特殊儿童家庭、普通学校与特殊学校之间应该多交流。普通儿童家长在与特殊儿童家长交流的过程中,了解了特殊儿童家庭的痛苦,就会改变自己原有的态度与做法,一方面教育自己的孩子接纳特殊儿童,另一方面会从行动上帮助特殊儿童家庭。社区是由许多家庭组成的,如果普通儿童的家长接纳残疾,他们的态度与行为必然会陶冶子女,普通儿童也会在学校与社区内接纳特殊儿童,从而形成良性循环。这样整个社区便会在观念上得到改进,从而在人力、物力、财力上帮助特殊儿童及其家庭。特殊学校可以帮助普通学校进行随班就读学生的资格评估,同时对普通学校的教师进行职业培训与长期咨询;普通学校可以及时反馈信息。在交流中,不仅所有儿童会同时得到提高,而且这两类学校也会获得发展。

在这样两个帮助、两个大交流、两个小交流的作用下,模式中的家庭、学校、社区就会成为一个有机整体,它们可以在动态发展中为特殊儿童的随班就读创设条件。当然,由于各个地区经济发展的不平衡,特殊教育工作者应视各地区的具体情况而定具体的实施模式,不能生搬硬套。

随班就读模式的完善是融合教育工作者应该重视的问题。上述模式的构建只适用于随班就读学生学习环境方面,而在物质基础和国家政策如国家资金投入、教学设备的完善、国家特殊教育发展倾斜政策等方面并没有细述。但这一系列问题也很重要,它是模式建构的重要外部条件。相信在全国融合教育工作者的不断努力下,随班就读的模式会不断发展,成为融合教育中一种成熟的模式。

二、我国香港的全校参与融合教育模式

香港教育统筹局在《融合教育实施指引》中将融合教育界定为"向有特殊教育需要的人士提供机会,让他们能够参与社会上各式各样的活动,包括教育、就业、消费、娱乐、社区及家庭活动"。其思想符合今日国际社会的三大理念:① 有完整的人生;② 学会共同生存;③ 以世界为我们的教室。[①] 连明刚与(Hemenway)(1994)曾将种种融合教育的理念与执行按英文字母次序表达为:a—accessibility(建立无障碍学习环境、课程、教学与评估)与 accountability(问责、责任),b—belonging(归属——残障学生不是客,不是外来的或随班的、附属的)与 bias—free(无偏见),c—commitment(承诺——大家为融合教育共同努力)与 connection(联系、结盟),d—diversity(接受与珍惜多元学校教育),e—equal opportunity(人人有平等的机会),f—friendship(建立残障学生与非残障学生之间的亲密友谊),g—goal(设定共同努力的目标),h—home school(住家附近学校或假如无残障会就读的学校),i—inclusion(融合),j—justice(公平、正义),k—kids belong to kids(孩子们和谐相处),l—least restriction(最低限制),m—mainstreaming(回归主流,同属主流),n—nondiscrimination(无歧视),o—open door/open mind(开放门户,开放心胸),p—practice/partnership(身体力行,伙伴关系),q—quality of life(生命品质),r—relationship(维持与增进人际关系),s—shared partnership(分担伙伴关系与努力),t—teamwork(团队精神与工作),u—unification(统合,团结),v—vision(远景)与 value(价值观),w—work hand-in-hand and whole school approach(携手合作,全校参与),x—x mark the opportunity for all children(确定所有儿童都有机会),y—"you belong to us"("你是我们的一份子"),z—zero rejection(零拒绝)。[②]

"全校参与"融合教育模式是在校长的领导下,学校订立融合教育政策,建立兼容的学习环境,推动教职员工协力帮助有特殊教育需要的学生。具体来说,学校要推行协作教学,全员参与及同辈互助,根据学生的个体差异与身心特点,实施因材施教;根据学生的不同需要,提供科技支援;邀请家长参与"个别学习计划小组"会议,共同制定及检讨学生的学习目标和进度。"全校参与"融合教育模式的教育目标有:① 充分发展特殊学生的潜能。② 建立互相关怀的校园文化,促使学校员工、学生和家长接纳有特殊教育需要的学生。③ 提升教职员支援有特殊教育需要的学生的能力。④ 促进家长与教师的合作。[③]

"全校参与"教育模式自推行以来,有些学校取得了较为丰富的经验。例如,中华基督教会铭基书院在 2000 年开始正式参与融合教育,参与之初便采用"全校参与"模式推

---

① 连明刚.融合教育:理论与实践[J].香港特殊教育论坛,2004,7(1):60.
② 连明刚.融合教育:理论与实践[J].香港特殊教育论坛,2004,7(1):67-71.
③ 教育统筹局."全校参与"模式的融合教育,2005.

行融合教育计划,其主要做法包括:① 让全校教师一同参加相关的专业培训,运用额外的资源增购特殊教育设备及增聘了资源教师和辅助教师各一名。特殊教育设备包括专为弱视及弱听的学生而设的设备。在弱视方面,增购一部特别的电脑放大机,令弱视的学生能如普通学生般使用电脑;在弱听方面,增购红外线笔,使有关学生能清楚听到老师的说话。② 成立"融合教育促进小组",通过该小组来促进全校参与模式的运作。"融合教育促进小组"由一位副校长、三位教师、一位辅导助理连同班主任组成。三位教师成员的任命是由自荐及推荐而产生的。为提高融合教育实施的效能,"融合教育促进小组"的成员教师每位平均每星期可减少六至八节教节(课时),以便于有充裕的时间进行个别辅导、为其他科目的教师提供适切的支援等。③ 通过班内辅导员协助有关学生建立个人支援网络。首先,辅导员及教师会在班内建立一个班级协助员(class-helpers)网络,并在班内同学中选出班级协助员,然后教师便会安排班级协助员分布于有特殊教育需要的学生座位左右,当有特殊教育需要的学生在课堂上遇上问题或听不清楚教师的说话时,班级协助员便可及时给予他们协助。但这种做法亦有不善之处,可能会阻碍班级协助员的学习进度。故此教师会采用轮流的方法,即隔一个月便更换有特殊教育需要的学生座位左右的班级协助员,这样做的目的在于不仅能使更多同学有机会帮助有需要的同学,同时亦可减轻每个同学的负担。④ 成立融合教育大使,为有关学生推行朋辈辅导。融合教育大使是由接受过有关专业训练的高年级的同学组成,而他们的工作主要是帮助有特殊教育需要的同学。①

(一)"全校参与"模式的特点

"全校参与"模式是指学校政策、文化与措施三方面的相互配合(见图3-4),其特色在于:① 全校共识,全体教职员认同有责任营造一个共融的环境,以照顾所有学生的需要。② 课程调适,学校可以修订或扩展正规课程以迎合不同的需要。③ 教学调适,采用多元化的教学技巧和辅助工具,以照顾不同学生的学习需要。④ 朋辈支援,策略性组织学习小组、朋辈辅导和朋友圈子。⑤ 教师协作,教师通力合作及互相支持,例如进行协作教学。⑥ 课堂管理,专业人员和教师磋商改善学习环境,例如安排协作教学,使全班同学受惠。⑦ 评估调适,调整评估方法,使学生都能展示学习成效。②"全校参与"模式并非要求所有的融合学校都具有相同的运作模式,但有一点是共同的,即实施融合教育的每个学校的所有成员,都有共同的信念和责任去发展学校的能力,照顾有特殊需要的学生。

(二)"全校参与"模式的支援模式

为有不同特殊教育需要的学生提供适当的支援服务,学校应采用三层支援模式(见表3-4),因为即使是同一类

图3-4 "全校参与"模式关系图

---

① 冼杞烈.特殊教育主流化下,主流学校的需要[J].香港特殊教育论坛,2003,6(1):117-120.
② 香港特别行政区教育局.全校参与模式融合教育运作指南.2008:8.

的残疾学生,他们的特殊教育需要程度也可能不尽相同,因此支援的程度也应因人而异,以照顾学生的个别差异。

表 3-4 "全校参与"模式的支援模式①

第一层支援:通过优质课堂教学,照顾有短暂或轻微学习障碍的学生,避免问题恶化	学校可利用教育局提供的评估工具来及早识别在学习上出现困难的学生,并运用基础资源和设施,例如学校发展津贴、教学和语文科的资源教师、课程发展主任、学生辅导人员或社工及教师培训等来优化课堂教学,及早介入这些学生的轻微或过渡性的学习问题,避免情况恶化
第二层支援:额外支援有持续学习障碍的学生,包括有特殊教育需要的学生	学校可运用一些补充的资源,为有持续学习障碍的学生提供支援服务。 这些额外资源包括在小学加强辅导教学计划、新资助模式下的学习支援津贴及加强言语治疗津贴;在中学,包括从 2006/2007 学年起为照顾全港第三派位组别和成绩最低 10% 学生的中学而提供的额外教师及在 2008/2009 学年推出的学习支援津贴。 学校可灵活运用这些额外资源以改善有持续学习障碍的学生的课堂学习,例如课程和习作剪裁、测考调适、分组学习、抽离形式的辅导或学习技巧训练等。学校须成立学生支援小组,以负责统筹、策划和执行全校参与模式的支援服务
第三层支援:加强支援个别问题较严重的学生	主要对象为需要个别加强支援的学生。支援措施包括为中小学提供的"融合教育计划"和学习支援津贴(包括基本学习支援津贴 12 万元以照顾前 1~6 名需要个别加强支援的学生,往后每名获 2 万元学习支援资助)

(三)"全校参与"模式面临的挑战

"全校参与"融合教育模式作为一种理想的教育模式在香港得到全面推行,取得了一定的成效,但随着融合教育的深入开展,特别是新资助计划的推行,其面临的挑战也越来越多。

1. 观念的挑战

尽管融合教育的理念是保证学生均等的教育机会,平等地接受教育,但是平等地接受教育之场所是主流学校还是特殊学校,可能因人而异,漠视监护人及儿童对于均等教育机会的选择权,不顾及特殊学生的身心特点与特殊需要而简单地将特殊学生安置在主流学校,可能会面临人们对"平等""公平""机会均等"内涵理解差异的挑战。正如《明报》报道的出席立法会的主流教育自闭学童家长会代表李洁芳表示,收到家长反映"每逢有人到校视学、参观,学校就要求自闭学童避开,将他们隔离"。学前弱能儿童家长会主流教育小组召集人钟吴瑞芳亦批评,政府表面上不断推广融合教育,实际却欠缺师资、资源配合,导致一班有特殊教育需要的学童在主流学校只是"随班就坐,虚度光阴"。她说:"政府(推行融合教育)表面上赢了,但实际令学生付出很大代价,是否值得?"②明爱达言

---

① 香港特别行政区教育局.全校参与模式融合教育运作指南.2008,6:42-43.
② 明报.特殊学校学生读主流校,家长怨不公平对待.http://hk.news.yahoo.com/051101/12/1i9xw.html,2005.

学校校长陈美芬认为,因真铎学校转为主流学校,另外两所听障学校——启声学校和明爱达言学校将陆续于2006、2007年关闭,融合教育令听障学生转读主流学校,她担心日后全港仅剩1所听障学校,学生不能得到适当的支援。教育统筹局则认为,已转型为主流学校的弱听学校,由于有充足的师训配套,日后仍然可以提供适当课程,继续支援弱听学生。路德会启聋学校校长陈国权说,弱听学童较易融入主流课程,全港约有1200名弱听学童,选择主流学校的学童,由过去600人增至近年900人。但他相信弱听学童对特殊学校仍有需求,因此学校无意转型。①

2. 人员的挑战

人员的挑战主要来自教员特殊教育技能的缺乏与学员特殊需要的复杂性。据2002年一项由优质教育基金资助,香港教育学院推行的融合学校实例研究发现,现时融合学校教师对教导有特殊教育需要学童的知识和能力仍嫌不足。对于能真正通过培训装备教师,提供有效能的"融合教育"来说,现行的教师教育仍任重道远。在这方面的工作只能说是"杯水车薪",作用有限,真正的特殊教育专业资料大部分仍汇聚于特殊学校的专业教师身上。他们在专业训练的基础上积累了很多宝贵经验,对处理特殊学生问题能做到挥洒自如,见微知著。故近日有部分特殊学校教师及专业同工为主流学校提供的专业支援极受学校欢迎和重视,这些专业资源对融合教育的发展必然会有很大的贡献。② 根据香港《文汇报》报道,香港特殊学习障碍协会副主席刘李敏英指出,部分主流学校不懂得培育特殊儿童,例如她的小儿子是个资优但有学习障碍的儿童,专家评估为适合就读理科,但校方却不允许,因此儿子只能升读文科,结果他的成绩不甚理想。校长为保证公开试表现,要求他主动退选1~2科会考科目,这令刘李敏英感到非常不公平。③伍国雄、冯志文(2004)撰文指出,主流学校缺乏对特殊教育有认识的教师是不争的事实,单靠30小时的融合课程训练,未足以装备主流学校的教师。加上香港教育学院自2005年开始,停办一年全日制特殊教师课程,代之以整合在教师培训课程内的30小时课程。而"全校参与"模式的融合教育需要全体教师首先转变教育观念,适当掌握特殊教育相关技能,教师培训课程的缩短可能只能让教师获取基本的知识,而在怎样处理特殊需要学生的具体问题时他们恐怕难以得心应手。④

学生特殊需要的复杂性主要体现在学生群体与个体障碍的不同,需要教师掌握处理不同类型特殊需要学生的特殊技能。学生的障碍包括智力障碍、听力障碍、视觉障碍、自闭症、学习障碍、情绪与行为障碍;相同类型的特殊需要学童因障碍的程度与性质等方面的差异,同样需要予以区别对待,实施因材施教与针对性的辅助。然而,主流学校在资讯与资源上所需要的支持还远远不够。正如学前弱能儿童家长会指出的,教育统筹局因奉行统一派位机制,致使同一学校可能录取多种残疾类别的学生。事实上,不同残疾类别

---

① 明报.2听障学校将停办,学生支援恐不足,http://slave.wwpnews.net/news.phtml? news,2005.
② 黄婉冰.就教育统筹局削减"特殊教育津贴"之回应[J].香港特殊教育论坛,2003,6(1):126-128.
③ 曾媚.融合教育计划僧多粥少,http://slave.wwpnews.net/news.phtml? news,2005.
④ 伍国雄,冯志文.特殊学校暨资源中心——知识管理[J].香港特殊教育论坛,2004,7(1):79.

的学童需要不同的专业支援,在同一学校里,教师不可能全部掌握不同残疾类别学童的教育方法。较之特殊学校的教师只教导一项残疾类别的学童,我们要求受训不足、经验不够的主流学校教师懂得处理不同残疾类别的学童,这是否是缘木求鱼?[①]

3. 体制的挑战

在融合教育发展的过程中,人们并没有将普通教育与特殊教育的理解从二元对立的思维方式中超脱出来。在隔离教育中,特殊教育成为远离"主流"的"支流",难以与主流教育汇合,而推行融合教育后,"支流"被"主流"所淹没,主流学校试图抹杀特殊学校促进特殊学生发展的正面功能,因为目前存在一种倾向,在教育体制内,主流学校的获得(无论是无可奈何的)却是特殊学校的损失。过去为特殊需要教育默默耕耘的特殊学校,就因为教育观念转变而突然变为"隔离教育的工具"和"教育改革的绊脚石"。这是特殊学校的师生和家长难以容忍的指责。[②] 因此,融合教育如何通过体制更新来达成特殊学校与普通学校的共生共荣,促进特殊学生素质的提高,而不是此长彼消,是排解家长、教师、社会大众对融合教育的顾虑与忧思的最好方法。

4. 经费的挑战

推行融合教育需要大量的经费支持,但香港特别行政区政府在没有获得额外资金支持的情况下大规模实施"全校参与"融合教育模式,如何处理好物质资源分配就显得尤为重要。根据《明报》报道,为了推行融合教育计划,香港教育统筹局在2003/2004学年推行了新的资助模式,学校每录取一名有特殊学习需要的学生,便可获1万~2万元资助。立法会议员陈婉娴表示,教育统筹局指望用新模式增加受资助学校数目,但由于拨款总额不变,变相"分薄"部分学校原有资助,"如果政府没有新资源,就不应做太多,十个煲得两个盖,导致出现今日状"[③]。可见,社会各界对这种新的资助模式未能达成共识。支持融合教育协会执行委员林湘云认为,计划在未有相关资源的增加下,发展太过急速。他指出,"全校参与"融合教育模式自2003年推出,资助形式是学校每录取1名特殊学校,就可获得1万元资助,以55万元为上限,相对旧制度中每收15名特殊学生就可以增聘1名文凭教师及1名教学助理,资源大大减少,学校根本没有足够能力照顾学生。很明显,推行融合教育后,主流学校得到的财政支持并没有增加,反而出现了减少,何以构建融合教育支持体系,特别是包括特殊教育教师、资源教室等在内的校本资源体系呢?

(四)"全校参与"融合教育模式的评价

"全校参与"融合教育模式作为香港融合教育发展的特色,尽管面临着很大的挑战,

[①] 学前弱能儿童家长会. 有关"融合计划"的意见, http://www.parentsassn.org.hk/big5/govt/education_0511.asp,2005,10.

[②] 卢乃桂.融合教育在香港的持续发展——兼论特殊学校角色的转变[J].中国特殊教育,2004,53(11):82-91.

[③] 明报.特殊学校学生读主流校,家长怨不公平对待,http://hk.news.yahoo.com/051101/12/1i9xw.html,2005.

但同时也有很大的发展空间。香港的"全校参与"融合教育模式取得了一些成功的经验,同时也面临一些问题,这是"全校参与"融合教育模式作为新生事物在发展过程中必然要经历的。众所周知,矛盾是事物发展的根本动力,没有矛盾事物也就不会发展前进,关键是如何揭示、认识和解决矛盾。因此,香港"全校参与"融合教育模式的推行需要解决好以下矛盾。

首先,处理好公平、速度与效益的矛盾。"全校参与"融合教育模式给予了特殊需要学生融入主流学校学习的机会,体现了维护人权的公平意识,实现了教育起点的机会均等,但构建高效能的"全校参与"模式,不但需要保障好特殊需要学生过程与结果中的教育机会均等,而且要保障好普通学生平等的受教育权利,更要提高融合教育的效益,促进所有学生的身心发展。具体来说,一是要处理好公平与效益的关系,平等的受教育权是针对所有学生的,如何通过有效的措施来促进特殊教育需要学生与普通学生在主流学校中实现双赢才是最终的目的;二是要处理好速度与效益的关系,在缺乏充裕资金支持的情况下,"全校参与"融合教育模式的推行速度过快,可能会导致特殊需要学生在主流学校就读的人数实现了"量"的增长,却难以实现"质"的提高,那么这不但不能造福于特殊教育需要学生,而且会衍生更多问题。①

其次,处理好特殊学校与主流学校之间的关系。梁民安博士在2002年出版的《香港特殊学校概览》中指出,两种教育模式并非互不相容,理应互为补足。有特殊教育需要的学生,可能在不同的成长阶段会较为适宜于某一种教育模式和环境,随着学生的成长或情况改变,到了某一阶段又可能转换到另一种模式较为利于学习。按照学生的实际情况和需要,做出适当的安排,才符合学生的最大利益。② 香港教育统筹局2005/2006学年开始推行一项为期两年的学校伙伴计划,试图正确认识与执行两类学校在发展"全校参与"融合教育模式中的作用。该计划提出额外拨款给一些在照顾有特殊教育需要的学生方面表现良好的主流及特殊学校,让它们与其他主流学校分享经验。此计划包括两部分:① 16所特殊学校应邀担任"特殊学校暨资源中心"。它们在提供专业支援及协助普通学校处理特殊教育需要事宜上,具有丰富的经验。该措施在2003/2004学年就已经推行,让特殊学校直接为学生提供服务,并在支援策略和教学资源上与教师交流心得。② 7所在以"全校参与"模式照顾有特殊教育需要学生方面有丰富经验的主流学校担任资源学校的角色,与其他录取了有特殊教育需要学生的主流学校分享成功经验。③ 但对于16所特殊学校以外的其他学校来说,它们未来在融合教育中扮演的角色恐怕也是政府需要考虑的问题。

第三,解决好"全校参与"融合教育模式的师资培训问题。香港为推行"全校参与"融合教育模式,采取了一些有效的教师培训项目来提高主流学校教师的特殊教育技能。

---

① 学前弱能儿童家长会.有关"融合计划"的意见,http://www.parentsassn.org.hk/big5/govt/education_0511.asp,2005,10.
② 家庭与学校合作事宜委员会.香港特殊学校议会.香港特殊学校概览,2002.
③ 教育统筹局.全校参与模式的融合教育的推行情况及成效,2005.

① 教育统筹局委托大专院校承办特殊教育课程。2004/2005 学年,向 2893 名教师人次提供不同类型的课程,其中 532 名教师接受了 120 小时照顾不同学习需要的专业发展课程培训,166 名教师接受了 30 小时的融合教育引导课程培训,2195 名教师接受了 6 至 10 小时的融合教育校本课程培训。② 教育统筹局全年举办一系列其他形式的有关知识和技巧的培训活动,包括教师及校长交流网络活动、全港性及校本研讨会、工作坊和经验分享会等,参加这些培训活动的教师共有 8095 人。同时,教育统筹局还为教师提供在职及入职的学生辅导培训课程,例如小学教师学生辅导读书课程。2005/2006 学年继续开办 120 小时教师特殊教育专业发展课程培训。教育统筹局会加强为教师提供在课堂上的校本支援(特别是处理有特殊学习障碍、有自闭症或过度活跃学生的支援),举办更多专题小组会议以便学校分享彼此的成功经验,以及为有特殊教育需要学生研制更多的学习材料,从而加强对教师的专业支援。① 为扩充教师支援有特殊教育需要学童的专业知识,香港教育学院将继续用单元制兼读课程的方式为所有主流及特殊学校教师提供在职教师专业进修课程。此外,教育统筹局委托了香港理工大学开办一个 30 小时的读写困难课程培训。不难看出,上述的教师培训课程除了 120 小时的专业发展培训以外,其他培训课程的时间太短,对于切实提高主流学校教师的特殊教育技能到底有多大的帮助也需要进行效能评估。之后要以评估为参考,制订出更为有效的教师培训计划来促进全校融合教育的发展。

第四,解决好"全校参与"融合教育模式的财政支持政策。目前,香港"全校参与"融合教育模式的财政支持体系(即新资助模式)受到了来自各个方面的质疑,融合教育的深入发展应该需要更多的经费来支持,因为教师培训、校本资源中心建设、辅助设备支持等都需要资金来维持,而现有的财政支持系统已不如过去的财政支持系统强大,那么在物质基础不太丰富的情况下,如何来构建强大的"全校参与"融合教育模式,不但需要解决好现有的资源分配与利用问题,而且要拓宽"全校参与"融合教育模式运行的筹资渠道。如有可能,可以建立"全校参与"融合教育基金,用以支持"全校参与"融合教育模式运行。

如何认识和解决"全校参与"融合教育模式推行所带来的公平与效率、速度与效益、特殊学校与主流学校、融合教育对教师的高要求与融合教师特殊教育技能不足、融合教育发展的物质基础与融合教育体制建立之间的矛盾关系,即对立统一关系,则直接关系到"全校参与"融合教育模式发展的速度和规模,直接关系到主流学校与特殊学校的明天和未来。我们指出香港"全校参与"融合教育模式面临的问题,并不是让大家望而却步,而是希望有志于"全校参与"融合教育模式发展事业的教育界同仁和关注"全校参与"教育模式推行的社会其他各界人士献计献策,共同来关心这一在新时期出现的新事物,知难而进,解决矛盾。同时,我们相信,随着融合教育的推行及相关知识技能的增进,教师赞同的程度是会逐渐提高的。最值得一提的是,之前在许多学校的实践当中,发现最初

---

① 教育统筹局.全校参与模式的融合教育的推行情况及成效,2005.

持保留态度,甚至强烈反对推行融合教育的主流教师,后来反而最赞成、最支持融合教育。因为他们预见到了可能遭遇的问题,并致力克服。

三、我国台湾的资源教室模式

我国大陆与台湾融合教育模式一个最大的区别在于台湾特别重视资源教室(相似的名称有资源班、资源教室方案或资源方案)的建设。因此,这里有必要专门阐述台湾的资源教室模式。

(一)资源教室模式的发展历程①

1. 资源教室的起源

资源教室也称资源教室方案,近年来多被称为"资源班",1913 年由美国 Dr. Robert Irwin 提出。1960 年之前,资源教室的使用仅限于阅读补救教学、语言治疗或服务视障、听障学生。自 1960 年起,作为回应回归主流运动的特殊教育服务模式之一,尤其在 1975 年美国(94-142 公法)规定身心障碍儿童应该在最少限制环境下接受教育之后,资源教室的安置方式被普遍认为是帮助身心障碍学生回归主流的可行模式之一。这对特殊需要学生而言,不但能增加和普通学生互动的机会,而且能在资源教室接受符合个人特殊需求的教育,是一种极佳的学习模式。

2. 资源教室的发展

我国台湾资源教室发展依赖于特殊教育的整体发展。从 1891 年起,台湾特殊教育发展历经启蒙植基期(1891—1961)、实验推广期(1962—1983)、法治建置期(1984—1996)、蓬勃发展期(1997—2007)、精致服务期(2008 至今)。资源教室的发展也在特殊教育发展的推动下不断得到优化、革新。②

(1)资源教室的服务对象

资源教室在我国台湾起步较早,服务对象日趋多样化。1967 年开始以巡回辅导方式为视障学生设计"盲生走读计划"。1978 年资源教室方案对象由听障学生、智障学生,普及到学习障碍及低成就学生。其后伴随特殊教育途径多样化,服务对象不断增加,资源教室如雨后春笋般涌现,设置类别也更加多元。从以听障、视障等感官障碍为主转变为以智障、学习障碍等认知功能障碍为主,并逐步扩大到不同类别、障碍程度不同的特殊需要学生。

(2)资源教室的服务形态

目前在我国台湾特殊教育学制中,资源教室方案已经由小学延长至高等教育的大专院校。③ 1975 年台北市新兴中学成立第一个资源教室。次年,金华中学、中山小学开始以实验方式设置资源教室。1980 年,资源教室方案推广至小学阶段。1994 年,资源教室

---

① 奎嫒,雷江华.我国台湾地区资源教室的发展与启示[J].中国特殊教育,2016,(5):3-9.
② 吴武典.台湾特殊教育综述(一):发展脉络与特色.特殊教育季刊,2013,(129):12-15.
③ 宣崇慧.资源教室方案理念在大专校院之实践.特殊教育季刊,2001,(78):20-21.

推广至高中职阶段。2000年台湾大专院校开始设立资源教室。[①] 2013年开启大专院校身心障碍学生鉴定工作,教育主管部门鉴定安置辅导会也正式启动运作机制。[②] 综上可知,我国台湾发展精致度较高。

(3) 资优资源教室

我国台湾的资优资源教室从1973年实验政策开始,1973至1983年间,服务对象逐步从小学到中学。服务类型从一般能力优异,扩增至包含数理及语文的学术类别。班级形式也从集中式资优班转变为集中式与分散式并存,1984年《特殊教育条例》的颁布使资优教育也从实验阶段进入法制化阶段。[③] 1999年,台湾订定《资优教育白皮书》资优资源教室服务对象以狭义的高智商学生为主扩大到以广义资优的多才能学生为主。之后资优班服务对象扩大,资优概念范围不断扩充。现阶段,资优资源教室对象以"一般智能资赋优异"和"学术性向资赋优异"为主。

当前,由于零拒绝、完全融合的特殊教育理念不断深化,在我国台湾的特殊需要学生服务体系中,不分类资源教室被普遍设立,听障、视障资源教室得到重点发展,资源教室数量日趋增长,成功推动着融合教育的发展。据台湾特殊教育通报网统计,截至2014年,台湾身障类资源教室(包含学前、小学、中学、高中职)共计2573个;资优类资源教室(包含小学、中学、高中职)共计917个。其中身障类资源教室主要集中于小学阶段,达1672个,而资优类资源教室则集中于高中职阶段,达4110个。[④]

(二) 资源教室的特点

基于我国台湾多元的文化教育背景,先进的特殊教育理念。资源教室在教育安置类别、师资团队建设、物理环境设计及课程与教学方面都呈现出其独有的特色。

1. 资优与身障类兼容,但以身障类居多

我国台湾特殊儿童类别包括十三类身心障碍以及六类资赋优异两大主体。与之相应,资源教室也分有"身障类"与"资优类",身障与资优资源教室分班而置或置于同一班级教学都是常态。但由于特殊教育理念的普及,少子化现象下家长对孩子发展更加重视,以及资优学生在政策紧缩下逐年衰退的趋势。目前在台湾的各级各类学校中,资源教室设置仍以身心障碍类别居多,加之具备双重特性的"身障资优生"得到重视,资源教室的服务对象更加多元化。[⑤]

资源教室是一种极具弹性而又复杂的教育措施,它需要对不同的实际教育需求提供合理的应对方案,所以类型显得广泛而多元。从资源教室概念提出至今,关于资源教室的分类方式见仁见智。基于此,台湾师范大学张蓓莉教授综合各种分类,结合我国台湾实际情况,根据资源教室的服务对象、教学内容、所处位置、功能等从以下四个方面给出

[①] 我国台湾.大专院校特殊教育资源手册,2014,1.
[②] 陈秀芬,张正芬.大专院校资源服务模式-以台湾师范大学为例.特殊教育季刊,2013,128:3.
[③] 陈伟仁,黄楷茹,陈美芳等.台湾中小学资优资源班运作基本模式之探究.特殊教育研究学刊,2013,38:55.
[④] 我国台湾地区特殊教育通报网.年度特教统计查询.资源教室班级数统计.https://www.set.edu.tw/Stastic_WEB/sta2/default.asp,2015-10-21.
[⑤] 吴昆寿.资优障碍学生介入服务模式初探.台湾特殊教育年会年刊,2008,271-284.

了较为完整的分类方式：

表 3-5 资源教室方案类型[①]

方面	类型	内容
以资源教师服务方式分类	直接服务资源方案	提供直接教学服务，以辅助教学为重心，服务人数较少，容易安排课程。
	间接服务资源	为普通班教师、学生、家长提供咨询与支持服务，由普通班教师进行教学服务。
以服务对象分类	单类的资源方案	以特定单一类别的被正式诊断为资赋优异或身心障碍的学生；资源班教师受过特定类别的特教专业训练。
	跨类的资源方案	资源班教师服务两个或多个类别的学生；此类型的资源教室方案占最多数；教师根据教学需求来分组而非诊断标记；资源班教师的证照为不同障碍组别。
	不分类的资源方案	满足障碍或非障碍学生的教育需求；服务任何可以从资源教室方案受惠的学生，比较符合特殊教育精神与理念；学生不一定被正式诊断为资赋优异或身心障碍。
以服务地点分类	固定式资源方案	在学校固定位置设置资源教室。
	巡回式资源方案	由资源教师以巡回方式对各校特殊学生服务。
以教学导向分类	能力训练资源方案	注重对学生欠缺能力的培养，如训练学生的知觉、动作、语言能力。
	技能训练资源方案	以读、写、算等基本学习技能训练为主，资源教师必须具有阅读补救、数学补救和语言治疗等专业能力。

表 3-5 中，资源教室立足于服务有特殊教育需要的学生，并根据学生、教师、家长的不同需求，因人而异，因地制宜地采取不同的资源教室方案类型设置，提供相应的专业教师和资源，促进资优与身障教育的共同发展。

2. 强调协同合作咨询模式，注重资源多元整合

资源教室方案是一种具有高度弹性的特殊教育服务介入，其完整架构必须包含县市教育管理部门的行政规划、学校行政与普通教师的分工合作，以及资源教师的特教专业知识与技能发挥。[②] 在订定实施计划，充实资源教室设备与布置及落实资源教室各实施阶段任务，包括转介、鉴定安置、教学辅导及成效评估等工作都需要各部门的人员相互配合。在教学上，普通班、特教班、资源教师组成教育团队，提供支持性教学策略与弹性多元的学习环境。在亲师合作上，强调教育的咨询功能，教师给予家长精神支持，提供教育资讯和社会资源管道。社会工作者可以为特殊教育需要学生链接更多的社会资源和提供支持服务，而治疗师的加入，则可提供专业的医学建议和康复服务。值得一提的是，在

---

① 张蓓莉.中学资源班实施手册.台湾师范大学特殊教育中心，1991.12-15.
② 林素贞.资源教室方案与经营.台北：五南出版社，2014：4-5.

我国台湾普通班学生也纳入资源教室的人力资源范围。资源教师透过入班宣导方式，介绍障碍相关信息、示范在学习或生活上可协助的方式，增进普通生对特殊教育需要学生状况的了解，进而同理、接纳、给予协助。

总体而言，我国台湾资源教室的运作架构以提供多元服务、及时服务、密集服务为目标。① 面对特殊需要学生在校内的任何状况以及一般教师在教学过程中所面临的困难，给予最及时、最充足的支援服务。

3. 明晰资源教师的职责，注重多重角色定位

我国台湾对资源教师要求较高，需要担任多种角色。例如，资源教师的职责有如下要求：(1) 管理者，负责资源教室身心障碍个案管理。(2) 评量者，多元评量学生的性格、兴趣、学业成就或情意。(3) 直接教学者，组织资源教室策略、补救、社会技能教学，行为管理，班级辅导等；与普通班、特教班老师协同教学，共同拟定个别化教育计划。与专任辅导教师形成辅导网络，并透过进入普通班辅导活动，进行特教宣导，对一般生进行情绪管理、生命教育和安全观念灌输，以促进特殊生在普通班级的学习及适应。(4) 间接支援服务者，进行特殊教育诊断，协助学生学习、行动、视障辅具的申请、运用及送修；并协助整合校内外教育及相关资源。(5) 合作——咨询者，为普通班、特教班的教师及家长提供咨询和支援服务。总之，资源教室具有全校性的特点，资源教师是学校重要的"资源"人士，资源教室绝不该是资源教师执行角色与责任的唯一地方。②

4. 设计体现期待，强调对资源教室空间设计——以某小学为例

结合文献与台湾一线资源教师实务，资源教室设计应考虑以下因素：(1) 安全且位置适中，无障碍设施完善，方便学生出入。③ (2) 具备刺激学习的效能，体现布置的功能性，不宜过度花哨，造成学生学习分心。(3) 在充分考虑不同类型及障碍程度学生需求的同时做到有的放矢，有所侧重，没有任何一种资源教室的设计会对每一位学生有效。(4) 兼顾团体、小组及个别化教学。此外，教师可以让学生协助选择自己想要的学习环境，并适时做出改变。为避免产生标记作用，师生可以一起为教室起个好听的名字。教室内部空间尽量弹性运用，最好能随意移动供多种用途使用，但要切忌死角的出现。教师还可以加入园艺治疗的元素，布置各具特色的学习站、阅读角，将对学生的期待诉诸到角落的设计中。

例如，某小学的资源教室布置，办公区、教学区、活动区分区合理，各区域功能明显。教师的办公桌靠近教室入口，后面放置学生资料档案柜，方便教师对学生管理的同时也便于为其他人员提供支持服务。教室中间由活动橱柜分隔成不同区域，进门的独立桌可供学生自学使用，中间的圆桌可作个别化教育辅导，方桌用来进行小组教学。作为分割

---

① 胡永崇.小学身心障碍类资源班实施现况及改进之研究：以高雄县为例.屏东师院学报.2000,(13)：80-82.
② 李咏吟,赵晓美,李孟文等.资源班教学教师合作式省思专业成长团体研究.中等教育.2008,59,(1)：88-90.
③ 王振德.资源教室的理念与实施.中国特殊教育,1997,(3)：22-24.

和靠墙的橱柜可以用来放置图书、教具、玩具、学生物品等各种资源。且根据资源教室功能复合、人员不定及特殊儿童活动的特点，强调细节设计。① 如教室应采光良好，桌底铺设防滑软垫，矮窗设计，利于自然通风；走廊加护手，门窗开关防护设施。注重对资源教室的美化装饰，为学生营造一个温馨、舒适、健康的资源教室环境。整体而言，资源教室的空间设计风格是教师和学生个性特征以及教师对学生期待的体现，它的布置可以有所参考但绝不局限于某种形式和风格。

5. 以学生需求为中心，弹性化的课程安排与教学介入

资源教室的教学组织形式迎合个别化教育教学的需要，按学生需求安排适应性课程。这主要体现在班级编班方式、排课方式、课程内容、上课方式等方面。

第一，班级编班方式主要包括抽离式、外加式、并用式等。其中，抽离式是利用普通班上课时间到资源教室上课，分为完全抽离与部分抽离。此种方式适合学习能力较差的中高年级学生。外加式是利用普通班早自习、中午及课余时间安排资源教室的教学，学科仍在普通班上课，此种方式适合学习困难较小的低年级学生。并用式也称混合式，是抽离式与外加式并用的课程安排方式，比较适合能力较弱及特殊学习需要的学生。每种编班方式都各有利弊。选择何种编班方式，资源教师需根据学生和家长需求与教务处充分协商，一般来说外加式会优先考虑。总之，进行编班时要尽量在不影响个案普通班级主科课程之下，让学生收到最大效益。

第二，排课方式主要包括班群编班和区段排课。班群编班是指将程度相近的身心障碍学生编入同一普通班级，每班以安置1至3人为原则。区段排课是指将2至5个班级的同一科别排同一区段授课为原则，分组教学每组学生至少4人。

第三，课程内容倾向用优势能力补救，训练学生的弱势能力。② 因此，教学内容依学生个体差异做适度调整。通常低年级注重学习生活习惯的建立和养成，中高年级的学生则注重学科能力的培养和提升。需关注的是，资源教师除要重视学生的学业问题外，心理健康问题也不容忽视。

第四，在上课方式上，资源教室灵活多变的上课方式给学生提供多样选择的机会。包括小组教学、协同教学和个别教学，但资源教室以小组教学为主要原则。小组教学将学生三至六人分为一组，将同年级、学习形态或程度相近为小组做分组教学。协同教学，是合作教学的一种模式。由两位教师同时对某一群体的学生教学，一位主要教师进行整体性的教学活动，另一位教师为协助教师，依据不同学生的需求，进行个别化指导。Mastropieri 等人指出协同教学要成功，老师需具备良好的协调性、互信互重，制定明确的教学目标、热忱，为有效教学共同努力。③ 个别教学针对班上某些学生的特殊学习需要，或

---

① 汤朝晖，张翼. 浅析随班就读安置模式中资源教室的设计要点. http://www.paper.edu.cn/html/releasepaper/2015/05/208/. 2015-05-18/2015-12-18.
② 高宜芝，邵宗佩. 多元智慧在小学身心障碍资源班之教学设计应用与实例. 台中教育大学特教中心，2005. 46-47.
③ Mastropieri, M. A, Scruggs, T. E., Graetz, J., Norland, J., Gardizi, W., & McDuffie, K.. Case studies in co-teaching in the content areas: Successes, failures and challenges. Intervention in School and Clinic, 2005, 40: 260-270.

无法进行小组式学习者,进行单一的个别指导教学活动。

6. 监控服务质量,着重落实定期检视与追踪辅导

各项形成性及多元检核机制,都是监控资源教室服务质量的重要方法。我国台湾实施学校自评和他评机制。学校自评,即由各教育行政单位下达检核表,请各校行政负责人与资源教师自评,对学校每学期的评估、审议,报请备查。他评机制,是由教育主管部门配合聘请学者专家参与评鉴或访视,对运作成效、办理情况良好的班级予以奖励,对执行不佳者进行追踪辅导。"特殊教育评鉴"就是他评机制的代表之一,作为每年度针对各地区及全台湾不同教育阶段实施的特殊教育评鉴计划,它的评鉴目的明确,针对性较强,能考虑到各区资源教室发展的差异;人员组织架构完善,评鉴流程清晰;评鉴指标、内容以分数进行量化排名,结果具体直观;且对评鉴结果运用的重视体现了"不在证明结果,而在改变品质"的教育评鉴原则。[①]

综合以上七点,我国台湾的资源教室规划细致严谨,有完整的实施流程,专业的资源教师团队,个性化的资源教室设计以及弹性化的课程安排。为特殊学生提供了更多意向学习及偶然学习的机会,也让资源教师有更多机会来增强普通班作业,紧密了普通师生与特教师生的联系。在这个免于焦虑、放松舒适的环境里,特殊学生的严重问题行为得以避免,具有预防性的效果。

(三) 资源教室存在的问题

我国台湾资源教室发展取得了诸多成绩,但目前在发展过程中也存在一些问题。

1. 资源教室的定位不清

资源教室的合理准确定位是保证其功能有效发挥的关键。但目前在我国台湾,资源教室针对学生的直接教学、评量服务;针对教师、行政人员、一般学生和家长的间接咨询支持服务并不十分到位。资源教室的资源配备不足,缺乏明确的招生标准,标记作用,执行人员配合不力的问题,使其存在教学效果不明显,普通班师生对资源教室抱有偏见,教师及行政人员的工作主次不明,业务观念不清的现象。总之,资源教室作为一种支持性服务,虽然主张在多样化的环境下为学生、教师、家长提供多元化的支持服务,但若其服务范围的上限和下限没有准确限定并有效执行,资源教室的功能就无法有效发挥或者超出其理应服务的范围。

2. 资优与身障类差异较大

目前台湾的资源教室,不论在设置数量、经费投入还是师资合格率方面,身障类都远高于资优类。在同一学校中,资优资源教室的优势主要集中在:班级所处地理位置较优,生师合作配合度较高,学生所受偏见较小三个方面。但需特别关注的是,据"2012 年台湾高级中等以下学校各类特殊教育班教师人数统计"结果显示:资源教室障碍类与资优类合格资源教师比率相差悬殊,前者高达 92%,后者仅为 53%。[②] 师资分配不均、质量参差

[①] 王振德. 我国特殊教育评鉴及相关研究. 教育资料集刊教育评鉴专辑,2004,341-357.
[②] 吴武典. 台湾特殊教育综论(二):现况分析与师资培育. 特殊教育季刊,2014,130:8-9.

不齐,严重制约着资优资源教室的发展。另外,在不同级别学校之间,对于资源教室的开展状况也参差不齐,一般来说小学资源教室环境要好于中学,尤其无障碍环境要求亟待加强。

3. 资源教室建设质量地区差异较大

由于各地区经济发展不平衡、教育资源分配不均,导致各区的资源教室安置政策落实参差不齐。北部地区作为全省的经济文化中心,资源教师师资力量雄厚,无障碍设施经费投入充足,具备得天独厚的优势。而对于南部及东部地区学校,因地理环境特殊、交通不便、人口逐渐流失、资源教室数量较少、教师流动率过高,大都无法满足特殊需要学生的资源需求。[①] 此外,每个区域的特性例如城乡、语言、文化背景、父母所受教育程度等都有所不同,所需要的资源教室支援服务也各有差异,统一的资源教室标准与经营发展模式并不适合所有地区。

4. 资源教师负担过重

资源教室的建立,主要由资源教师担负重责,历来国内外相关文献的诸多探讨都指出,资源教师的角色与任务,是资源教室实施成败的关键所在。[②] 由于资源教师的多重角色定位,其不但服务对象多、地点广、内容全,而且要积极寻求、整合各种社会资源。这对资源教师而言既耗时耗力,又难以样样兼顾。既然如此,普通学校就要求资源教师具备极高的专业能力,最好"十八般武艺样样精通",其压力之大可想而知。很多教师反映最难的问题在于团队合作与沟通,作为学生、家长、班主任、各校行政人员或专业人员的沟通桥梁,资源教师须针对上述人员之间不同的职责和教育理念进行沟通协调。特别需要强调的是在鉴定与诊断方面,限于人员、经费等问题,现有资源教师大多缺乏有效的测验、评量工具和相关操作人员协助,无法充分落实鉴定诊断工作。

(四) 启示

2014年颁发的《特殊教育提升计划(2014—2016)》明确提出了未来三年推行"全纳教育",面对大陆地区亟待提高的随班就读教育质量问题,我国台湾资源教室建设的经验与教训对大陆地区在普通学校推行随班就读过程中建设资源教室至少有如下几点可资借鉴。

1. 健全法律——推进资源教室建设

一直以来,我国大陆地区各界都极力倡导尽快制定《特殊教育法》,以促进特殊教育工作的开展。《2015年特殊教育专题评估报告》中也提出要加快推动《残疾人教育法》立法工作,提高各级政府依法履职的意识,将残疾儿童入学率、特殊教育教师专业化水平、特殊教育保障水平等纳入地方义务教育均衡发展、教育现代化以及全面建成小康社会的综合督政指标,并建立相应的奖惩机制。[③] 没有法律对特殊教育问题做出具体而明确的规范和制约,特殊教育相关职责就会模糊不清,许多措施只能流于形式而无法真正落实。

---

① 吴怡儒,蔡文荣,李林沧.彰化县偏远地区过中学生数学学习态度及其影响因素之研究.教育科学期刊,2012,11(1):32-34.
② 卓晓圆,詹士宜.高中职资源班教师角色知觉与角色实践之调查研究.特殊教育学报,2013,37:62-63.
③ 教育部.2015年《国家中长期教育改革和发展规划纲要》中期评估——特殊教育专题评估报告,2015-11-30.

诚然,资源教室作为特殊教育的重要一环,也需要相应的法规来针对其服务的对象、任务、内容、经费、设备,以及对实施过程、评量标准和后续的资源教室辅导与考核做出具体的规定,明确各级人员的具体职责,这样才能确保资源教室的发展充满动力与活力,而不至于沦为学校资源教室有"教室"而闲置(或"无")"资源"。此外,对资源教室的课程方案、培养目标等,教育主管部门不仅应充分赋权赋能于资源教师,而且需要加强对普通学校其他教室的特殊教育技能培训,以保证学校全员参与资源教室的运作。若仅依现行普通教育法规,资源教室弹性、多元、自主的课程方案难以真正实施。可喜的是,2016年1月20日教育部办公厅印发了《普通学校特殊教育资源教室建设指南》,规定了资源教室建设的总体要求、功能作用、基本布局、场地及环境、区域设置、配备目录、资源教师、管理规范等,并提供了《普通学校特殊教育资源教室配备参考目录》。[1]

2. 师资培养——精于专业,百艺皆通

资源教师作为资源教室方案的实施者,其工作不仅包括教学常规工作,还涉及各部门沟通协调等相关工作。资源教师的多重角色要求教师不仅要有扎实的特殊教育专业理论和实践经验,还需其他方面综合的跨专业知识,注重自我专业成长和人格精神培育。为此,各师范院校应统筹布局,整体规划特教教师职前培养与职后培训体系,积极配合特殊教育教师专业技能与综合能力的培养。相关部门应努力促进特殊教育教师在职进修课程多元化,增加专业人员培育管道,提高教育质量,关注教师心理健康,充实优化特教专业队伍结构。[2] 同时积极促进特教教师到普通学校交流或就业,缓解目前高校虽然培养随班就读专业教师但普通学校拒绝招收的尴尬局面。当然,国家也应将特殊教育的师资培育项目纳入普通教育教师的培训,加强普通教师对特殊教育理念的学习;并将资源教室教师纳入特殊教育教师管理,根据工作量提供适当的特殊教育教师专项补贴或津贴,以增加资源教师岗位的吸引力。[3]

3. 协同合作——即使再坚强也不要独自飞翔

资源教室落实有赖于学校、家庭、社会的共同努力与相应的配套措施。因此,为健全组织结构,在教育主管部门层面,应建立巡回管理、过程指导、技术支持等完善的支持体系。在学校层面,系统理论观点认为学校组织是一个复杂的互相联结的次系统,提供学生不同目的的教育服务。[4] 学校要组建相关领导小组,明确分工,加强督导,认真落实资源教室工作的实施和管理。行政人员要为资源教室的课程安排和教学需求提供支持,相关人员除了要熟知普教的课程结构、内容外还须具备一定的特教背景,彼此多进行沟通交流,相得益彰。家长除配合教师的教学,应积极为孩子寻求更多社会支援。康复医疗团队、社会工作者等应该给予特殊孩子关注,让他们感受到社会进步的温度。

---

[1] 教育部办公厅.普通学校特殊教育资源教室建设指南.现代特殊教育,2016,(3):9-12.
[2] 于文,李莹.资源教师专业成长的理论与实践.北京:北京邮电大学出版社,2009.30-34.
[3] 彭霞光.把握资源教师建设指南的精髓,健全随班就读支持保障体系.现代特殊教育,2016,(3):6.
[4] Harris,W. J.,Schultz,P. N. B. The special education resource program. London:Merrill,1986:95.

4. 循序渐进——立足本校本区实际的资源教室开发

资源教室强调资源的整合和利用,并非只有在经费、人力充足的情况下才能创办。各学校应因地制宜,积极探索符合本校实际的资源教室实施方案。这样不仅节省学校经费开支,还能设计出更符合学校特色、区域定位的资源教室,也能达到立竿见影的效果。① 在人力资源方面,可以寻求学校师生、社会各界的协助。值得欣慰的是,近年来虽然配套的政策措施、管理办法还有待完善,但社会力量捐资助学举办特殊教育正逐渐成为趋势。② 总之,整合校园内部及社会资源来推广资源教室,受益的将是全体师生及社会大众。

5. 优势向导——给予学生合理的期待

不论是资赋优异类学生还是身心障碍类学生,在资源教室,他们都是有特殊需要的学生。教师应该把对学生的关注点集中于优势能力而不是问题上,尽可能让学生的优势能力进一步加强,同时改善弱势能力及存在的问题行为。因此,学校装修资源教室,要充分考虑不同类型、不同残疾程度学生的生理发展特点,关注残疾学生的心理发展需求,保护他们的自尊心。③ 以欣赏的眼光看待每一位学生,坚信每一位学生都可以被教好。与此同时,对学生抱以合理期待,不因其资优身份而高估学生能力,也不因其障碍身份而忽视学生发展潜能。为学生提供最合适的教育,促进其最大限度发展是每一位资源教师应该该努力的目标。

6. 落实评鉴——关注资源教室长远发展

设置资源教室,应具备长远发展的意识。为保证资源教室高效、长期运行,相关部门应确立可行的评鉴项目,设立标准化评鉴流程,强化评鉴的专业制度,注重评鉴的执行具备贯通性和常态性,落实评鉴后的追踪考核。全面的评鉴应考虑到评鉴人员的多样性(自评、他评、学者专家评);评鉴内容兼重资源教室物质与精神层面;评鉴过程中审阅静态资料与考察动态资料相结合。资源教室评鉴的最终目的,是让被评鉴对象根据评鉴结果进行反馈,以此指明资源教室面临的挑战和确定未来努力和改进的方向。

 本章小结

融合教育的模式是指在融合教育思想指导下建构的理论模型与操作程序。西方融合教育模式主要包括资源教室模式、资源中心模式、咨询教师模式、巡回服务模式、教育配对模式、合作学习模式、特殊教育班模式等,其中流行最广的是资源教室模式。鉴于我国大陆融合教育模式——随班就读主要是依赖政府部门通过行政的手段自上而下推动,主要包括行政工作推动模式和学校实施模式,其中行政工作推动模式的主要要素包括组织领导、队伍建设、投入保障、实施策略;学校实施模式主要包括两个帮助、两个小交流、两个大交流。我国香港地区的融合教育主要采取的是"全校参与"融合教育模式,其实施

---

① 陈丽红.特殊教育学校资源教室的建设.中国特殊教育,2005,(8):4.
② 黄汝倩.地方贯彻《特殊教育提升计划(2014—2016年)》的政策研究.中国特殊教育,2015,(8):7.
③ 杨希洁.特殊教育资源教室环境建设和设备配置原则.现代特殊教育,2016,(3):8.

需要处理好公平、速度与效益的矛盾,处理好特殊学校与主流学校之间的关系,解决好"全校参与"融合教育模式的师资培训问题,解决好"全校参与"融合教育模式的财政支持政策。我国台湾的融合教育主要采取的是资源教室模式,资源教室的功能主要包括补充性的评量与教学、教师的在职研习与咨询服务、对特殊儿童权益的维护、发展或宣传新的教学策略、搜集教材资料与进行调查研究等。

 思考与练习

1. 资源教室模式如何在实践中运作。
2. 香港融合教育模式的特色及启示。

第4章 融合教育价值论

"'价值'这个普遍的概念是从人们对待满足他们需要的外界物的关系中产生的。"[①] 价值"表示物的对人的有用或使人愉快等属性"[②]。可见,价值是客体与主体需要之间的一种关系属性。融合教育价值就是融合教育满足儿童的个体与社会需要的一种关系属性,其价值主要有人文价值、经济价值与个体价值。因融合教育的提出主要是为特殊儿童争取公平的受教育权利,故其价值与特殊教育的价值密不可分。

第1节 融合教育的人文价值

融合教育的人文价值所说的是融合教育满足儿童人文需要的关系属性,其主要表现为人道的关怀价值、人权的保障价值、人性的陶冶价值、文化的共建价值等。

一、人道的关怀价值

"人道"是一个极具本土色彩的词语,与"天道"相对,强调一种道德关怀,关注人的现世生活。"人道主义是社会主义的重要思想基础之一,我国的残疾人事业集中体现了社会主义人道主义的光辉。"[③]我国儒学思想家在《礼记·礼运篇》中提出的"大道之行也,天下为公,选贤与能,讲信修睦。故人不能独亲其亲,不独子其子;使老有所终,壮有所用,幼有所长,鳏寡孤独残疾者皆有所养"之大同思想,就体现出了对所有人的一种人道关怀。融合教育的人道关怀主要表现在:

(一) 关注儿童的生存方式

有些特殊儿童出生后父母因传统观念的束缚要么将其遗弃,要么虐待他们,残酷地剥夺了他们最初的生存环境。对于被遗弃的特殊儿童,我国各级政府通过福利院将其收留下来,保障他们生存的权利。例如,北京儿童福利院200多名儿童中,多数是从车站、码头、医院、路边捡来的弃婴,大部分是肢体不全、智力低下或有缺陷的残疾儿。[④] 对于受虐待的特殊儿童,政府与民间主要通过法律等手段来维护特殊儿童的生存权利。如果特

---

① 中共中央马克思、恩格斯、列宁、斯大林著作编译局译.马克思恩格斯全集(第19卷)[M].北京:人民出版社,1963:406.
② 中共中央马克思、恩格斯、列宁、斯大林著作编译局译.马克思恩格斯全集(第26卷)[M].北京:人民出版社,1975:326.
③ 葛新斌.人道主义是特殊教育的思想基础[J].中国特殊教育,1997,(2):44.
④ 丁启文.中国残疾人[M].北京:华夏出版社,1990:120.

殊儿童能够被普通学校接纳,与普通儿童一起读书,那么就可以在很大程度上改变生存的方式。特别是在目前国家强调义务教育"两免一补"的情况下,特殊儿童的融合教育不但可以改变家长对待特殊儿童的方式,而且可以改变特殊儿童生存的方式。很多国家倡导对特殊儿童的早期干预就是试图使特殊儿童从出生之初就能获得健康的生存方式。在我国,很多经济发达地区在"国家为特殊儿童买服务"的理念引导下,不但解决了很多特殊儿童家长的后顾之忧,而且改善了特殊儿童生存的环境,特殊儿童甚至还可以在学校中得到生存能力的训练。

(二)关心儿童的生活质量

教育要关注人的生活世界,融合教育不但要关注普通儿童生活的世界,而且要关注特殊儿童生活的世界。特殊儿童生存下来之后,我们还必须保障他们高质量地生活、学习,为将来适应社会生活奠定基础。斯基尔斯(Skeels)等人20世纪70年代末追踪调查了他和戴伊(Dye)一起研究过的那些儿童。[①] 有一组共13个婴儿,平均智商为64.3,最低为36,最高为89;其年龄范围是7~30个月。把这一组婴儿从孤儿院转移到弱智儿童学校,安置在一个房间里,由年龄较大的聪明的女孩子陪伴他们,在他们醒着的大部分时间里陪他们一起玩耍。当7个月大的孩子待了6个月,30个月大的孩子待了52个月后,再次对他们进行智力测验,结果表明,这13个孩子的智商都有所增加。最少的增加了7分,最多的58分,有9个超过了20分。为进行比较,这次研究还有另外一组12个孩子,平均智商为87,智商范围是50~103,年龄范围是12~22个月。把这组儿童继续留在孤儿院,在21~43个月后,再次对他们进行智力测验,结果表明,这些孩子的智商都下降了,其中只有一个孩子仅降8分,其余的11个下降了18~45分,有5个超过了35分。成年后,对这两组孩子的追踪调查情况更令人吃惊。从孤儿院转到弱智儿童学校的13个孩子全部都自立谋生,一个也没被公立或私立救济机构收留。其中有11个结婚,9个已生儿育女。但另外一组原先智商较高仍然留在孤儿院的12个孩子情况则截然不同,有1个在少年时就死去,5个由公立收容所监护,其中1个是在精神病院,另4个在弱智机构;另外6个不在国家收容机构受监护的人中,只有两个结婚,其中一个还离婚了。两组受教育情况差别也很悬殊,13个转到弱智儿童学校的孩子念了12年书,直到高中毕业。有3个还继续上大学学习了一年或一年以上,其中一个还获得了一所州立大学的学士学位。从职业上看都是从事专业和半专业技术性工作或半复杂劳动和家务劳动。而留在孤儿院的12个孩子,一半没有读完三年级,上高中的一个也没有,没有在国家收容机构的6个人中,只有3个人被雇用,有固定职业。很显然,这种差别颇能说明问题,弱智学校条件比孤儿院优越,在弱智学校的孩子们获得了各种经验和刺激。从观察学习的角度来看,普通学校可以提供给特殊儿童良好的学习榜样并让他们进行模仿,更有利于特殊儿童的发展。美国支持回归主流的人士认为:首先,回归主流将使儿童在学业上和社会性方面都取得更高水平的成绩。其次,儿童脱离孤立的特殊班级进入正常的学校环境更有

---

① 何华国.特殊幼儿的早期疗育[M].台北:五南图书出版公司,2006:36.

利于其在成长过程中适应和应对现实世界。第三,接触各种各样的儿童将帮助正常儿童理解人们之间的个别差异,帮助减少对各类残疾和低能儿童的偏见。①

（三）关怀儿童的生命价值

关怀儿童的生命价值,"关注的不是空洞的、抽象的生命,而是具体的、真实的生命"②,具体的、真实的生命就是有个性的生命,有个性的生命就有不同的特质。从这个层面来讲,每个人都是独一无二的个体,正如世界上找不出两片完全相同的树叶一样,世界上也难以找出完全相同的两个具体的人。可见,所有的儿童都是存在差异的,其生命都具有不同的原色,只是普通儿童内部之间的差异不太明显,普通儿童与特殊儿童之间的差异以及特殊儿童内部之间的差异,相对于普通儿童内部之间的差异要更为显著。关怀儿童的生命价值,就是要关怀儿童生命的差异性,重视儿童生命的体验与生活的经验。如何关注儿童的生命价值与生活体验,或许下面事例中的两位教师的做法值得我们思考。

自闭症类的团体心理辅导《不放弃》一课,贯穿着"剪刀石头布"猜拳游戏,教师将分层目标就设定为:"A 类生会猜拳进行游戏,能融入同伴的游戏活动,享受游戏的乐趣,学会面对困难,不放弃;B 类生在教师的协助下能猜拳进行游戏,融入同伴的游戏活动,感受游戏乐趣;C 类生能坚持 10 秒以上注视教师做'石头''剪刀''布'三个动作,并实时模仿,感受游戏的乐趣。"再如"快乐健美操"一课的教师还在分层目标中先标出自闭症的姓名,如 A 类生(×××、×××),B 类生(×××、×××、×××),C 类生(×××),再写出目标具体内容,做到心中有每一个孩子。③

为什么同样的学生,不同的老师,教育的差异如此之大呢？关键在于教师要真切地去关注儿童生活的经验,尊重儿童的生命价值,尊重学生的人格,然后采取针对性的教育方法与策略,才能收到良好的效果。

二、人权的保障价值

融合教育"能否维护每一个儿童,尤其是各类有特殊需要儿童的受教育权利,最大限度地为个人提供实现潜能的机会,已成为衡量一个国家或地区物质文明和精神文明程度的重要标志"④。社会主义人道主义精神遵循公平与平等的行事原则,其突出表现在特殊儿童的受教育权方面。受教育权的本质是指人的"受教育平等权",或称为"享有国家、社会教育资源和国家、社会提供受教育机会的权利",它属于人权中"平等权"的具体表现形式。所谓人的受教育平等权确切地讲,是指"人有获得国家为其提供平等的受教育的客观物质条件的权利"⑤。《中华人民共和国义务教育法》明确规定了"受教育者有平等受教

---

① 周宗奎.儿童社会化[M].武汉:湖北少年儿童出版社,1995:452.
② 冯建军.生命与教育[M].北京:教育科学出版社,2005:前言 12.
③ 许海英.特殊教育学校课堂教学的人文精神审视[J].现代特殊教育,2015,(8):3.
④ 方俊明.融合教育与教师教育[J].华东师范大学学报(教育科学版),2006,(3):37.
⑤ 温毅斌."受教育权"的实质是"受教育平等权"[J].上海教育科研,2003,7.

育的权利"。《中华人民共和国残疾人保障法》则明确了"国家保证残疾人受教育的权利"。特殊儿童作为社会中的弱势群体，其受教育的权利体现在受教育平等权上，要想接受教育首先要有接受教育的机会，并享有一定的教育资源。只有满足了这样的条件才能平等地接受教育。这种受教育的权利对于任何人都是平等的，不分民族、阶级。如果特殊儿童的受教育平等权得到保障，其受教育权就得到了满足。因此，特殊儿童的受教育权本质上就是受教育平等权，融合教育正是为了维护特殊儿童受教育平等权，才主张特殊儿童与普通儿童的教育机会是均等的。

特殊儿童享有的受教育权包含两层含义：一是有平等接受教育的权利；二是有接受适当教育的权利。所谓特殊儿童有平等接受教育的权利，是指特殊儿童作为国家公民，同样享有进入幼儿园、中小学、职业学校及高等学校学习的权利，在受教育的权利和机会上不应该有先后、多寡、厚薄之别。具体而言，是指适龄特殊儿童的父母或者监护人应依法使其子女或被监护人接受义务教育；普通学校应按国家规定招收能适应普通班学习的适龄特殊儿童就读；普通职业教育学校必须招收符合国家规定的录取标准的特殊儿童入学；普通职业培训机构应当积极招收残疾人入学；普通高级中等学校、高等院校、成人教育机构必须招收符合国家规定的录取标准的特殊儿童入学，不得将他们拒之门外。而对于拒绝按国家有关规定招收特殊儿童入学的，由教育行政部门责令该校招收。根据《中华人民共和国义务教育法》中对学生受教育权的相关规定，结合特殊儿童接受教育的特殊性，特殊儿童的受教育权包括入学平等权、公平享有教育教学设施的使用权、公正的评价权、选择性的安置权、合理的申诉权以及其他各项公民享有的权利。特殊需要教育体现了特殊儿童接受适合教育的权利，由"特殊儿童"到"特殊教育需要儿童"，由"特殊教育"到"特殊需要教育"，一个专有名词的改变往往带有深层次的理论变革。特殊教育只有以教育对象的现在与未来的需要以及个体差异为出发点，以融合与支持为有效途径，以关注每个儿童的平等教育与发展为目标，才能真正保障特殊儿童接受适合教育的权利，提高特殊教育质量。随着人们对特殊儿童的认识和态度转变，以及受融合教育先进特殊教育思潮的影响，人们不仅关注特殊儿童，更关注他们的特殊教育需要，注重特殊儿童的潜能与可教育性，注重为特殊儿童提供特殊教育支持，以满足其特殊教育需要。实施特殊需要教育，"满足学生特殊教育需要"亦成为当今我国特殊教育乃至整个教育改革活动的依据。由特殊教育到特殊需要教育的转变，保障了特殊儿童的教育权利，关注了每个人的存在、发展与价值，是实现"学有所得""学生是幸福教育的主体"的重要前提，是实现从传统的"缺陷补偿"到"需要满足"的复归，也是特殊需要教育的灵魂所在。[①]

三、人性的陶冶价值

按照马克思主义的人性观，可以把人性看成是由自然性、社会性和主体性三个要素组成的结构系统。人的自然性是人性中的生性因素，是人性的自然前提和物质基础，它

[①] 赵斌，琳琳.论特殊教育从人文关怀到行动支持走向[J].中国特殊教育，2013，(1)：2.

揭示了人与自然界之间的关系;人的社会性是人性中的习性因素,它揭示了人与人之间的关系;人的主体性是人性的精华,是指人作为社会实践活动过程的主体的质的规定性,是人在与客体相互作用过程中得到发展的自觉能动性和创造的特性。① 人的自然性、社会性和主体性之间有着密切的联系,前者是后者发展的基础。三者是依次递进的过程,而不是机械的相加,人的自然性和社会性为人的主体性发展创造条件,同时又制约着主体性的完全自由发展,是人的受动性因素;人的主体性是人的主动性因素。针对人性结构的三个层次,融合教育的人性陶冶价值主要体现在要尊重人的自然本性、发展人的社会属性、提升人的主体性上。

(一)尊重人的自然本性

尊重人的自然本性就是要承认人作为自然个体的客观存在。首先,所有人必须承认残疾的客观存在。朴永馨先生认为:"残疾,是人类发展进程中不可避免要付出的一种社会代价。残疾,是人类进化和社会发展历史上发生过、发生着和将来还要发生的一种现象,是客观存在。残疾人有人的尊严和权利,有参与社会生活的愿望和能力,同样是社会财富的创造者。他们的问题同样是关系到实现公民权利和解放,关系发展生产力的问题。"②既然是客观存在,就不能通过特殊的手段将其隔离于日常的生活空间,不能将残疾人与正常人的生活空间隔离开来。融合教育正是从教育场域将两者统合在共同的空间。

其次,所有人都要承认自己是强项与弱项的组合体。无论是普通人还是残疾人,他们都有自己的强项与弱项。融合教育可以让普通儿童看到特殊儿童的强项,从而改变对特殊儿童的认识及态度;可以让特殊儿童在普通班级中与普通儿童正常交往,为他们以后融入社会奠定基础。

再次,普通人要消除对残疾的偏见与歧视。健全人对残疾人的种种偏见、误解和歧视极大地刺伤了残疾人的心灵,损害了他们的自尊感和人格。正如《特殊需要教育行动纲领(草案)》指出的那样:"长期以来,残疾人的困难和问题被一种致残性社会所加重,这种社会着眼于残疾人的缺陷,而不是其潜力。"实际上,我们应把特殊儿童、少年作为社会的平等成员、作为我们的兄弟姐妹来对待,在赋予爱心关怀的同时,也要帮助他们发展自身的潜能。

最后,残疾人要正视自身的缺陷。有些融合学校的教师让普通儿童不要调侃视觉障碍儿童是"瞎子",听觉障碍儿童是"聋子",弱智儿童是"傻子",等等。这些做法虽然有利于普通儿童与特殊儿童之间的交往,但是同样要教育特殊儿童勇敢地承认自己的视觉障碍、听觉障碍、智力障碍。只有这样,他们才能坚强地拿起盲杖,自觉地配戴助听器,勇敢地走入社会。因为社会是复杂的,人也是复杂的,为了使他们能适应社会,不但要从外部干预入手,更要从内部的调适着力,只有这样,他们才能融洽地在普通学校学习,在所在的单位工作,在所属的社区生活。正如斯邦-舍文(Mara Sapon-Shevin)所说:"融合教育

---

① 王坤庆.现代教育哲学[M].武汉:华中师范大学出版社,1996:78.
② 朴永馨.教育康复中的一个基本观点[J].中国听力语言康复科学杂志,2004,(1):42.

不但要让学生接纳差异,而且要让学生学会面对挑战。在融合课堂中,教师学生必须同时学会面对困难与挫折。"①

(二) 发展人的社会属性

发展人的社会属性需要为人的发展提供合理的空间与平台,增强人的社会交往能力。首先,融合教育为发展人的社会属性创造了良好的空间。特殊儿童在特殊学校只能与同自己具有相同特征的同伴进行交往,长此以往,他们很难面对主流社会,这为他们将来适应生活设置了不可逾越的障碍,而融合教育为他们提供了接触主流社会的自然空间。其次,融合教育为发展人的社会属性提供了交往的机会。特殊儿童与普通儿童共同生活于普通班级、学校校园,学校提供了异质群体进行同伴交往的机会,可以让他们从小就融入主流社会的生活圈。再次,融合教育可以教育学生学会与不同的人相处,将来能适应更加复杂的社会。或许日本人撰写的《身体的感官》中所描述的乙武的事例能给我们启发。书中说的是有一位母亲生了一个儿子名叫乙武。乙武天生残疾。他出生的时候,医院和家属为了避免母亲过度伤心,有意将母子俩隔绝了一个星期,在那一个星期里,为防不测,医院为母亲准备了氧气和一切急救设施。一星期后,母亲被允许去见儿子。让医院和家属感到意外的是:想象中的事情并没有发生。母亲见到儿子的第一句话是:"啊,我的宝贝,我们终于见面了。"接着母亲把儿子从床上抱起来,解开胸襟,给他喂奶。在乙武的成长过程中,这位母亲并没有把乙武关在家里,而是和常人一样,把他带去上街、游公园……让他充分与外界接触,以消除他的自卑情绪。长大了,乙武和别的孩子一样去上学。体育课上,他并不回避锻炼自己,常常手脚并用爬完别的孩子跑过的路程。跳高时,等别的孩子跳过去了,他就用头点地的特殊方式翻过去。他从不回避什么。他母亲常对他说:"就像人有高和矮、胖和瘦一样,你畸形的四肢并不是你的缺点,而是身体的一个特征。"就这样,乙武接受了和常人一样的教育,中学毕业后,他以优异的成绩考上了日本著名的学府——早稻田大学。②

(三) 提升人的主体性

提升人的主体性就是需要从精神层面来塑造人的"仁爱"之心。人性的制高点不在于爱自己的"同类",而在于爱自己的"异类",因此"融合教育教我们更多思考'我们',而不是'我'"③。对于普通人来说,就是要在思想上关心残疾人的疾苦,在行动上主动接纳残疾人。融合教育可以让普通儿童在日常的学习生活中逐渐形成自觉关心特殊儿童的品质,自发组织助残活动,自动宣传助残的理念。对于残疾人来说,就是要在思想上融入普通人的世界,在行动上要主动学会与普通人交往。融合教育可以让特殊儿童在普通班级中自然自发地与普通儿童交往,自觉地关注普通儿童的生活,自动地发展与普通儿童交往的策略。例如,从辽宁师范大学毕业的周婷婷在撰写的《聋人如何适应主流社会》中

---

① Mara Sapon-Shevin. Learning in an inclusive community[J]. Educational Leadership, 2008, 3: 51.
② 李君辉,涂年贤. 苏珊的帽子及其他[J]. 基础教育, 2003年试刊: 38.
③ Mara Sapon-Shevin. Learning in an inclusive community[J]. Educational Leadership, 2008, 3: 50.

指出了聋健交流的五条技巧①：① 开门见山，多次提醒；② 善于打岔，请求重复；③ 看书积累，勤于表达；④ 走出自闭，广泛交流；⑤ 重复无效，即用笔纸。

四、文化的共建价值

文化是一定社会群体习得且共有的一切观念和行为。不同的文化有不同的规则、期望、态度、信念和价值，所有这些将指导人们的行为。文化有着自身的价值，其价值随着人们的态度与行为表现出来。融合教育中特殊儿童和普通儿童的文化观念会随着他们的态度与行为表现出来并相互影响。融合教育体现出来的文化的共建价值主要表现在可以让所有的儿童树立多元文化观念，促进彼此之间的文化认同，形成文化共同体。

（一）树立多元文化观念

尽管在残疾人是否有自己独特的文化这一问题上，存在着分歧，但是国外很多研究者都强调作为残疾人之一的聋人具有自己的"聋人文化"。例如，美国专家约翰·W.雷曼和迈克·布利斯在《耳聋学生的回归主流教育》中写道："美国手语像线一样把聋人们织进了聋人文化的经纬之中，当大家一起运用美国手语时，聋人们自然就感到在交往上要比运用听力进行交流轻松多了。人们在一起时，无论是在宗教、社交、运动，还是在教学环境中，同样的语言总是使人在交往和表达上感到自由和通畅。在聋人群体中，人们通过听力所进行的交流习惯上一般做自我批评的分析。不管哪一种程度听力损失的人都可以被接纳为聋人文化的成员。正如派德恩（1980）所说的那样，'聋'，在美国手语中，这个手势的意思就是'我的朋友'，而这真正表达了聋人文化的意思。"②我国聋教育界也有持这种观点的专家。他们认为，聋人文化和"有正常听力的人组成的多元文化世界并驾齐驱"③。有鉴于此，特殊儿童的融合教育就给学校提供了多元文化交流的机会，可以让普通儿童在成长的过程中了解聋人文化，甚至掌握手语，"尽可能让更多健全人了解聋人"④；听觉障碍儿童就可以"尽可能深入了解健全人的文化"，"不断加深对健听文化以及健听人社会的常识和习俗的了解，从而减少不必要的误会，更好地和健听人相处、沟通"⑤。

（二）促进文化认同

融合教育提供了多元文化视角，当一个人拥有了几套文化观念、模式、信念和行为时，他就已经发展了多元文化的才能。相反，就会出现文化的丢失。例如，美国中学外语教学目标就是使学生能掌握至少一门外语，通过学习，学生可以了解说这些语言的国家的文化，并能用这些语言进行交流。融合教育是一种改革运动，它企图改变学校和社会的现状并且给人们带来了新的视角与新的思维方式。融合教育会对不同的学生产生长

---

① 具体情况请参阅张宁生主编.残疾人高等教育研究[M].沈阳：辽宁人民出版社，2000：302-305.
② 赵锡安.聋人双语双文化教学研究[M].北京：华夏出版社，2004：15.
③ 同上.
④ 张宁生.残疾人高等教育研究[M].沈阳：辽宁人民出版社，2000：292.
⑤ 同上.

期积极的影响,并使学生产生文化包容的观点,认同不同民族、不同人群的文化观念。特殊儿童与普通儿童长期在普通班级中学习,就会彼此认同对方的文化,为将来在社会生活中的文化认同奠定坚实的基础。

(三) 形成文化共同体

共同体是德国社会学家滕尼斯(F. Tonnies)提出的一个社会学概念。他认为,在共同体中,社会关系的基础是某种自然的意愿,这种自然意愿包括感情、传统和人们的共同关系,其特点是人们之间有着强烈的认同感,对社区内其他成员有着全面的概念,即,是把对方当成一个全面的人,而不是因为他具有某种地位;是从对方自身的价值去判断其意义,而不是将其视为实现自己某种目的的手段。融合教育要注重学校中的文化建设,其目的就是"要给予学校师生员工以精神动力,使他们在现代社会中重新获得传统社会中人们之间所具有的认同感与归属感,从而使他们有一种'共同体'的感觉"[①]。这种"共同体"对于所有的学生都有一种"家"的感觉,以形成一个安定的、受人欢迎的、合作的、具有激励和促进功能的融合团体。在融合教育中,特殊儿童由于具有身心更深刻和敏感的体验,会自然形成一个群体,在主流教育中构建一种"残疾文化",这种文化可能是一种自然态的东西,而不是因受到主流文化的排斥而形成。因此,问题不在于要不要这种文化,而在于寻找形成这种文化的原因,在于引导这种文化,使其群体成员不仅在残疾人群体,而且在共同的融合学校文化和班级中寻求依托和归属,使"残疾文化"具有开放性。[②]

第2节 融合教育的经济价值[③]

融合教育的经济价值与特殊教育的经济价值密切相关,只有让社会人士,特别是教育工作者认识到特殊教育的经济价值所在,他们才会积极主动接纳特殊儿童入学,这样融合教育才能得到有效推进,特殊儿童在普通学校才能获得更好的发展。

一、特殊教育的经济价值不容忽视

特殊教育是社会教育活动的重要组成部分,是针对在身心发展上与普通儿童有较大差异、被排除在正常范围之外的儿童使用一般的或经过特别设计的课程、教材、教法、教学组织形式和设备进行的达到一般和特殊培养目标的教育。[④] 我国的特殊学校教育始于

---

① 杨全印,孙稼麟.学校文化研究:对一所中学的学校文化透视[M].北京:教育科学出版社,2005:186.
② 黄志成.全纳教育——关注所有学生的学习与参与[M].上海:上海教育出版社,2004:51.
③ 笔者注:融合教育关涉到隔离体制中的普通教育与特殊教育,因此阐述融合教育的经济价值必须从普通教育与特殊教育的两个维度来进行,尽管很多人对普通教育的经济价值存在争论,但争论的焦点在于普通教育的经济价值大小上,且普通教育的经济价值在很多著作与文章中都有系统的阐述,有鉴于人们对推行融合教育的争论关键在于特殊儿童有无必要接受教育上,例如有人认为"普通儿童的义务教育尚未普及,何谈特殊教育"(见卢子洲.特殊教育培养目标的理论基础[J].教育研究与实验,1999,(4):38),因此这里主要从特殊教育,兼顾融合教育的视角来谈特殊儿童接受教育的经济价值。
④ 朴永馨.特殊教育概论[M].北京:华夏出版社,1995:9.

1874年英国牧师穆·威廉(William Moon)在北京创办的"瞽叟通文馆",美国传教士梅里斯夫妇(C. R. Mills和A. T. Mills)于1887年在山东登州创办了"启瘖学馆",此后,还有一些外国传教士或教会、慈善组织在我国创建了一些特殊学校,直到1916年,我国近代实业家、教育家张謇创办了中国人自己开设的特殊学校——南通盲哑学校。随后,特殊教育在我国逐步发展起来,与普通教育齐头并进、同步发展,成为学校教育中不可缺少的一部分。最早的特殊教育是传教士、教会、慈善机构和热心人士出于怜悯、同情、救济之心而接受残疾人,使他们得到养育、照顾和简单的教育,带有浓厚的慈善事业性质。

中华人民共和国成立后,教育被看作是公民的基本权利,中国公民不分民族、种族、性别、职业、财产状况、宗教信仰等,依法享有平等的受教育机会,而且国家通过颁布一系列的法律法规来保障残疾人受教育的权利。特殊教育从解决残疾人的生存问题上升到使残疾人平等地享有高质量的教育,它是在法制社会还不健全的历史条件下作为一种人道主义事业发展起来的,于是有学者认为特殊教育要注意人道主义在其中实现程度的高低,要把人道主义作为特殊教育的根本价值尺度。特殊教育根本无法、也不应该从其经济功能寻找自身存在的根据。在今天这个日益功利的社会里,强调对残疾人这一特殊困难群体的人道关切,才更有可能引导社会为特殊教育提供强有力的物质援助。① 事实上,经济效益与社会正义两者间并无谁好谁坏、谁对谁错的问题,而是立场问题。②

还有人批评,投资特殊教育太浪费了,就像肉包子打狗——有去无回,是属于消耗性的投资。这是一种误会,因为他们不了解,办理特殊教育可以同时帮助解决社会问题和家庭问题,且有助于发展社会的人力资源。③ 特殊教育给残疾人带来个人利益的同时,也减轻了家庭和社会的负担。一个有残疾儿童的家庭不但需要负担庞大的医疗和教养费用,更需面对沉重的精神负担,整个家庭气氛也深受影响。例如有一对中国籍夫妇,皆在美国密歇根大学取得心理学博士学位,只因为家里有一位重度智能不足的孩子,二三十年来不敢到外地去创业,包括回国服务,这就限制了他们的发展。在这样的家庭里,不但家庭经济受影响,家庭气氛受影响,家长的发展也受影响,对社会实在是一种重大的损失。④ 因此,特殊教育解决的不仅仅是残疾人的个人经济问题,更是家庭问题和社会问题。

在社会主义的市场经济时代,特殊教育的价值不易过分宣扬,但也不容忽视。特殊教育是社会文明和科学进步的标志,具有重要的经济效益。⑤ 不论是普通教育还是特殊教育,教育是一种人力资源的开发,教育的资金投入可以产生个人经济效益和社会经济效益。对特殊儿童进行特殊教育和一定的劳动职业训练,不仅使他们能及时全面发展,而且提高文化水平和劳动技能后他们就可以从社会物质财富的单纯消耗者变为直接或

---

① 葛新斌.人道主义是特殊教育的思想基础[J].中国特殊教育.1997,14(2):44-48.
② 邱上真.特殊教育导论[M].台北:心理出版社,2002:23.
③ 吴武典.特殊教育的理念与做法[M].台北:心理出版社,1994:4.
④ 吴武典.特殊教育的理念与做法[M].台北:心理出版社,1994:4.
⑤ 汤盛钦.特殊教育概论[M].上海:上海教育出版社,1998:9-10.

间接生产物质财富或精神财富的劳动者,成为推动社会前进的积极力量。[①] 由此可见,残疾人不完全是靠救助生存,他们同样能为社会作出贡献。如果认为特殊教育仅是一项昂贵的教育,花费大而且效益不高,把特殊教育看作是慈善事业,不考虑办学效益问题,其结果会使教育工作者心目中缺乏质量和效益观念,特殊教育机构的生存和发展势必受到威胁。[②] 现代社会的特殊教育被提到议事日程,纳入全民教育体系,不再单纯是一种福利式、慈善型教育。怜悯、同情、救济可以解决一时的生活问题,但解决不了一生的生存与发展。

如果从辩证的观点来分析特殊教育与经济发展的关系,可知特殊教育的发展水平受到经济发展水平的制约,同时特殊教育能推动经济发展。经济的发展能为特殊教育提供物质保障,如在经济发展水平较低的情况下,特殊教育经费的短缺可能影响到教师的招募、学生入学的人数、教学的条件与效益。特殊教育的发展可以为经济发展提供合格的人才,不但可以使特殊儿童将来成为自食其力的劳动者,而且可以使特殊儿童通过掌握技能服务于社会,创造一定的经济效益。

二、从人力资本理论来看融合教育的经济价值

20世纪50年代,美国著名经济学家西奥多·舒尔茨提出教育是一种人力资本投资,而且教育是比其他物质资本投资回报率更高的投资。教育不仅仅是个人支出,更是一种社会投资,国家有责任多投入教育事业,培养更多的合格的社会劳动者。特殊教育培养的残疾人,在很大程度上能相对减少国家对个人的投资,从而节约投资成本,给社会带来经济效益。在教育扩充的许多原因中,有人口的增加、经济的发展、人类知识的增加、社会的改革和心理的动机,每种原因都是重要的,但最有决定性的似乎是社会经济原因。[③]

融合教育作为一种人力资源的开发,其投资成本同样可以产生个人的经济效益和社会效益。未受教育或受教育程度很低的残疾人,很多都要靠父母或社会来抚养。但是,接受一定的教育和职业训练后,他们就有可能成为自食其力的劳动者,甚至与正常人一样,发挥自己的聪明才智,依靠自己的能力为社会创造财富。然而,也只有当他们能为社会服务的时候,才能感受到自己的社会价值和人的尊严。正如1994年联合国教科文组织主持召开的特殊教育世界工作大会文件中指出的:"无论是发展中的国家还是发达国家的经验都证明,残疾人有可能成为社会中有劳动能力的成员。如果从毕生的观点看问题,即使对那些有明显残疾或学习障碍者来说,教育也是一项有意义的投资。"

在知识经济时代,把融合教育作为一种人力投资事业,开发特殊儿童的潜能,其回报率是很高的,融合教育不但使残疾人创造物质财富,而且还节约了社会财富。台湾学者张训诰认为,如果我们从教育是一种人力投资事业之观点来看,则特殊儿童的人力开发,

---

① 朴永馨.特殊教育概论[M].北京:华夏出版社,1995:9.
② 兰继军.论特殊教育的价值取向与西部特教资源的重组[J].中国特殊教育.2003,38(2):80-85.
③ 联合国教科文组织国际教育发展委员会编.学会生存[M].北京:教育科学出版社.1996:51-52.

其报酬率是很高的。试以一位残障青年为例,假定他从 20 岁到 60 岁这 40 年间,国家社会每年需以 100 元救济他,则 40 年要付出 4000 元。若他在早年受教育时,培养了积极、乐观、勤劳之生活态度,习得一技之长,能自力更生,则同样 40 年间,每年能向政府纳税 100 元,就可纳出 4000 元。一人如此,人数更多,其效益就更大。[1]

陈云英以一位残疾青年为例,假定在未受教育的情况下,残疾人一年所需经费:轻度,生活费 2600 元;中度,生活费 2600 元,护理费(半人)2600 元;重度,生活费 2600 元,护理费(一人)5200 元。如果接受 9 年义务教育的教育费是 500 元/年,18 岁后,轻度的可以独立生活,省去生活费;中度的可半独立生活,省去护理费;重度的可省去半个人的护理费。假定每人的平均寿命为 50 年,则实施 9 年义务教育可节约经费[2]:

轻度:$2600×(50-18)-(500×9)=78700$(元),

中度:$2600×(50-18)-(500×9)=78700$(元),

重度:$2600×(50-18)-(500×9)=78700$(元)。

可见,一名特殊儿童接受 9 年义务教育后,就可以节约 78700 元的经费。我国 14 岁以下的特殊儿童有 800 多万,他们接受教育后可节省 6000 多亿元。1987 年我国进行的全国残疾人抽样调查的结果显示:残疾人中靠个人劳动收入养活自己的只占残疾人总数的 30.2%,靠家庭或亲戚供养的占 67.1%,靠国家和集体救济的占 2.7%。大多数残疾人因经济上不能自立而陷入贫困。城市已就业的残疾人家庭人均收入水平比全国城市平均收入水平低 20% 到 30%。农村残疾人中,有一部分贫困户温饱问题尚未解决。[3] 这些数据充分说明了部分残疾人有能力自我生存,同时我国的融合教育的落后影响着残疾人的生活,融合教育服务残疾人还有很大的成长空间。通过融合教育使残疾人成为合格的社会劳动者,把残疾人当作一个整体,从把我国建设成节约型社会的长远角度考虑,不仅可以节省大量的社会资源,而且能使他们创造出丰富的物质财富,促进社会生产力的发展。1954 年,美国总统艾森豪威尔向国会提出的国情咨文中指出:"我们在照顾那些无生产能力的低能者时所花的费用,相当于把他们培养成自给自足的,成为所在社区的纳税人的费用的 3 倍。已恢复正常生活的残疾人为联邦创造的财富要比恢复他们的费用高许多。"[4]

三、从特殊儿童的发展审视融合教育的经济价值

融合教育主要针对的对象是有特殊教育需要的儿童,包括超常儿童和各类残疾儿童,其中残疾儿童中 80% 属于轻度残疾,15% 属于中度残疾,仅有 5% 属于重度残疾。[5]超常儿童在良好的教育条件下能充分展现他们的才能,在某个领域拥有自己的一片天

---

[1] 张训诰.特殊教育的省思[M].台北:五南图书出版公司,1999:4-5.
[2] 陈云英.发展特殊教育的经济意义[J].中国特殊教育.1998,20(4):39.
[3] 丁启文.中国残疾人[M].北京:华夏出版社,1990:8.
[4] 卢子洲.特殊教育培养目标的理论基础[J].教育研究与实验,1999,67(4):39-40.
[5] 陈云英.发展特殊教育的经济意义[J].中国特殊教育.1998,20(4):39.

空,创造比普通劳动者更多的社会财富。通过适当的教育补偿和职业技术教育,轻度的残疾人有潜力同普通人一样承担社会的责任,进行社会劳动;中度的能够自我照顾和养活自己;重度的虽然不能直接创造物质财富,但可以减少外来的投入,减轻自身的痛苦和家庭、社会的负担。经过教育训练和培养的残疾人,是生产力的后备军,这笔珍贵的资源被挖掘、开发后,能推动生产力的发展。

何况有些残障者,本身也有相当能力。例如海伦·凯勒,从小既盲又聋,却有非凡的成就;台湾的许倬云博士是著名的历史学家,虽然是残障者,成就却远超过正常人。另外,剑侠(杏林子)女士,本身也是残障者,却开创了"伊甸基金会",不但自己能站立起来,还照顾了许多残障者。同时她也是名作家,文采斐然,是一位传奇性的人物。当今的徐白仑老先生不屈于自己的视力障碍,为各个地区的视障儿童提供了一把"金钥匙",开启了他们的光明旅程。这些现成的例子足以说明残疾人如果有机会得到训练和学习,他们的能力一样可以为社会作出贡献。而且残疾人在现实生活中的顽强精神也可以激励身边每一个人,促动大家勇往直前、奋力拼搏,为社会创造更多的物质财富。如果纯从实利的观点来看,办理特殊教育也有其价值,虽然成本很高(平均约为普通教育的2至3倍),也是值得去投资的。在日本曾有一项研究指出,一位残障者如果复健成功,可以有20倍的回报。因此,我们的目光不要太短浅,心胸不要太狭窄。国家建设需要各种人才,人力资源的开发是建设国家的首要途径。以色列、新加坡是最好的例子:他们的国土虽然小,但人力资源能够得到充分挖掘,遂能坚强地立足于世界上。残障者的才华便是很值得开发的领域。①

早在20世纪初,我国特殊教育先驱张謇就在为南通盲哑学校制定的《章则》中,明确提出其教育目标是:① 供给盲哑适应生活上的知识;② 把"分利"的盲哑养成一种技艺,做"生利"的国民;③ 增进盲哑享受社会娱乐的幸福,以减少其单调乏味生活之痛苦。其教育目标中包括两个部分,"知识教育和养成技艺,而知识教育和养成技艺的目的则是培养盲哑学生成为'生利的国民'"。当时出版的专著《二十五年来之南通》这样感叹道:"故国人恒目南通之伶工学校、盲哑学校为中国特殊教育之鼻祖,造福于贫苦残废之儿殊为不小……为贫苦残废之人造幸福,为社会国家谋富强也。"②

四、从安置形式的投资比较审视融合教育的经济价值

很多人认为特殊儿童在普通学校接受融合教育比在专门设置的特殊学校接受特殊教育投入更少,收效更大。如1997年,美国对纽约45所公立中小学的资源教室进行调查,结果发现资源教室的应用节约了2600万美元左右的特殊教育经费。同时,家长也普遍认为资源教室对他们的孩子帮助很大。③ 俄多姆(Odom)等人2001年通过研究指出,

---

① 吴武典.特殊教育的理念与做法[M].台北:心理出版社,1994:5.
② 张志和,余烈.张謇特殊教育思想初探[J].特殊教育研究,1995,(1):28-29.
③ 徐美贞,杨希洁.资源教室在随班就读中的作用[J].中国特殊教育,2003,(4):15.

早期融合的成本比特殊教育班要低。① 另外在我国,建设专门的特殊教育学校必然需要巨额的投资经费,"六百多万学龄残疾儿童,如果为每100名建一所学校就需要600个亿,在现有的国力、财力下"②,很难实现,即使目前有充足的经费支持,将资金用于完善随班就读的支持保障体系建设,可能比单纯建设特殊教育学校,更具有战略意义。但我国小学超过76万所,如果每所有特殊儿童就读的学校都建立一个资源教室也需要一笔巨大的投入,③因此需要考虑建设资源教室与设立特殊教育学校的投资效益。根据国外的经验,资源教室不但可以带来经济效益,而且可以带来社会效益。

五、融合教育为经济发展提供了新的增长点

融合教育是一项正在快速成长的教育事业,它涉及医学、心理学、教育学和社会学等多学科知识,融合教育的发展与其他学科的发展休戚相关。残疾人的教育除了必要的教学安排外,还必须配备相应的辅助科技设备和康复设备。康复技术的开发把各领域的专业人员联系起来,拓展了原有各专业单项技术前进的局面,给社会的经济增长提供了新的平台。虽然融合教育本身培养的劳动者能力有限,但是要提高残疾人的整体素质是一个长期、系统的过程,在探索更有效地培养、服务残疾人的同时,更多领域的专业人员参与其中,残疾人的社会功能将长期作用于社会经济的发展,成为社会经济可持续发展的动力。此外,融合教育需要普通学校增设资源教室,购买符合特殊儿童教育需要的仪器、设备等,为我国经济的发展提供新的增长点。

第3节 融合教育的个体价值

一个人生活在社会上,既是社会的人,又是个体的人。前者表现为人具有社会性,追求个体的共同性;后者表现为人具有个性,追求个体的独特性。因此,个体发展从本质上说是一个包含着两个矛盾方向的变化,而又重新系统化的过程。方向之一是社会化,方向之二是个性化。④ 从发展的角度看,二者是并行不悖的:一个人对他人了解越多,对自己的了解也越多,反之亦然。因为自我与他人的相互作用所发生的反馈,既提供了他人的信息,也反映了自我的特征。在与他人建立社会关系的过程中,个人学会了与人相处,了解了他人,也了解了自己。在这个意义上,社会化与个性化实际上是同一过程的两个方面。⑤ 融合教育的个体价值主要表现在促进儿童的个性化与社会化发展上。

---

① Odom, S. L., Hanson, M. J., Lieber, J., Marquart, J., Sandail, S., Wolery, et al. The costs of preschool inclusion[J]. Topics in Early Childhood Special Education, 2001, 21(1): 46-55.
② 钱志亮.当今中国特殊教育组织形式之分析[J].中国特殊教育,1997,(2):25.
③ 陈丽江.特殊教育学校资源教室的建设[J].中国特殊教育,2005,(8):4.
④ 全国十二所重点师范大学联合编写.教育学基础[M].北京:教育科学出版社,2003:33.
⑤ 周宗奎.儿童社会化[M].武汉:湖北少年儿童出版社,1995:7.

一、儿童的个性化

融合教育具有促进儿童的个性化发展的价值,主要体现在它促进儿童的主体意识的发展,促进儿童的个体特征的发展,以及促进儿童价值的实现等方面。

(一)融合教育促进儿童的主体意识的发展

个体的主体意识可以看成是人对自我的主观能动性的认识。① 无论是对于普通儿童还是对于特殊儿童来说,融合教育的过程都是一个不断提升自我的过程,是激发并张扬人的主体意识的过程。在融合教育的过程中,普通儿童与特殊儿童都通过接受教育来提升自己的道德境界、智力水平、潜能限度,以便能适应客观世界并变革客观世界。很多特殊儿童在刚开始不愿意承认自己的特殊性,认为自己与普通儿童是一样的,随着教育的深入与社会经验的丰富,特殊儿童逐渐接受自身的特殊性,并根据自己的特殊性来发展自己。例如,周婷婷在《聋人如何适应主流社会》中谈道:"我从小到大一直生活在健听人世界里,这二十年来,从意识到自己是聋人,到忘记自己是聋人,再到面对自己是聋人,最后到忽略自己是聋人,同时也正视自己是聋人,经历了一番颇为矛盾、痛苦的心理历程。"②"亲身体验使我悟出,聋人也不应该丢弃真正属于自己的世界,包括自己的语言与文化。"③

(二)融合教育促进儿童的个体特征的发展

个体的特征就是个体的差异性,主要是指人的兴趣、爱好、智能结构、性格、气质等方面的心理特征。融合教育促进儿童的个体特征的发展主要通过不同的教育内容与不同的教育形式来实现。融合教育过程可能要求对教育的内容、教学的方法进行变革以更好地适应所有具有个体特征的儿童的需求,所以在国外主要采取缩小班级规模、增加辅导教师等方式,改变过去仅仅从医学的角度来给儿童贴标签以让儿童到隔离的特殊教育场所接受教育的做法,尊重个体的差异,实现儿童个体特征的独特展现。儿童的独特特征突出表现在专业或职业特征上,例如,听障儿童很多利用视觉上的优势从事服装设计,视障儿童很多利用触觉上的优势从事按摩,等等。

(三)融合教育促进儿童的个体价值的实现

儿童的个体价值是针对人对社会的贡献与作用而言的。每名儿童如何展现其人生的价值归根结底通过他在社会生活中发挥的作用以及作用的大小来衡量。融合教育可以把特殊儿童从可能的生产力状态转化为现实的生产力,将特殊儿童培养成为具有一技之长的劳动者,不但可以使他们自食其力,而且可以使他们为社会的发展作出应有的贡献。融合教育可以通过向特殊儿童传授科学知识、技术使其提高自身的文化素质,更好地服务于社会,现在很多残疾人成才的事例就是明证。戈根·舒尔茨自出生以来就双目

---

① 袁振国.当代教育学(修订版)[M].北京:教育科学出版社,2004:73.
② 张宁生.残疾人高等教育研究[M].沈阳:辽宁人民出版社,2000:290.
③ 张宁生.残疾人高等教育研究[M].沈阳:辽宁人民出版社,2000:289.

失明,可他却在联邦德国最高法院当了 22 年的大法官。在法官生涯中,他判案不计其数,然而绝大多数原被告以及与他打交道的人都不知道他是盲人。这是因为他在办公、办案时,无须别人帮忙,即使在最繁忙的场合,也仅需一部小录音机和一部盲文打字机就能应付自如。更令人折服的是,他经过多年努力,用盲文建立起一套极为完整的档案和资料卡片,无论何种案子或法律条文,他都可迅速查找出来。这位盲人大法官令国际司法界赞叹不已,他的一生都在证明着残而不废的真理。

二、儿童的社会化

教育促进儿童的社会化价值实现,主要体现在它促进儿童观念的社会化,促进儿童行为的社会化,促进儿童智力与能力的社会化,培养儿童的职业意识和角色。

(一)融合教育促进儿童观念的社会化

观念是行动的先导,要想使儿童的行为实现社会化,首先必须实现观念的社会化。融合教育可以让普通儿童亲身感受到社会对特殊儿童的关爱,亲自受到社会人道主义倡导的"扶残助残"理念的熏陶,并且不断将这种社会理念内化为自己的道德品质,落实到自己的道德行为中去。特殊儿童在融合教育过程中同样能亲自感受到社会对他们的关爱,感受人道主义的关怀,在接受关爱的过程中学会去关爱他人。这样,融合教育就能有计划、有目的地按照一定的社会要求帮助普通儿童与特殊儿童形成社会所需要的观念,形成良好的道德品质,具备"仁爱"之心。为此,普通学校可以利用家庭贫困的特殊儿童接受物质资助的机会,让他们在接受关爱的同时学会表达自己的关爱感受;可以利用学业成绩困难的特殊儿童在接受义务家教的机会,让他们在接受关爱的同时学会表现自己的关爱成果;可以利用孤残学生融入其他学生家庭生活的机会,让他们在接受关爱的同时学会参与家庭的关爱过程;等等。"仁爱"观念的社会化表现为通过关爱引导特殊儿童少年适应学校生活、家庭生活、社会生活,使他们将来能融入主流社会,关爱自己、关爱家人、关爱他人、关爱社会。

(二)融合教育促进儿童行为的社会化

儿童要融入社会,就必须按照社会要求的行为准则办事,这些行为准则就是社会规范。融合教育通过社会规范的传递,使普通儿童与特殊儿童共同认识社会规范的意义和内容,认识到应该干什么,不应该干什么,从而规范自己的行为,防止自己的行为偏离社会规范的轨道。在融合学校的班级教学中,可以教授儿童在社会生活中必需的技能,如处理人际关系的技能,帮助他们学会协调理想与现实之间的冲突,使他们学会适应生活及如何生活。融合教育过程中通过特殊教育教师(或辅导教师等)对特殊儿童教育进行的有针对性的行为矫正与行为训练就是非常典型的、有利于促进他们行为社会化的教育内容。实际上,有些普通儿童同样存在或多或少的行为问题,教师在教育的过程中就可以借鉴在特殊儿童行为训练中的有效方法与措施,对普通儿童进行有针对性的训练,提高他们的行为能力,让他们养成良好的行为习惯。

（三）融合教育促进儿童智力与能力的社会化

儿童智力与能力的发展离不开教育。融合教育为普通儿童与特殊儿童智力、能力的发展提供了良好的发展平台，特别是对于特殊儿童来说，他们能在普通班级中接触到丰富的刺激，促进智力的发展；能观察到不同的榜样，形成多方面的能力；能学会如何与普通儿童交往，从而形成良好的社会交往能力。在隔离制的特殊教育体系中，特殊儿童，尤其是中重度残疾儿童与多重残疾儿童，同普通儿童的社会交往机会比较少，而在融合班级中，教师可以设计一些结构化融合游戏、小组友谊活动等课堂组织策略来促进特殊儿童与普通儿童的交往与接纳，增加交往机会，促进儿童的社会化。

（四）融合教育培养儿童的职业意识和角色

职业是社会化的集中体现。儿童长大以后进入社会，要以一定的职业为生，这就决定了融合教育需要为儿童未来的就业和生活做准备。融合教育过程中不但要渗透基本的生活能力的教育，而且要渗透职业教育，让儿童将来能对自己的职业生涯进行规划。无论是对于普通儿童还是特殊儿童来说，学校教育最终的结果是要使他们融入社会生活中。因此，我国基础教育新课程改革特别强调对学生能力的培养，注重教学内容的生活化，注重教师的教学方法要根据学生的学习方法来进行；特殊教育新课程改革则特别强调对学生职业技能的训练，特别是对发展性障碍儿童，已经逐渐淡化了知识的教学，而强化了技能的教学，追求生活质量。

本章小结

融合教育价值是融合教育主体与客体之间的一种关系属性，即融合教育能在多大程度上满足儿童的个体与社会需要的一种关系属性。融合教育的人文价值主要体现为人道的关怀价值、人权的保障价值、人性的陶冶价值、文化的共建价值等；从人力资本理论分析的角度来看，融合教育的经济价值表现为融合教育的投资可以产生良好的经济效益和社会效益；从特殊儿童发展的角度来看，融合教育可以促进特殊儿童潜在能力的充分发展，使他们为社会作出应有的贡献；从安置形式投资比较的角度可发现融合安置具有投资少、收益大的特点。融合教育的个体价值主要体现在儿童的个性化与社会化两个方面，其中前者主要表现为促进儿童主体意识、个体特征的发展以及儿童个体价值的实现；后者主要表现为促进儿童观念、行为、智力与能力、职业意识与角色的社会化。

思考与练习

1. 试述融合教育的人文价值。
2. 谈谈融合教育的经济价值。
3. 试述融合教育对特殊儿童身心发展的作用。

第 5 章　融合教育的质量

提高教育质量是融合教育工作的基本目标。因此,对一所学校来说,质量就是生命,质量就是声誉和形象,质量问题是融合教育的根本问题。如何科学地理解教育质量的内涵以及在此基础上明晰融合教育质量体系之设计,构建合理的融合教育质量标准,成为提高学校融合教育成败的关键。

第 1 节　教育质量的概念

随着教育改革的深入和世界范围内质量运动的兴起,各国政府越来越重视对教育质量问题的研究,以探讨提高教育质量的方案和措施。正是因为人们对教育质量的高度关注,所以有关教育质量研究的成果越来越多,教育质量的研究也越来越全面、深入。然而,要全面研究教育质量,首先应弄清教育质量的本质,因为"事物的本质是事物的内涵,是该事物必然具有也必须具有的,最一般、最普遍和最稳定的共同属性"[①]。不明晰教育质量的本质,就很难掌握教育质量特有的、共同的、根本的属性。而内涵就是概念中所反映对象的本质属性,也就是概念的内容或含义。可见,要探讨教育质量本质,需从对教育质量概念的分析入手。正如托斯坦·胡森在《论教育质量》中所言:"在讨论教育质量时,我们很快就会发现,在能够确认明确的准则,对质量及其评估进行有意义的争辩之前,必须澄清概念这个混乱不清的问题。"[②]

一、教育质量之歧见

综观人们对于教育质量概念的认识,可概括为三种:一是认为教育质量就是教育结果质量——学生发展的优劣程度,例如托斯坦·胡森在《论教育质量》中提出"教育质量就是指教育的产品,而不是指产出这些产品的资源和过程"[③],张万波、袁桂林在《影响教育质量因素的分析》中指出"教育质量即学校满足个体发展和社会发展要求的程度……学校教育质量是针对作为'教育产品'的受教育者而言的,学校教育质量最终应体现在受教育者发展的质量上,受教育者发展的质量是学校教育质量的核心"[④];二是认为教育质量是教育过程质量和教育结果质量;三是认为教育质量是教育投入质量、教育过程质量

[①] 洪宝书.教育本质与规律[M].成都:成都科技大学出版社,1992:22.
[②] 托斯坦·胡森.论教育质量[J].华东师范大学学报(教育科学版),1987,(3):5.
[③] 同上.
[④] 张万波,袁桂林.影响教育质量因素的分析[J].教学与管理,1999,(10):3.

和教育结果质量,例如欧阳文在《构建高校成人学历教育质量标准体系的思考》中认为"教育质量可分为教学投入因素质量、教学过程质量、教学结果质量"①,朱益明在《教育质量概念分析》中认为"教育质量的一般性概念应包括三个维度:为教学所提供的人与物的资源质量(投入);教学实践的质量(过程);成果的质量(产出和结果)"②。可见,三种观点都认为教育质量应包括教育结果质量,教育质量的核心就是教育结果的质量。

通过教育结果质量的释义(即第一种观点)不难发现,人们对于教育质量本质的认识,往往仅限于把教育质量看成是与数量相对的概念,将教育质量理解为教育产品——学生的优劣程度,并认为教育质量就是指教育之质(学生发展的优劣程度),而不包括教育之量(数量多少)。依此推之,在衡量教育质量高低、优劣时,应仅依据教育之质来予以评估,而不应更多地使用教育之量。这样,教育质量在实际评估应用时就与其内涵相吻合了。而事实上,衡量教育质量高低时,常使用的却是纯粹的数量,如入学人数、入学率等。也就是说,在实际评估教育质量时,更多使用了教育之量。这不能不使人产生疑问:教育质量究竟是什么?如果教育质量仅仅是指与数量相对的教育之质,那么实际运用时就会因多使用了教育之量而扩大其内涵。因此,要明晰教育质量究竟包不包括教育之量,就有待于对教育质量的上位概念——质量作一番探讨。

二、何谓质量

人们之所以把质量看成是与数量相对的概念,是因为把质量理解为"事物、产品或工作的优劣程度",将质量等同于质。实际上,质与质量是两个既有联系又有区别的范畴。在罗竹风主编的《汉语大词典》中对"质"有三十一种释义,其中第九种释义为"质量"。由此可见,质与质量具有同一性,但同时也有差异性。既然认为质等同于质量,就应在使用其下属概念时紧扣其内涵,而不能在实际运用中扩大其内涵,将事物之量也包容于事物的质量之中。对教育质量的分析就是明证。

同样,质量有等同于质的一面,也有不同于质的一面。在《汉语大词典》中对"质量"有四种释义:① 资质器量;② 事物、产品或工作的优劣程度;③ 事物的优劣程度和数量;④ 物体所含物质之量,亦即物体惯性的大小。③ 显然,只有质量的第二种释义与质的第九种释义相同。可见,质量与质更多表现为差异性,不能简单地将二者等同起来。既然质量有多种释义,就应该根据具体情况来取舍其义,以便将事物的质量予以全面确认,而不是扩大其内涵于此,缩小其内涵于彼。事实上,"事物不仅有质的方面,而且有量的方面。在认识事物质的基础上,我们还必须把握它的量的方面"④,教育更是如此。因此,质量应取其第三种释义,把质量理解为"事物的优劣程度和数量",将质量看成是"质"与"量"两个要素组成的统一体,因为任何事物都是质和量的统一,都有质的规定性和量的

---

① 欧阳文.构建高校成人学历教育质量标准体系的思考[J].机械工业高教研究,1999,(2):38.
② 朱益明.教育质量概念分析[J].比较教育研究,1996,(5):55.
③ 罗竹风.汉语大词典(第10卷)[M].北京:汉语大词典出版社,1993:271.
④ 李秉德.教育科学研究方法[M].北京:人民教育出版社,1986:109.

规定性,质就是"事物的优劣程度",量就是"数量"。"质"与"量"不是截然分开、彼此分离的,而是相互交融的系统。

三、教育本质之争

要科学地探讨教育质量的本质,还需要对教育本质进行简要分析,以回答"教育是什么"。人们对教育本质问题的认识,主要有以下几种观点:① 教育是社会的上层建筑;② 教育是社会生产力;③ 教育的本质部分是上层建筑,部分是生产力;④ 教育本质处于从量变到质变的不断演变过程中,在某些历史阶段其本质是生产力,在另一些历史阶段,其本质是上层建筑;⑤ 教育可分为"宏观教育"和"微观教育",二者具有不同的本质,应分别加以研究;⑥ 教育是培养人的活动;⑦ 教育是人类自身的生产实践活动;⑧ 教育是社会劳动能力的生产实践活动;⑨ 教育是人类加速自身建构与改造的社会实践活动。[①]

笔者认为教育的本质是培养人。因为本质是事物本身所固有的,决定事物性质、面貌和发展的根本属性,所以教育的本质一定在教育的内部,在于教育自身的内在矛盾之中,但上述前四种观点将教育本质看成存在于教育的外在矛盾中。因为社会的政治、经济(包括生产力、生产关系和上层建筑)对教育发展的制约作用,都是教育发展的外在矛盾,是教育发展的外部条件。[②] 后三种观点把教育本质界定为"实践活动",仅仅指出教育是一种社会实践活动,即指出了教育的属性概念,显然还不能揭示出教育的本质。第五种观点忽视了"宏观教育"与"微观教育"共同的属性概念"教育",进而忽略了两者的共同本质——教育的本质。只有第六种观点是从教育内部探寻教育本质的。

四、教育质量之分析

根据对质量内涵和教育本质的分析,可在抽取质量的内核("优劣程度和数量")和教育的内核["培养人(学生)"]的基础上将教育质量本质规定为"教育培养出的人——学生发展的优劣程度和数量",既有"质",又有"量",即教育质量有质和量的双重规定性。"质"主要是指学生发展的优劣程度;"量"主要是指学生发展的相关数量。又因为教育培养的人——学生既有个体也有群体,教育质量应包括学生个体质量和学生群体质量。教育质量是指学生个体发展的优劣程度、数量和群体发展的优劣程度、数量,可简要地将其概括为个体之质、个体之量和群体之质、群体之量。学生个体之质与个体之量不是截然分开的,个体之质可以转化为个体之量;群体之质与群体之量也是如此。四者的关系为,个体之质与群体之质同属于"质"的范畴,个体之质是群体之质的基础;个体之量与群体之量同属于"量"的范畴,个体之量是群体之量的基础。

教育质量中的"质"是指学生身心发展的优劣程度。由于素质教育的基本精神在于

---

① 洪宝书.教育本质与规律[M].成都:成都科技大学出版社,1992:16.
② 洪宝书.教育本质与规律[M].成都:成都科技大学出版社,1992:44.

使人的素质得到全面和谐的发展,[①]故可将学生的发展理解为素质的发展。教育质量中的"量"是指学生素质发展的相关数量。学生个体之量是指学生个体表征的直接和间接相关量,直接相关量指身体素质中的体格所包含的体重、身高、胸围等,间接相关量是指由个体之质通过转化而形成的量,例如科学文化素质中的间接相关量就是通过语文、数学、外语等学科成绩所体现出来的;学生群体之量是指学生群体中素质符合预定标准的绝对数量和相对数量,可简单理解为人才符合预定标准的"数量"。一般来说,数量中的绝对数量包括学生入学人数等,相对数量包括入学率、巩固率、升学率、就业率、增长率等。

教育质量是如何通过"质"与"量"来衡量教育对象——学生的呢?衡量学生个体的发展质量,应依据个体之质和个体之量;衡量学生群体发展质量,应依据群体之质和群体之量。

第2节 融合教育质量的体系

通过对教育质量概念的辨析,有必要结合融合教育的特点来解析融合教育质量体系。融合教育质量体系主要是围绕一个核心,即"儿童(学生)的发展";融合教育质量体系包括两个基本的要素,即数量和素质。融合教育质量体系包括三个环节的质量:投入质量、过程质量和结果质量。融合教育质量体系包括四个层次:质高量高,质高量低,质低量高,质低量低。

一、一个核心

融合教育质量体系设计的核心是促进所有儿童的发展。从群体的角度来看,在融合学校中包括特殊儿童与普通儿童两个群体,儿童的发展也就包括普通儿童的发展与特殊儿童的发展。这就要求融合教育的实施必须实现"双赢"。因此,衡量融合教育的质量必须考虑到普通儿童与特殊儿童的群体发展质量,如果特殊儿童的介入影响了普通儿童的群体发展质量,就可能会导致教师与家长对特殊儿童在普通班级就读的抵制。笔者曾经在某所小学亲眼看见这样的事件,他们的理由是特殊儿童的融入不能以牺牲普通儿童的发展质量为代价,特别是不能牺牲"多数"的普通儿童的利益来照顾"少数"的特殊儿童。保证特殊儿童的平等受教育权同样是以不能牺牲普通儿童平等受教育权为条件的,即普通班级中普通儿童的平等受教育权与特殊儿童的平等受教育权是互为条件的。因此,融合教育只有保证了在教育质量上普通儿童与特殊儿童的"比翼齐飞",而不是某一方的"单飞",才算是符合要求的教育,才是一种理想的教育,否则可能事与愿违。

从个体的角度来看,无论是普通儿童还是特殊儿童,都能通过因材施教,获得符合自

[①] 徐怀评,任建华.素质教育浅议[J].教育研究,1996,(12):45.

身特点的发展,发展过程中的比较不是过多关注与其他人的比较(外在横向比较①),而应更多将焦点转移到自己的现在与过去比较(内在纵向比较②)上,是否朝自己的潜能发掘迈进了一步,无论步伐是大还是小,速度是快还是慢,关键是今天的我是否比昨天的我取得了进步或发展。之所以不能主要采取外在横向比较,现在从M、N两名儿童的角度来分析其中的原因:① M儿童与N儿童具有不同的特点,要将M儿童与N儿童进行比较,必须使M儿童与N儿童在同一起跑线上,但是很多儿童并不在同一起跑线上。② M儿童与N儿童的发展速度是不同的,M儿童一天学会的内容对于N儿童来说可能需要更长的时间,进行横向比较会对N儿童不利。③ M儿童的强项可能正是N儿童的弱项,如果将两者进行比较,就可能导致对N儿童发展的误解。④ M儿童与N儿童所处的家庭环境、所交往的朋友、所经历的经验等方面都存在差异,这些差异可能导致两者的差异。

二、两个要素

融合教育质量包含"数量"和"素质"两个要素,即融合教育中儿童发展的数量指标(简称"量标")与融合教育中儿童发展的素质指标(简称"质标")。"量标"是指融合学校(或班级)中普通儿童与特殊儿童发展过程的相关数量,包括绝对数量(如考试中百分制记分)与相对数量(如考试中的等级制记分);"质标"是指融合班级中特殊儿童与普通儿童素质发展的优劣程度。从融合教育的基本理念出发,无论是绝对数量还是相对数量,无论是群体还是个体,普通儿童与特殊儿童发展到现在数量都应比过去有所提高,素质比以前有所发展。

就特殊儿童来说,他们在普通学校的融合班级应该比在融合学校或特殊学校的特殊班级获得更好的发展,取得更优异的成绩。否则,融合教育理念所倡导的特殊儿童与普通儿童在普通班级就读很难让人信服。例如在制定"量标"时就可以考虑建立成功随班就读的人数的绝对数量标准,以及随班就读成功率(即某类随班就读成功儿童占该类所有随班就读儿童的百分比),同样也可以从回流人数与回流率等相对角度来考察。在制定"质标"时就可以考虑建立针对各种素质设计的具体指标。在"质标""量标"这两个要素的权衡中,"质标"相对重于"量标",即应树立"质主量辅"的观念。我国推行的从应试教育向素质教育的转轨就充分说明了这一情况,应试教育将教育的焦点集中于"片面追求升学率",这里的"升学率"就是一种相对的数量;素质教育将教育的重心置于"人的素质的充分全面发展",这里的"人的素质的充分全面发展"就是强调学生素质从根本上得到发展。由此,我们也需要在理解融合教育质量的两个要素时把握住"质标"这一重点。

---

① 笔者注:外在的纵向比较在特殊教育中有时用来衡量特殊儿童的发展水平,例如说特殊儿童的语言发展在16岁只能相当于普通儿童10岁的水平,就是这一思路。

② 笔者注:内在的横向比较是指儿童在同一时期不同发展方面的比较,例如语言能力与社会交往能力的比较,等等。

三、三个环节

融合教育的基本理念强调教育机会均等,包括起点、过程、结果等三个方面的机会均等,这一理念体现在融合教育质量体系中就必然包括三个相应的环节,即起点的质量——融合教育投入质量、过程的质量——融合教育过程质量、结果的质量——融合教育结果质量。

融合教育投入质量是指在融合教育实施之初各种要素投入的"量标"与"质标",包括外部投入质量与内部投入质量。外部投入质量主要是指关涉到融合教育实施效果的政府、社区、学校等投入的各种外在要素的质量,包括物质投入质量、人员投入质量、制度保障质量与精神投入质量等。具体来说,就是政府为了推进融合教育,对实施融合教育的学校或班级投入了多少设备、经费,规定融合教育的学校或班级的师生比是否比普通学校或普通班级高,对实施融合教育的学校是否有制度保障,例如是否不采取过去的以升学率为评价指标的评价方式,领导在观念上是否重视等。学校为了推进融合教育,是否相应地将政府投入的各种资源应用到融合班级,是否有专门的机构或人员来负责融合班级的具体事务,是否有日常的制度保障,例如融合班级的教师是否有灵活的作息时间与课程安排等,全校师生员工是否从观念上接纳特殊儿童,等等。社区为了推进融合教育,是否具备了接受特殊儿童融入该社区的条件,社区的观念对融合是否起到了阻碍作用,等等。内部投入质量主要是指儿童自身的起点状态、潜力水平、精神面貌等。儿童自身的起点状态是指生理条件(可以通过医学检查获得)、心理状态(可以通过心理测试获得)、智力水平等。潜力水平是指通过一定的测量工具来了解儿童的强项与弱项,从而采取有针对性的措施来进行训练,扬长补短。精神面貌主要是指儿童自己愿不愿意进入融合班级,进入融合班级时的精神状态如何,等等。

融合教育过程质量是指融合教育实施过程中各种要素的"质标"与"量标"。融合教育过程质量主要是从纵向考察融合教育质量,即随着融合教育的推进,融合教育行政管理部门的理念、政策是否比以前更加完善,融合学校管理理念(从隔离到融合)、教育教学措施(从固定到调适)、支持服务体系(从缺乏到建立完善)等是否逐渐在改进,且保证了所有儿童的各种需求,使普通儿童与特殊儿童都获得了优质发展。从儿童发展的角度来看,儿童是否已经从起点发展到了一定的标准,是否已经实现了潜力水平的发挥,是否在融合教育过程中通过精神的陶冶,增进了融合的理念,保持了良好的精神面貌。

这里仅就儿童潜力水平的发挥与满足儿童特殊需要的支持服务体系之间的关系来说明在融合教育过程中质量如何在儿童身上得到体现。每个人生而具有若干潜在能力(性向),其多少大小因人而异。潜能通过环境的作用和学习的结果表现出来。由于任何人都无法完全发挥潜能,所以潜能和实际表现之间,总存在着一定距离(如图 5-1)[①]。此种差距,如果一切环境和学习条件正常,则有合理的差距,但如果学习的条件和环境的作

---

① 毛连塭.特殊教育行政[M].台北:五南出书出版公司,1989:7.

用不良,则潜能和实际表现之间的差距便会加大,此种现象,不仅存在于智障儿童之中,资赋优异者亦然(高智商低成就)。不仅心智异常者会有这种现象,生理异常者也有可能产生,甚至普通儿童之间也会有不合理之差距现象产生。这种不合理的差距现象,不是普通学校中的普通课程所能改善的,而是需要用特殊的课程设计、特殊的教育方式才能解决。因此,融合教育过程中是否提供特殊课程设计、特殊教育方式等特殊的支持服务体系对于保证融合教育过程的质量就显得尤为重要。图 5-2 表现了不同儿童的不同潜能与实际表现的差距,同时也说明了提供的特殊教育支持服务的差异性,特说明如下。

(1) A、B 代表资优儿童,A 有正常的表现,B 因某种原因,虽然表现优于 C(普通能力的学生),但仍无法有适当表现,需要特殊协助,以发挥其潜能。

(2) C、D 为普通能力之儿童,C 表现正常,D 表现距其潜能甚大,虽然仍优于 E(智能不足儿童),但需要特殊协助,以发挥其潜能。

(3) E、F 为智能不足儿童,E 的表现虽不如 D,但就差距现象来看,已有适当表现。特殊教育不一定对他有帮助,但 F 则不然,其较大的差距显示,正常的教育措施无法发挥其最大潜能,因此需要特殊教育的协助。

(4) 归纳而言,特殊儿童的认定和特殊教育的提供,并不是因为他们在心智上、生理上或人格上的缺陷。当然这些缺陷,增加了特殊需要的可能性(但非必然因果关系),而是表现在其潜能和实际表现上的差异程度、需要特殊协助的程度和方式,以及特殊协助的有效程度等方面。人各有潜能,融合教育过程中特殊教育训练的目的,在于补充普通教育之不足,以发挥特殊教育方案,以及其他有关的服务设施的作用。[①]

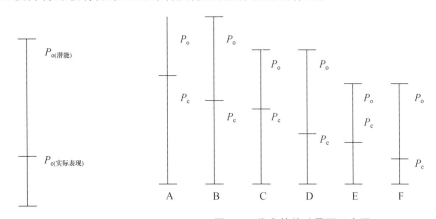

图 5-1 潜能与实际表现之差距

图 5-2 儿童的特殊需要示意图

融合教育结果质量是指融合教育一个阶段结束时各种要素的"质标"与"量标"。融合教育结果质量包括融合教育体系建设的质量和融合教育最后培养出的儿童发展的质量。融合教育体系建设的质量包括政府是否通过融合教育的实施总结出了融合教育的

---

① 毛连塭.特殊教育行政[M].台北:五南图书出版公司,1989:7-8.

经验并出台了相应的融合教育政策和措施,学校是否通过融合教育的执行构建了融合教育的体系,探讨出了适合本校的有效的融合教育策略与方案,社区的融合教育观念是否得到了有效的提升,等等。融合教育培养出的儿童发展的质量是指儿童发展在"质"和"量"两个方面是否表现优异。具体来说,融合班级中的儿童是否在学业成绩上比以前更优秀了。对于普通儿童来说,可能深受特殊儿童学习的勤奋精神与坚强毅力所感染,学习比以前更努力了,学习成绩得到了有效的提高;对于特殊儿童来说,可能深受普通儿童的榜样带动作用,学习成绩取得了一定的长进。所有儿童在社会性发展方面是否取得了比以前更好的发展,普通儿童与特殊儿童之间的交往是否促进了彼此的社会认同感,促进了人际和谐关系,发展了两者的社会交往能力。融合教育培养出的儿童发展的质量是融合教育结果质量的内核。

融合教育质量三个组成部分之间是相辅相成的,融合教育结果质量要高就必须保证融合教育投入质量与融合教育过程的质量高,如果融合教育投入质量得不到保证,就必然会影响到融合教育过程的质量,进而影响到融合教育结果的质量。

四、四个层次

根据融合教育质量的高、低两个程度[①]将"数量"和"素质"两个要素进行组合,并将其运用到儿童在学校接受教育的实际表现结果上,就包括如下四个层次:质高量高、质高量低、质低量高、质低量低,具体说明见表 5-2。

表 5-2 融合教育质量的四个层次分析表

		质	标
		高	低
量	高	质高量高,即我们通常所说的高分高能,在学校中表现出学业成绩优异,能力突出,现在是学校中的"宠儿",将来是社会中的"宠儿"	质低量高,即我们通常所说的高分低能,在学校中表现出学业成绩优异,能力一般或不突出,现在是应试教育学校中的"宠儿",将来在社会中可能是"弃儿"
标	低	质高量低,即我们通常说的高能低分,在学校中表现出学业成绩较差,但能力突出,现在可能是学校的"弃儿",将来可能是社会中的"宠儿"	质低量低,即我们通常所说的低分低能,在学校中表现出学业成绩较差,能力一般或不突出,现在可能是学校的"弃儿",将来可能是社会的"弃儿"

(一)从潜能与实际表现的差异解析四个层次

上述的四个层次根据群体的角度来看,又存在质高量高的儿童群体、质高量低的儿童群体、质低量高的儿童群体、质低量低的儿童群体,人们一般把超常儿童群体看成是质高量高的儿童群体,所以对他们寄予厚望;把普通儿童群体看成是质高量低或质低量高的群体,所以对他们也寄予了一定的期望;把智障儿童群体看成是质低量低的群体,所以

---

① 笔者注:如果从质量的两个要素的高、中、低三个程度来看就有 9 种组合,这里仅从高、低两个程度来予以说明。

对他们没有期望。实际上,这四个层次只是相对的衡量尺度,例如从整体的角度来看,智力超常的儿童在潜能得到有效发挥的情况(如图5-2中的A)下,就会表现出质高量高,智障儿童在潜能得到有效发挥的情况(如图5-2中的E)下,就会表现出质低量低。但是从各自类属的超常群体或智障群体来看,超常的儿童仍然是质高量高,而智障儿童就可能表现出质高量高(或低),这就是在融合教育过程中提出对儿童(特别是特殊儿童)要进行内在的纵向比较的原因所在。因为,每一类别的儿童内部同样存在着这四个层次的划分,超常儿童是如此(见图5-2中的A与B),智障儿童也是如此(如图5-2中的E与F),普通儿童更是如此(见图5-2中的C与D)。普通儿童在普通学校中同样分别分布于这四种层次,这四种层次的普通儿童将来的发展程度如何同样依赖于普通学校的教师是否运用差异教学的思想进行特殊的干预,让其潜能得到有效的发挥与表现,普通学校中差生(或后进生)的出现在某种程度上讲是普通儿童的具体表现与其内在潜能之间的差距逐渐变大的结果,可能不是教师认为的脑袋"笨",而是儿童没有得到合适的教育。总之,无论是超常儿童,还是普通儿童,甚至是智障儿童,他们群体内部同样存在这四个层次的区分,关键问题是在该儿童的潜能得到充分展现的基础上他在所有儿童中处于哪一层次,在同类儿童中处于哪一层次,在将自己的实际表现与潜能相比较的过程中处于哪一层次;如果其潜能得到了有效的发挥,他相对于自己所属的群体来说就是处于质高量高的层次,在将自己的实际表现(如用量标)与潜能(如用质标)相比较的过程中就处于量高的层次。因为从个体的实际表现与潜能之间的角度来看,首先将儿童的潜能分为高低两种,即具有高潜能(质高)的儿童与具有低潜能(质低)的儿童,前者在实际表现中就存在其潜能与实际表现组合成的两个层次,即该儿童的潜能得到了充分的发挥,他在这一群体中独占鳌头,表现出质高量高;若其潜能没有得到有效的发挥就会表现出质高量低。具有低潜能(质低)的儿童实际表现中同样存在这两个层次,即潜能得到有效发挥的质低量高与潜能未得到有效发挥的质低量低。

(二)从融合教育对象的群体差异解析四个层次

鉴于融合教育质量体系的核心是"儿童的发展",而衡量儿童发展主要看两个要素,根据两个要素中的"质主量辅"的情况,我们可以把"高质高量"与"高质低量"归纳为质量高,把"低质高量""低质低量"归纳为质量低。如果结合融合班级(普通班级)或融合学校(普通学校)中的普通儿童与特殊儿童的实际情况来看,就会有四种情况:普通儿童发展质量高、特殊儿童发展质量高的第一个层次,普通儿童发展质量高、特殊儿童发展质量低的第二个层次,普通儿童发展质量低、特殊儿童发展质量高的第三个层次[①],普通儿童发展质量低、特殊儿童发展质量低的第四个层次。

(三)从融合教育过程的三个环节解析四个层次

这四个层次如果结合融合教育过程的三个环节来看,就会出现融合教育投入质量的

[①] 这里将"普通儿童发展质量高、特殊儿童发展质量低"定为第二个层次,将"普通儿童发展质量低、特殊儿童发展质量高"定为"第三个层次",主要是基于特殊儿童到普通班级的融合教育不能以牺牲普通儿童的发展质量为前提条件。

四个层次、融合教育过程质量的四个层次、融合教育结果质量的四个层次。现在结合特殊儿童在接受融合教育过程的具体情况粗略分析四个层次的情况(见表5-3)。

表5-3 特殊儿童在融合教育三个环节的质量比较

	融合教育投入质量	融合教育过程质量	融合教育结果质量
质高量高	配备有素质高、数量足的特殊教育教师,普通教育教师都接受过特殊教育培训;融合班级班额小,特殊儿童人数少;特殊儿童起点高,如障碍程度比较轻,拟订了个别化教育计划等	特殊教育教师与普通教育教师边教边接受培训与指导,不断提升合作能力;融合班级班额适度调整,特殊儿童基本为同一类型;特殊儿童发展良好,并修订了个别化教育计划;特殊儿童实际表现优异等	特殊教育教师与普通教育教师的教育教学技能不断提升,能力不断增强;融合班级班额固定,特殊儿童已经融入班集体;特殊儿童发展结果良好,并有详细的资料记录,多进行发展性评价;特殊儿童实际表现优异等
质高量低	配备有素质高但数量少的特殊教育教师,普通教育教师接受过一定的培训;融合班级班额小,特殊儿童人数少;特殊儿童起点较高,如障碍程度轻中度,拟订了个别化教育计划等	已有的教师能接受培训与指导,不断提升能力;融合班级班额适度调整,特殊儿童人数少;特殊儿童发展一般,修订了个别化教育计划;特殊儿童潜能相对较高,但实际表现一般等	已有教师的教育教学技能不断提升,能力不断增强;融合班级班额固定,特殊儿童已经融入到了班集体;特殊儿童发展一般,有较详细的记录;特殊儿童潜能得到了一定的开发,但实际表现一般等
质低量高	融合班级配备了专门教师,但缺乏相应的特殊教育知识与技能;班级班额较大,特殊儿童人数多,类型各异,障碍程度重,草拟个别化教育计划,但训练内容缺乏针对性;特殊儿童起点较低等	专门教师缺乏指导与培训,依靠自己摸索;班额按照原来计划按部就班进行,个别化教育计划能部分实施,训练次数多,但针对性不够;特殊儿童潜能较低,但表现较好等	专门教师教学技能得不到有效提升,能力变化不大;融合班额固定,特殊儿童与普通儿童不能有效交往,特殊儿童训练量多,发展一般,有部分记录;特殊儿童潜能得到了充分发掘,但表现较好等
质低量低	融合班级没有配备专门教师,现有的任课教师缺乏专门的培训;班级班额大,特殊儿童人数多,类型各异,障碍程度重;特殊儿童起点较低等	融合班级没有专门教师,现有任课教师不接受培训;班级教学按部就班,特殊儿童只能跟班学习;特殊儿童发展差等	教师按照普通教育方式进行教学;融合班额固定,特殊儿童与普通儿童是两个独立的群体,缺乏有效的训练,无记录;特殊儿童发展差等

第3节 融合教育质量的标准

通过对融合教育质量体系的解析,我们对融合教育质量体系有了基本认识,这有助于我们构建融合教育质量标准。教育质量标准是一定时期内为实现既定教育目标而制定的教育质量规范。关于教育质量标准,人们有不同的认识,分歧主要集中在"质"上,可大体将其概括为质量标准要素说(基本知识和基本技能)、全面发展说(全面发展和缺陷补偿)。为此,孙绵涛教授在对要素说和全面发展说进行科学分析的基础上,提出了素质说,认为素质是在先天遗传基础上经过后天努力而形成的学生生存和发展的基本品质,主要由身心素质、科学文化素质、思想品德素质和活动素质四个因素组成了三个层次。身心素质是学生发展的基础,科学文化素质与思想品德素质是学生发展的两个必要条件,而活动素质是学生素质发展的外在的表现形式。① 本节试图按照素质说的思想,来建构我国融合教育的质量标准。

一、融合教育质量标准的建构

(一)建构融合教育质量标准的指导思想

我国融合教育质量标准的指导思想应为"普及与提高兼顾,培养素质全面发展、残而不废的人"。提出"普及与提高兼顾",是因为我国的融合教育经过多年发展后,已初步形成了一定的规模,特别是经济文化发达的地区,融合教育实施的范围比较广,质量比较高。故有必要对原来提出的"普及与提高相结合,以普及为重点"的指导思想予以适当的调整。提出"培养素质全面发展、残而不废的人",是因为它符合素质教育的要求,而素质教育的基本精神在于使人的素质得到全面和谐的发展。② 这也基本上与我国的教育目的的基本精神"培养德、智、体、美、劳全面发展的、具有独立个性的社会主义现代化的建设者"相一致。

(二)建构我国融合教育质量标准的指导原则

融合教育质量标准的指导原则是在其指导思想的指导下对融合教育质量标准建构的具体要求。既然要"普及与提高兼顾",就必须要求"'量'与'质'并重";要切实提高融合教育的质量,就不能仅依靠学校,而且还必须依靠家庭和社区,因此,需要提出"学校教育质量、家庭教育质量、社区教育质量并重";既然要"培养素质全面发展、残而不废的人",就必须要求"素质发展与缺陷补偿并举""生存和发展相结合"。最后要真正达到指导思想的要求,还必须"既重视质量标准自身建构的质量,又重视质量标准到达过程的质量"③。现对以上提出的原则分别予以陈述。

1."量"和"质"并重

事实告诉我们,在制定融合教育质量标准时,只注意"量"不行,只注意"质"也不行,必须把"量"和"质"很好地统一起来,构成融合教育质量标准体系。因为"质"和"量"是一个事物的两个方面,既没有离开"量"的"质",也没有离开"质"的"量"。所以,在构建融合教育质量标准体系时,必须将两者有机地结合起来,使两者相辅相成,互相补充。

---

① 孙绵涛.教育行政学(修订本)[M].武汉:华中师范大学出版社,1998:96.
② 徐怀评,任建华.素质教育浅议[J].教育研究,1996,(12):45.
③ 笔者注:这些方面是在对过去我国特殊教育质量标准进行解析的基础上提出的,有关这方面的内容请参阅拙文:我国特殊教育质量标准的历史回顾与分析[J].中国特殊教育,2002,36(4):7-11;或我国特殊教育质量政策研究.孙绵涛,等.教育政策论[M].武汉:华中师范大学出版社,2002.

2. 学校教育质量、家庭教育质量、社区教育质量并重

儿童的发展过程是在家庭、学校、社区综合影响下逐渐社会化的过程。家庭是儿童最早接触的环境,家长是儿童的第一任指导教师;学校是儿童主要接受教育的场所,教师是对儿童进行教育的专职人员;社区对于儿童的成长发展具有重要的作用,社区需主动地接纳儿童,同时为儿童的发展提供优质的资源。家长作为孩子的终生教师,若能与学校建立良好的合作关系,必然能促进特殊儿童身心的发展,因此特殊儿童的家长应该认识到其参与学校教育的权利,并且积极参与学校教育。[①] 然而,我国由于各种原因,如部分特殊儿童的家长家庭教育意识薄弱,教育观念落后,心理压力过大等,使得很多特殊儿童的家长未能参与到子女的教育中来。此外,融合教育质量的提高依赖于健全的社区教育机构为特殊儿童提供的各种康复、医疗、教育服务,及良好的社区环境,通过特殊儿童和社区的互动,使他们更好地理解了自身及其周围环境的资源,从而更好地促进融合教育质量的提高。[②]

3. 生存和发展相结合

新时代的融合教育要培养出新的"残而不废"的人,其根本要求在于促进特殊儿童潜能开发,增长知识,掌握技能,完善人格,增强社会适应能力,从而获得更好的生存和发展。实际上,生存和发展是互为目的、互为手段的关系。生存是为了更好地发展,发展更是为了更好地生存。但"为了生存而生存"的特殊儿童目前在我国还大量存在,这不一定是他们自己主动的选择,更多是被动的"无奈"。毫无疑问的是,"为了生存而生存"的目的,容易使特殊儿童失去主动性。知识经济时代的到来,使得融合教育不得不肩负起历史的重任,不但要解决特殊儿童的生存问题,而且要着眼于特殊儿童的发展。因为"人的生命的要义在于不断发展自身"[③],也正如裴斯泰洛齐所说:"只有依赖于教育,人才成为人。""为人在世,可贵者在于发展,在于发展各人天赋的内在力量,使其经过锻炼,使人能尽其才,能在社会上达到他应有的地位。这就是教育的最终目的。"[④]

4. 素质发展和缺陷补偿并举

融合教育实践证明,特殊儿童的缺陷不但影响了他们素质发展的水平,而且限制了其素质发展的范围。例如,聋童的听力缺陷在很大程度上影响了其语言发展水平和思维发展水平,盲童的视力缺陷在很大程度上影响了其感知觉发展水平和思维发展水平,影响他们对知识的接受能力以及阻碍能力的发展,最终影响其素质的发展。一方面,纯粹的补偿教育往往存在缺啥补啥的现象,如针对听障学生,仅仅进行单一的口语训练,结果往往事倍功半,不尽如人意。另一方面,无视特殊儿童的缺陷,一味地进行潜能开发,往往收效甚微。因此,必须将缺陷补偿和素质发展相结合,一方面,要在特殊儿童现有的生理基础上尽量发展他们的各方面的素质;另一方面要利用现代化的科学技术尽可能地补

---

① 李术.论特殊儿童家长参与学校教育[D].华中师范大学,2004.
② 路亮.社区工作介入特殊儿童及其教育分析[D].西北大学,2014.
③ 葛新斌.人的发展平等:特殊教育的基本理念[J].中国特殊教育,1998,(2):27.
④ 张焕庭.西方资产阶级论著选[M].北京:人民教育出版社,1964:73,206.

偿特殊儿童的生理缺陷,为他们将来发展素质提供较好的生理基础。与此同时,必须克服"重生理补偿而轻心理补偿"的倾向。特殊儿童不仅具有普通儿童所具有的一般心理障碍,而且还具有因生理障碍而导致的特殊心理障碍。因此,必须对特殊儿童因生理障碍引发的心理缺陷和社会交往障碍进行矫正,提高他们的心理素质和社会适应能力,以便为他们以后更好地发展自身的素质提供良好的条件。反过来,特殊儿童素质的发展又对他们的生理、心理水平和社会适应能力提出了更高的要求,也强烈要求他们自身来补偿自身的缺陷。由此可见,缺陷补偿和素质发展是相互依存、相互促进的,不能简单地将二者割裂开来。

5. 既重视标准自身建构的质量,又重视标准到达过程的质量

如果不重视融合教育标准自身的建构,必然会误导教育教学过程,必然会导致人才的培养有缺陷。因此,为了培养高质量的人才,首要的问题就是设计好人才质量规格。

(三)建构融合教育质量标准的依据

融合教育质量标准的背后必定有其客观的和主观的制约因素。这些制约因素必然要成为我们制定融合教育质量标准的依据。它们主要包括教育方针、教育目的、社会发展水平、融合教育的现状、特殊儿童的身心特点等。

1. 教育方针

教育方针,是一个国家管理教育工作的根本指导思想,是整个教育工作的最高准则。教育方针规定了教育的目标及实现目标的根本途径或条件。[1] 因此,质量标准的制定必须依据教育方针,不能背离教育方针。总的来说,可概括为:要坚持教育为谁(工农、无产阶级政治、社会主义现代化建设)服务,实行教育与生产劳动相结合,使培养的人面向现代化、面向世界、面向未来;要坚持社会主义办学方向,面向全体学生,全面提高特殊儿童、少年的教育质量,使每个人得到最佳的发展。[2]

党的十一届三中全会以来,党和政府许多文件以及国家法律、法规多次提出保障特殊儿童少年受教育的权利,发展特殊教育。特别是 1986 年颁布实行的《中华人民共和国义务教育法》和 1988 年开始实施的《中国残疾人事业五年工作纲要(1988—1992)》,给特殊教育提出了明确的发展方向,即特殊教育也要首先完成普及义务教育的历史任务。[3] 近年来,党和国家为加快推进特殊教育的发展,为贯彻落实党的十八大和十九大精神,深入实施《国家中长期教育改革和发展规划纲要(2010—2020)》,大力提升特殊教育水平,切实保证残疾人受教育权利,特制订《特殊教育提升计划(2014—2016)》和《特殊教育提升计划(2017—2020)》,为帮助残疾人全面发展和更好地融入社会提供了有力保障。

---

[1] 孙绵涛.教育行政学(修订本)[M].武汉:华中师范大学出版社,1998:89.
[2] 朴永馨.我国盲、聋学校培养目标的特色[J].特殊教育研究,1994,(1):21.
[3] 朴永馨.特殊教育概论[M].北京:华夏出版社,1994:49.

2. 教育目的

教育目的是国家或社会对教育所要造就的人的质量规格所做的总体规划和要求,根据一定的经济、政治、文化、科学技术发展的要求和受教育者身心发展状况确定,反映了社会对于受教育者的要求,是教育的出发点和最终目标,也是确定教育内容,选择教育方法、检查和评价教育效果的根据。教育目的作为对教育所要造就的人的质量规格的设计,必然与融合教育质量标准有不可分割的联系。不同的教育目的造就的人才质量也就不一样,因为它涉及把儿童青少年培养成什么样的人的根本性问题。为此,有人认为"教育目的观实际上就是教育质量观"[①]。我国现阶段的教育目的是以马克思主义关于人的全面发展学说为基础,从我国社会发展实际出发,为提高全民族素质而制定的。它的主要精神是使受教育者在德智体美劳等方面都得到发展,成为有理想、有道德、有文化、有纪律的社会主义建设人才。其实质就是要求学生的素质得到全面发展,培养一代新人。

3. 社会发展的水平

自特殊教育在我国产生以来,我国社会政治、经济、文化发展的水平与特殊教育发展的水平不同,在制定具体目标时就有所不同。社会对残疾人的认识在不断发展,观念也在逐渐转变,在更全面、更客观地认识了残疾人发展的必要性和可能性之后,在具体要求上也有所发展和变化。但由于历史原因和生产力水平的限制,我国残疾人事业滞后于社会经济发展水平,残疾人受教育程度低;大多数残疾人没有得到必要的康复医疗;相当一部分有劳动能力的残疾人没有劳动就业,已经就业的还不够稳定、合理;社会上依然不同程度地存在着对残疾人的歧视和偏见;残疾人参与公共生活存在环境障碍;残疾人的生活状况落后于社会平均水平,存在大量亟待解决的问题。

由此可见,推行特殊儿童的融合教育是受各种社会条件所制约的,当前的政治、经济、文化条件是教育得以发展的基础,制定质量标准必须依据我国社会发展的水平。

4. 融合教育的现状

融合教育在我国是以随班就读形式出现的,因此我国的随班就读在一定程度上代表了融合教育。尽管我国融合教育的基础已经奠定,融合教育体系正在形成之中,但目前融合教育主要在义务教育阶段实施,学前教育融合与高等教育融合还处于起步阶段。在学前融合教育实施过程中,反映出如部分幼教工作者缺少对有特殊教育需要儿童的理解和接纳,以及实施学前融合教育的相关知识等问题[②]。在高等融合教育实施过程中,普遍存在政府的政策和资金支持力度不足,服务残障大学生学习与生活的教师的专业化水平不高等问题。此外,融合教育的对象更多停留在视觉障碍、听觉障碍、智力障碍等传统的三类特殊儿童上,特殊儿童入学率低于普通儿童的入学率,许多地区融合教育还处在初

---

① 陈佑清.教育目的论[M].武汉:湖北教育出版社,1994:5.
② 刘敏.我国学前融合教育的现状与分析[J].绥化学院学报,2013,(1):75-80.

创阶段,特殊儿童随班就读难问题十分突出。融合学校中特殊教育师资缺乏,经费、设施不足等办学条件问题也亟待解决。某省教育厅的某位官员说:"从全省范围来看,基本上没有专门的教学辅助设备。"一位教师更是抱怨道:"没有投入!压力全在老师身上,老师是万能的吗?根据相关政策老师应该有特殊教育津贴,但是没有。压力全在学校,我们学校条件不好,老师干工作完全靠良心。"[①]因此,在制定质量标准时,必须考虑到这一实际情况。

5. 特殊儿童的身心特点

特殊儿童首先是儿童,其次才是有特殊教育需要的儿童,无论在心理上还是生理上,特殊儿童和普通儿童都存在许多共性。如在心理方面,特殊儿童同样遵循由低级到高级、由简单到复杂的顺序;遗传、环境和教育在特殊儿童的心理发展上同样起重要作用。但同时特殊儿童与普通儿童的差异是客观存在的,主要表现在特殊儿童的身心缺陷明显多于普通儿童;特殊儿童个体间差异和个体内差异明显都明显大于普通儿童;特殊儿童的学习和生活适应能力明显低于普通儿童。因此,特殊儿童的发展是一般发展和特殊发展的有机结合,一般发展提供了一切发展的基础,没有这一基础,所有的发展都无法实现;同时,特殊儿童又需要开展相应的特殊训练。融合教育质量标准的提出需要紧密的结合特殊儿童身心发展的特点,必须根据特殊儿童接受融合教育的可行性、可能性和必要性做出一些具体的要求。

(四)融合教育质量标准建构的程序与方法

融合教育质量标准的建构,有较强的技术性,需要按照一定的程序和方法,进行技术处理,才能使标准的建构过程有条不紊,使标准的指标体系和具体内容达到较为理想的要求。质量标准建构的程序和方法,大体可分为以下几个方面。

1. 明确融合教育质量的内涵,统一对质量标准建构的价值认识

不同的质量标准体现着人们对融合教育的不同价值追求。因此,究竟用什么样的质量标准来指导融合教育过程,需要与从事融合教育的理论工作者和实践工作者进行探讨,对提出的构想进行必要的整理与分析,基本形成统一的方案,求得一致的价值认同。关于融合教育质量的内涵前文已作探讨,此处不再赘述。

2. 分解融合教育质量的要素,科学地提出质量标准的指标体系

融合教育质量是由"质""量"两大要素构成,这已在前文作过论述。在统一这一认识的基础上,有必要遵循质量标准建构的指导思想、指导原则、依据,逐层分解下去,逐渐提出质量标准的指标体系。具体方法是,将融合教育质量的两大要素作为一级指标依次分解出各个层次的因素,最后将各因素组合起来,就形成了一个融合教育质量标准体系(如图5-3实线部分)。

3. 运用逻辑分析,进行归类合并与筛选

在质量标准体系中的各级指标,有的能反映融合教育个体的本质,而有的则未必;有

---

① 邓猛.特殊教育管理者眼中的全纳教育:中国随班就读政策的执行研究[J].教育研究与实验,2004,(4):44.

的可能是主要因素,有的可能只是次要因素。各因素之间出现重复交叉、相互矛盾的现象难以避免。因此有必要通过逻辑分析,对各因素进行归类合并和筛选,以达到"少而精"的要求。例如,在质量标准体系中,二级指标"素质发展"原来包括身体素质、心理素质、政治素质、思想素质、道德素质、科学文化素质、活动素质,后来由于考虑到身体素质与心理素质的统一性以及指标体系的简明性,正如捷克教育家夸美纽斯提出的"人是身体方面与心理方面的一种和谐,教育的目的在于培养身心和谐发展的人"①,故将它们概括为身心素质。同样考虑到政治素质、思想素质和道德素质之间的内在联系以及指标体系的简明性,故将其概括为思想品德素质。经过修改后的指标体系即为图5-3,一级指标包括2项,二级指标包括3项,三级指标包括12项。

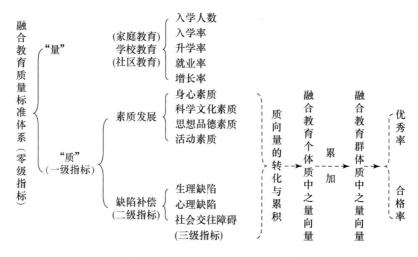

图 5-3 融合教育质量标准体系图

4. 进行理论论证和专家评判

确定了质量标准的指标体系后,还须有关专家利用教育学、心理学和系统科学的相关理论和方法进行理论论证。这在个别访谈中取得了较好的评价。

二、融合教育质量标准体系的分解

从对质量标准的建构中可以看出,质量标准体系主要包括的指标仍很笼统,有些难以在实践中操作。现根据体系中的两个一级指标将质量标准体系进行科学分解。

(一)"量"的分解

融合教育质量标准体系中"量"的分解主要从学校教育质量标准中"量"所包含的入学人数、入学率、升学率、就业率、增长率等五个指标来进行分解(见表5-4)。

---

① 藏乐源.教师学[M].天津:天津人民出版社,1987:194.

表 5-4 融合教育质量标准体系中"量"的分解表

二级指标	三级指标	四级指标	五级指标	数值	增长率
学校教育	特殊儿童入学人数	教育阶段	学前教育		
			初等教育		
			中等教育		
			高等教育		
		教育类型	视觉障碍		
			听觉障碍		
			智力障碍		
			其他残疾		
		教育安置形式	特殊班与普通班分担		
			特殊班		
			普通班		
	特殊儿童入学率	教育阶段	学前教育		
			初等教育		
			中等教育		
			高等教育		
		教育类型	视觉障碍		
			听觉障碍		
			智力障碍		
			其他残疾		
		教育安置形式	特殊班与普通班分担		
			特殊班		
			普通班		
	特殊儿童升学率	教育阶段	学前教育		
			初等教育		
			中等教育		
			高等教育		
		教育类型	视觉障碍		
			听觉障碍		
			智力障碍		
			其他残疾		
		教育安置形式	特殊班与普通班分担		
			特殊班		
			普通班		
	特殊儿童就业率	教育阶段	学前教育		
			初等教育		
			中等教育		
			高等教育		
		教育类型	视觉障碍		
			听觉障碍		
			智力障碍		
			其他残疾		
		教育安置形式	特殊班与普通班分担		
			特殊班		
			普通班		

(二)"质"的分解与量化

"质"的分解主要从二级指标中的两个因素来展开,具体来说,可以分解为"素质发展"部分指标体系表(见表5-5)、"缺陷补偿"部分指标体系表(见表5-6)。这两个体系表适用于融合教育中的学校教育、家庭教育、社区教育。此外,为了便于质量标准中"质"的部分在实践中运用,有必要将其进行初步量化,如图5-3"融合教育质量标准体系图"虚线部分。

表5-5 "素质发展"部分指标体系表

二级指标	三级指标	等级程度(分)					权数
		优等(90～100)	良好(80～89)	中等(70～79)	一般(60～69)	差等(0～59)	
素质发展	身心素质						
	思想品德素质						
	科学文化素质						
	活动素质						

表5-6 "缺陷补偿"部分指标体系表

二级指标	三级指标	等级程度(分)					权数
		优等(90～100)	良好(80～89)	中等(70～79)	一般(60～69)	差等(0～59)	
缺陷补偿	生理缺陷						
	心理缺陷						
	社会交往障碍						

三、融合教育质量标准的阐释

融合教育质量标准体系包括两个方面的内容:一是以"量"为标准的质量标准体系,二是以"质"为标准的质量标准体系。

(一)"量"部分质量标准体系的阐释

以"量"为标准的质量标准体系,主要从学校教育来予以分解。其主要包括融合学校教育入学人数、入学率、升学率、就业率以及以上因素的增长率等。

融合学校教育中"量"部分的指标体系之所以用入学人数、入学率、升学率、就业率等来表示,是因为:从特殊儿童少年的入学人数和入学率中可以看出不同地区、不同学校实施融合教育的基本情况,从特殊儿童少年的升学率中可以看出不同地区、各级普通学校培养出的特殊儿童少年的质量规格水平,从特殊儿童少年的就业率中可以看出不同地区、不同学校(特别是职业技术学校)对残疾人就业的重视程度,根据以上因素的增长率可以看出各地区是否在保证每年融合教育在原有基础上的发展水平、速度、规模。

入学率是指特殊儿童少年人口在普通学校的学生数占特殊儿童少年人口总数的百

分比。升学率是指升入高一级学校残疾学生的人数占此年度残疾学生毕业生总人数的百分比。就业率是指通过在校学习、培训后被用人单位聘用的残疾学生的人数占此年度要求就业总人数的百分比。

(二)"质"部分质量标准体系的阐释

以"质"为标准的质量标准之所以包括特殊儿童少年的身心素质、科学文化素质、思想品德素质、活动素质等方面全面发展,以及补偿生理、心理缺陷和社会交往障碍的程度,是因为:素质的全面发展是我国现阶段素质教育的要求,这与我国教育目的和融合教育培养目标的基本精神具有根本的一致性,而缺陷补偿则是根据特殊儿童少年自身的身心特点以及融合教育培养目标的要求而提出的。

素质发展主要是指融合教育个体的身心素质、科学文化素质、思想品德素质、活动素质等方面的全面发展。缺陷补偿主要是指在机体失去某种器官或某种机能受到损害时的一种适应,是一种与正常发展过程不全相同的有特殊性的发展过程。在这种有特殊性的适应和发展过程中被损害的机能可以不同程度地得到恢复、弥补、改善或替代。一般来说,特殊儿童少年不同程度地存在着三种缺陷,即生理缺陷、心理缺陷、社会交往障碍。这不但是残疾人不同于普通人之处,而且是融合教育中包含的特殊儿童少年的特殊教育不同于普通儿童少年的普通教育之处。

以"质"为标准的质量标准必须在分解的基础上对"质"的下属因素分别予以量化,并按权数的多少分别乘以各自因素的数值,然后进行累加,形成综合数值,以此来评价融合教育个体。在此基础上根据综合数值情况来判断分别达到合格率和优秀率的人数,并以此来评价不同学校、不同地区学生素质的总体情况(见图5-3"融合教育质量标准体系图"虚线部分)。那么对于"质"是否能予以量化,这里有必要简要说明。

美国心理学家桑代克(Thorndike)于1918年提出一条重要原则:"凡物之存在必有其数量。"世界上任何现象,只要有质的存在,就总有量的表示。根据辩证唯物主义的观点,客观事物的质和量是辩证统一的,质总是具有一定量的质,量总是具有一定质的量,没有一定质和一定量的事物是不存在的。正如毛泽东同志所指出的:"任何质量都表现为一定的数量,没有数量就没有质量。"[1]由此可见,"质"向"量"的转化是可能的,而且只有将数值引入"质"的体系,才能使质量标准体系更好地在实践中运用。正如马克思所说,任何一门学科"只有利用了数学的时候,它才达到了完善的程度"[2]。

1. "素质发展"部分指标体系的阐释

素质发展是指特殊教育个体身心素质、科学文化素质、思想品德素质、活动素质等等方面的全面发展。其中,身心素质是指融合教育个体身心发展的水平和比较稳定的身心特性,它可以分解为身体素质和心理素质两个方面。身体素质是在先天素质和后天获得的基础上所表现出来的功能和相对稳定的特性。身体素质可以进一步分解为体格、体

---

[1] 宋龄梅.教育测量学[M].武汉:华中师范大学出版社,1991:4.
[2] 拉法格.回忆马克思[M].北京:人民出版社,1959:6.

能、适应能力，反映体格发展水平与质量的是身体的生长发育是否正常，体形是否健美，体姿是否端正；反映体能的是力量、速度、灵敏、耐力、柔韧等方面的质量与发展水平以及运动器官的活动能力；所谓身体适应能力是指对外界的适应能力，如对疾病的抗御能力。心理素质是指具有良好的心理品质和健全的个性，可以分解为心理过程和个性心理特征。心理过程以不同的形式（认识、情感、意志）能动地反映着客观世界的事物及其关系，可以进一步分解为认知、情感、意志；个性心理特征是指学生在学习、工作、生活过程中形成的稳定而经常出现的心理特性，可以进一步分解为能力、气质、性格。科学文化素质是指融合教育个体所具备的科学知识结构及程度，可分解为基础知识素质、工具知识素质、专业知识素质。基础知识素质是指融合教育个体所具备的人文、自然、社会等方面工具性的知识素质；工具知识素质是指融合教育个体所具备的文字、数学、计算机等方面工具性的知识素质；专业知识素质是指融合教育个体所具备的专业技术、技能、能力等方面的知识素质。思想品德素质是指融合教育个体所具备的政治立场、观点和态度，以及基本的思想意识、初步的道德品质及道德能力，可以分解为政治素质、思想素质、道德素质。活动素质是指融合教育个体在日常的学习、工作、生活中集中体现出来的各种素质的综合。例如，融合教育个体在工作过程中所表现出来的就有身体素质中的体能与体格，心理素质中的认知、情感、意志等方面的素质，科学文化素质中的语言表达能力、组织能力等方面的素质，以及思想品德素质中的政治立场、观念、态度、思想、道德方面的素质。活动素质可以根据不同的标准来划分。根据学科的类型来划分，可分为语文活动素质、数学活动素质等；根据活动的地点来划分，可分为课堂内活动素质与课堂外活动素质。

素质发展部分指标体系中的指标可以根据一定的程序和方法一直地分解下去，原因在于特殊儿童少年的教育类型、所处的教育阶段、教育安置形式不同，对特殊儿童少年素质发展的要求也不同，故很难予以统一化、模式化的分解，这里只提供思路和方案供在不同融合教育领域工作的同仁根据实际情况予以分解。值得强调的是，分解后的子指标体系必须根据素质发展部分指标体系分解的基本精神，来通过数值和权数相乘的方法予以必要的处理。

2. "缺陷补偿"部分指标体系的阐释

缺陷补偿（handicap compensation）是指：通过各种途径替代、改善或恢复受损伤的器官和组织的功能。在融合教育中，特殊儿童少年的缺陷补偿处于非常重要的地位，因为缺陷补偿的程度在很大程度上决定了特殊儿童少年的发展程度。实际上，"素质发展"部分指标体系中的四个指标基本上包括了"缺陷补偿"部分指标体系的三个指标，身心素质包括了生理缺陷与心理缺陷，活动素质基本上包括了社会交往障碍。"融合教育质量标准体系图"特别将"缺陷补偿"单列出来，是基于对特殊儿童少年特点以及缺陷补偿对特殊儿童少年生存和发展重要性的考虑。这也是融合教育质量标准体系与普通教育质量标准体系的不同之处。

特殊儿童少年不但需要缺陷补偿，而且缺陷补偿对于他们也是可能的。首先，人的机体是一个完整的统一体，各种器官和组织的功能互相联系，并协调发挥作用。机体的某一部分发生损伤,整个机体的功能将重新组合,健全器官将在一定程度上代偿受损伤器官的功能。代偿是机体受损伤后产生的一种生理现象。补偿缺陷既需要依靠代偿这种生理现象,又需要通过创造某些外部条件,帮助代替、改善或恢复受损器官和组织的功能。特别是特殊儿童少年的身体器官、骨骼、神经系统还处于发育之中,其身体的柔韧性、器官机能、大脑神经系统的可塑性很大。他们的机体发生缺陷之后,只要尽早进行训练,往往都会产生较好的补偿效果。例如,训练学语前听障儿童的看话能力,日后他们可以通过观察口型变化去理解他人讲话的内容。其次,特殊儿童少年及其家庭战胜伤残的思想也为缺陷补偿提供了思想上的保证。第三,社会为特殊儿童少年的缺陷补偿提供了一个良好的环境。我国《宪法》和《中华人民共和国残疾人保障法》中,明确规定特殊儿童少年受国家的保护,全社会有理解、尊重、关心、帮助残疾人,支持残疾人事业的责任。这就给广大的特殊儿童少年提供了一个补偿缺陷、全面发展的良好社会环境。第四,现代科学技术的发展,给特殊儿童少年的全面康复提供了越来越多的可能性。当今国内外科技工作者凭借生物学、电子学、机械学等各门学科提供的技术,创造出多种类型的康复器械,改善和恢复残疾人受损器官的功能。助听器、人工耳蜗使很多聋童听到了声音;助视器使低视力儿童可以阅读一般文字印刷的课本;电子助行器使盲童行走变得自如。然而,尽管诸多事实证明,对特殊儿童少年进行缺陷补偿是可能的,但这些条件要真正有效地对特殊儿童少年的缺陷补偿起作用,关键在于教育。特殊儿童少年自身的生理基础、优越的社会条件和现代化的康复器材,为他们的缺陷补偿提供了可能性。要使缺陷补偿的可能变为现实,唯有通过教育,使特殊儿童少年将缺陷补偿的知识、技能和康复器材的使用方法应用于日常生活、学习、工作实践中,依靠自身的力量来实现缺陷补偿的目标,并最终使缺陷补偿为自己的素质发展服务。

缺陷补偿所包含的因素的分解和量化处理与"素质发展"的处理方法一致。但这里要特别强调的是必须将缺陷补偿中的生理缺陷、心理缺陷、社会交往障碍根据不同个体的实际情况(残疾类型、教育阶段、安置形式)来理解,否则对融合教育质量的提高作用不大。例如,生理缺陷对于盲童来说就是视觉器官以及相关功能缺陷,对于聋童来说就是听觉缺陷以及相关功能的缺陷。心理缺陷和社会交往障碍的理解也应如此。

(三)质量指标建构的补充阐释

首先,融合教育质量标准体系应针对所有的学生(包括普通儿童少年与特殊儿童少年),因为每个学生相对于其他学生都是特殊的个体。普通儿童少年的评价标准体系适合于"量"的评价标准体系和"质"的评价标准体系中"素质发展"部分;特殊儿童少年的评价标准体系适合于所有的内容。

其次,建构出的融合教育质量标准只是一个总体的框架,它必须根据实际情况的需要来予以区别对待。原因在于融合教育中特殊儿童少年非正态分布的差异性决定了不可能建构出对每一个个体、每一所学校适用的具体标准体系,只能是一个总体的框架。德国教育家第斯多惠曾提出过"教育目的框架内容包括真善美三个方面,而没有明确其具体内容,原因在于没有绝对不变的真理,一个普通的教育原理不应当包括各个时代的具体内容,而只能规定一个总的目标(主动性为真善美服务)"①。融合教育质量标准更是如此。

第三,"量"部分指标体系具有较普遍的适用性,"质"部分指标体系需要各地、各校根据具体情况来予以重新分解与量化,以便更适合本地区、本校的实际情况。"质"部分向"量"的转化是为了便于更好地评价个体,"质"转化后"量"的累积是为了摆脱仅仅依靠用"量"的标准来评价一个地区、一所融合学校融合教育工作的不良局面,而是通过"质"的提取浓缩成"量"后的合格率、优秀率等来衡量不同地区、不同学校"质"的水平。

第四,质量标准中涉及权数的处理部分需要根据不同的权数处理方法来进行,而不能凭个人的主观经验和判断来进行。

第五,质量标准中四级指标需要再进行分解的,不但需要根据各地区、各部门、各类型等实际情况来分解,而且需要依据一定的方法与程序来予以分解。

第六,由于家庭教育主要是家庭针对特殊儿童少年进行的个别教育,涉及"量"的标准不多,故应采用融合教育质量标准体系中"质"部分指标体系来衡量家庭教育质量;由于社区教育主要是社区针对特殊儿童少年的障碍进行缺陷补偿、康复,故应采用质量标准体系"质"部分中的缺陷补偿部分指标体系来衡量。

第4节 融合教育质量的保障条件

建构出融合教育质量标准,其根本目的在于提高融合教育质量,使各级学校、各个地区切实重视融合教育工作,但仅仅只有一个质量标准体系是不够的。这还需要各级政府领导部门站在理论的高度和实践的前沿来贯彻质量标准的基本精神,制定出一些政策以保障融合教育质量标准得以实施,主要包括建立健全的融合教育体制,加大融合教育经费的投入,提高融合教育教师的素质,制定配套的融合教育评估措施等。

一、建立健全的融合教育体制

融合教育体制包括融合学校教育体制、融合教育管理体制,其中融合教育管理体制包括融合教育行政体制与融合学校管理体制。就融合学校教育体制来说,从层次上来看,要形成从学前教育到高等教育的融合教育体系;从类型上来看,要建立各种类型的融合学校,如不但有普通教育融合学校,而且有职业教育融合学校。所有这些都需要相应的规范来予以保证。就融合教育管理体制来说,首先应健全和完善融合教育行政体制,处理好政府办学与私人办学的关系、教育行政部门中融合教育管理机构与融合学校的关系、教育行政部门中融合教育管理机构之间的关系等等。其次在融合学校管理体制上,应建立健全的决策机构、执行机构、咨询机构、监督反馈机构等,并制定出相应的规范,从而从根本上理顺融合学校内部的各种关系。

---

① 第斯多惠.德国教师培养指南[M].北京:人民教育出版社,1990,22.

二、健全法律法规,加大融合教育经费投入

多国经验表明,国家和政府制定相关特殊教育政策法规对于维护受教育者的权利,尤其是弱势群体的权利至关重要。政策法规可以使人们进一步认识到融合教育的意义、任务和途径,为融合教育的实施提供必要的人力资源和物质资源,从宏观的角度提供支持。因此,健全法律法规,是实施融合教育的必要条件。[①] 此外,为了保证融合教育质量,国家应加大对融合教育的经费投入,为融合教育提供强大的经济后盾。目前,国家应鼓励融合学校通过多渠道筹措办学经费,不但要增加国家的财政拨款,而且要发动各种社会力量投资兴教。然后根据一定的原则来合理分配和使用筹措到的教育经费,提高经费的利用率,达到资源的最优组合,从而为融合学校教育质量的提高创造条件。

三、提高融合教育教师的素质

教师的素质对于融合教育质量的提高具有举足轻重的作用。从培养角度出发,融合教育对于未来教师的专业素质、能力和工作态度都提出了更高的要求。融合教育教师是一群特殊的教师群体。他们所面对的学生群体不仅包括智力、行为、情绪等处于正常范围内的普通儿童,还包括被评估量表鉴定为异常的特殊儿童。这意味着,融合教育教师不仅要关注到普通儿童的健康成长,同时还要关注到特殊儿童的健康成长;不仅要具备普通教育的知识体系,同时还要具备特殊教育的知识体系;不仅要关注到全班儿童的知识性学习,还要关注到如何建立起一种关系和品质来容纳特殊儿童,使之成为班级的不可或缺的一分子。[②] 此外,从事融合教育的教师应该有较高的敬业精神,关心儿童的成长,熟悉相关教育政策,有较高的专业水平,能运用自己的专业知识和技能从事儿童的训练、咨询和教学。[③] 为了保证从事融合教育的教师的素质,需要加强对教师的职前与职后培训,以及学历培训和非学历培训,以使教师树立科学的融合教育观念,在融合教育教学实践中通过反思、研究、学习、创新来提高自身的特殊教育教学实践能力,促进包括特殊儿童少年在内的所有学生的全面发展。但融合教育在对教师素质提出更高要求时,需要将对教师严格要求与给予优厚待遇结合起来,只有这样才会吸引高素质的教师来从事融合教育工作。具体来说,就是要通过制定相应的融合教育教师政策,保证各级各类融合学校能高要求地引进教师、高效地使用教师、辞退不合要求的教师。要达到这种状态不但需要教师具有崇高的精神境界,而且还需要对教师施以优厚的待遇,从而形成良性循环,保证融合教育质量的提高。

四、制定配套的融合教育评估措施

制定配套的融合教育评估措施,是为了督促不同地区、不同学校认真贯彻提高融合

[①] 方俊明.融合教育与教师教育[J].华东师范大学学报(教育科学版),2006,(3):37-42.
[②] 雷江华,彭兴蓬.教育关怀:融合教育教师的核心品质[J].教师教育研究,2015,(1):17-22.
[③] 方俊明.融合教育与教师教育[J].华东师范大学学报(教育科学版),2006,03:37-42.

教育质量的基本精神,将这种要求落实到平时的具体工作中去。值得指出的是,制定出的评估措施要与融合教育质量标准的要求相一致。例如,国家对某一地区制定出了类别性、阶段性、地区性的入学率标准,在衡量这一地区的融合教育工作时,就应该用这种标准来予以评估,而不能另设标准。在"质"的标准方面,通过量化后,不同地区的学生在接受一定的教育后,应有多少达到合格的要求,多少达到优秀的要求,应予以说明,并做出要求。正如《中国教育改革和发展纲要》所指出的:"建立各级各类的质量标准和评估指标体系。各地教育部门要把检查评估学校教育质量作为一项经常性的任务。要加强督导队伍,完善督导制度,加强对中小学学校工作和教育质量的检查和指导。"

总之,提高融合教育质量需要条件支持,除了上述四个主要条件以外,还需要人们不断更新观念,提高认识;需要家长的积极参与与社会各界的大力支持等。

本章小结

追求教育公平是融合教育的基本理念,提高教育质量是融合教育工作的基本目标。因此,对一所追求教育公平的融合学校来说,质量就是生命,质量就是声誉和形象,质量问题是融合教育的根本问题。如何科学地理解教育质量的内涵以及在此基础上明晰融合教育质量体系之设计,直接关系到学校融合教育成败的关键。融合教育质量体系必须抓住一个核心——关注所有学生的发展,两个要素——既要重视"数量标准"又要重视"素质标准",三个环节——关注融合教育投入、过程、结果等全程的质量,四个层次——质高量高、质高量低、质低量高、质低量低等由高到低的四个层级。根据融合教育体系设计的基本思路,提出质量体系包括"质"和"量"两个子体系,进而对它们进行了必要的分解,建构了科学的体系图表,其中对"质"的质量标准体系提出了量化的思路与方案,最后分析了提高融合教育质量的保障条件:建立健全的融合教育体制、加大融合教育的经费投入、提高融合教育教师素质、制定配套的融合教育评估措施。

思考与练习

1. 如何构建融合教育的质量体系?
2. 融合教育质量标准包括哪些指标?如何进行具体的设计?
3. 融合教育质量的提升需要哪些措施保障?

第6章 融合教育的评价

融合教育的实践效果与质量如何,需要通过评价才能知晓。因此,融合教育在实践中为了确保质量就必须进行科学的评价。通过融合教育评价,我们才能知道各个地区融合教育的推进程度,才能知道儿童是否得到了适合自己的特殊需要,才能知道儿童的发展到了什么水平。融合教育评价类型多样,从融合教育评价的目的和在评估过程中所起的主要作用来看,融合教育评价大体可分为三大类,即筛查性评价、诊断性评价和课程性评价;按照评价时所参照的标准不同,可将融合教育评价分为常模参照评价和标准参照评价两类。融合教育评价不但有利于规范融合教育工作开展,而且有利于提高融合教育管理水平,更有利于以后进行科学的决策。融合教育评价的基本目的是为了获得促进有效决策的信息。在融合教育系统中,评价常常被用来帮助教师、行政人员、心理学家、教育学家、父母和学生达成五种决定:① 筛查;② 分类和安置;③ 学生发展;④ 提供教学计划;⑤ 衡量计划的有效性。其中每一次决定都需要搜集有关学生背景、兴趣、能力的数据资料以及家庭、学校环境条件与期望得到的支持的资料。这些数据资料的搜集以及整理分析是为了更好地进行决策,即如何完善筛查的过程并及时解决其中出现的问题,如分类的科学性以及安置的合理性,学生在学术发展与社会技能发展上的变化,教学计划如何满足学生的发展需要,计划是否有效等。为了保证融合教育评价目的的实现,在融合教育评价过程中必须明确融合教育评价的基本思路、方法、内容与程序。

第1节 融合教育评价的思路

融合教育评价是评价主体依据一定的目的和标准,采取科学的态度和方法,对评价客体进行的价值判断。其目的是为了不断改善融合学校教育活动,最大限度地提高其教育质量,保证融合教育目标的完成,从而指导融合教育实践。然而,在融合教育评价活动过程中,因各种主客观因素的影响,融合教育评价未能达到预期的效果,有时甚至会导致融合教育工作中矛盾、问题不断出现。例如,我国有些融合学校在片面追求升学率之风的影响下并没有将有特殊教育需要的学生纳入评估的体系,导致有特殊教育需要的学生随班"混"读,在融合学校未能得到应有的发展。深圳元平特殊教育学校的郭俊峰老师在《谈谈推广聋儿随班就读的条件》一文中谈到一名学生从普通学校六年级转到深圳元平特殊教育学校,按照常规,学校对他进行了测试,先测试了学校六年级的试卷,数学14分,语文8分;又测试了五年级的试卷,数学34分,语文28分;再测试四年级的试卷,数学68分,语文57分。后来他和学生的妈妈进行了交流,才知道这位学生的听力损失大约

100分贝,配戴助听器的效果一般,没有经过语言训练。进入普通学校后,一直不计算考试成绩,学校老师也没有时间管他,基本上是以玩为主。① 因此,要使融合教育评价有效达成,应做到如下几点。

一、评价观念现代化

观念是行动的先导,融合教育评价有效达成的关键是评价观念的转变,即要以现代的评价观为导向,去建立完整的融合教育评价体系,②健全融合教育评价制度,规范融合教育评价行为,使融合教育评价推动当前融合教育改革向纵深方向发展,实现评价目的观从"选拔适合于教育的儿童"转变为"创造适合于儿童发展的教育",评价系统观由"封闭"转变为"开放",评价功能观从强调选拔功能转向强调教育功能和发展功能。

教育评价只是促进教育发展与人的发展的工具,而不是目的,融合教育评价要以促进一个地区融合教育的发展、一所学校融合教育质量的提高、融合教育教师素质的提升、所有学生发展(包括有特殊需要的学生的发展)为目的,其中最为核心的是所有学生的发展,因为促进人的全面发展是教育的本职使命和根本价值。

二、评价主体专家化

融合教育评价主体是指能根据评价结果,为达到改善融合教育活动及其成果的目的而采取措施的人。融合教育评价主体的专家化,就是要求评价主体由懂得融合教育规律和评价规律,明确融合教育目标的不同专家来担任,组成评价小组,小组成员包括心理学专家、教育学专家、医学专家、特殊教育专家、特殊教育行政管理者、教师、家长等。在缺少相关资源的地区,还需要说服一些专家用弹性、灵活的工作方式,弥补其他专家资源的不足。尤其需要安排一些专业教师担当其心理测量的评估工作,甚至还需要他们把整套评估过程充实到一般学校教师的实际需求当中去。③ 只有这样,融合教育评价活动才能根据不同学生的身心发展规律及其个性特点而做出恰如其分的评价,从而促进所有学生的全面发展,有效地推进融合教育工作的改进,使融合教育评价能够有效达成。在美国,为了实施非歧视性评估,政府通过立法的形式要求融合教育的评估必须由专业小组实施,小组中至少要包括一名特殊教育教师或其他熟悉学生障碍领域的专家。此外,因融合教育评价涉及的领域包括身体健康、心理健康、行为特征、智力情况、行动能力、语言、学业表现等,而不能仅评估其特定的障碍领域,故有必要组建有不同学科背景的专家小组进行评价。

评价主体专家化的益处在于,专家在进行评价时能够最大限度地以理论为依据,以事实为基础,避免带着成见或偏见去实施评价,从而得出真实客观的评价结果。

---

① 郭俊峰.谈谈推广聋儿随班就读的条件[D].2-3。
② 融合教育评价标准体系可以参照第5章第3节"融合教育质量的标准"来相应地建立,这里不再赘述。
③ 陈云英,杨希洁,赫尔实,译.联合国教科文组织.全纳教育共享手册[M].北京:华夏出版社,2004:56.

三、评价目的过程化

明确融合教育评价目的是做好融合教育评价工作的基本前提。融合教育评价目的能对其评价活动起引导作用，不同的评价目的必然导致评价活动有不同的进程，以升学率为唯一目的的教育评价必然把融合学校教育引向重"优等生"等优势群体，轻"差生"等劣势群体的道路。相反，以全面发展为评价目的的教育评价必然把融合教育引向重视有特殊需要学生在内的所有学生的全面发展的方向。这就要求我们把融合教育评价的目的贯穿于评价过程中去，把教育评价目的分解为若干评价目标，再把评价目标分解为若干细目，使评价目的具有可操作性，实现教育评价目的过程化，从而重视形成性评价。过去，由于终结性评价所占的比重过大，所以很容易给教育内外造成评价是筛选工具，或者评价是与教育风马牛不相及的管理业务的印象。因此，融合教育评价主体必须在明确各学年、学期、单元、课时的主要目标体系的基础上，实施在学年、学期、单元、课时水平上的各种评价，并根据评价结果修正各阶段的目标和指导计划（特别是为特殊儿童制订的个别化教育计划），或对其进行必要的指导。

四、评价方法科学化

科学有效的评价方法是正确实施融合教育评价的根本保证。如何使评价方法科学化，这是许多学者和教育专家正努力探讨的问题。当前分歧比较大的一个问题就是量化问题。有人认为，量化的程度越高，就越科学，在学生成绩测评上表现出重视量化、强调分数、忽略评语等现象。例如，对学生思想品德的评价，有人主张用记分的办法，有人主张用评语的办法，究竟怎样评价好，有待于进一步探讨。融合教育评价的对象范围很广泛，其评价项目也很复杂，尤其是作为对象的人（所有学生）是动态多变的，用记分的方法很难准确衡量一个人的思想品德水平。因此，能否量化，以及如何量化应从评价对象的实际出发，决不能违背融合教育评价规律。有的项目可以量化，如学力评价、体育达标评价等；有的项目就不宜量化，如思想品德评价、学习兴趣评价等。总之，能量化的应尽可能量化，不能量化的决不要硬去量化，基于哲学和逻辑分析，基于评价者丰富经验和敏锐直觉的定性评价，有时也会相当准确。

融合教育评价方法的科学化要求我们尽可能地把定性分析与定量分析结合起来，而不是厚此薄彼，顾此失彼。"量"和"质"是一个事物的两个方面，既没有离开"量"的"质"，也没有离开"质"的"量"。所以不应认为只有定量分析得出的结果才是科学的，并刻意去追求量化，而应把定性分析和定量分析结合起来。例如，评价融合班级课堂教师的教学工作，首先要分析教师教学工作的内涵，根据教师教学工作的内涵，才能确定出教师教学工作的"量标"和"质标"，有了"量标"与"质标"才可以衡量一个教师教学工作的优劣。这个优劣，仍是性质问题。

五、评价标准客观化

在现实的融合教育评价活动中往往渗透着主观主义色彩。这不仅表现在评价过程中,而且表现在对评价结果的利用上;不仅表现在以各种形式对融合教育活动所做的决定里,还表现在评价主体与评价客体的人际关系之中,等等。造成这种主观性的一个重要原因是评价主体的评价观点和评价标准不同。往往评价主体对某方面重视与否,就会评价其为优或劣,由此所产生的个人差异是很大的。因此,进行融合教育评价具体操作之前,必须制定客观的标准,以便给评价过程提供理论指导和科学依据。在制定教育评价标准时,应明确其应包含的各因素在评价目标中的地位和作用,剔除次要的非本质的指标,把那些重要的反映评价客体本质的指标筛选出来,建立完整的整合评价标准,做到评价指标的最优化。与此同时,要保证融合教育评价标准客观化,还应考虑评价客体的不同情况,做到统一性与灵活性相结合。因此,在评价指标的内容要求上应有一定的灵活性,但这种灵活性并不是一味地向低层次迁就,而应有一定的基本标准,使评价客体通过努力可以达到此目标,从而提高评价客体的积极性。

六、评价材料效用化

融合教育评价主体在进行评价时,很多情况下依靠的是书面材料,而书面材料往往夹杂着撰写者个人的主观因素、情感因素,与实际情况存在一定的差距。因此,融合教育评价主体必须广泛地搜集材料,并能识别材料的可靠性与真实性程度,对材料进行仔细研究,尽可能全面地了解评价客体。如对一所融合学校的评价,不能只看学校上报的材料或几个教师的意见,而应搜集上下左右各方面的意见,才能全面地了解情况,做到客观、公正,并在此基础上进行科学的分析和归纳,做出恰当的评价,实现融合教育评价材料的效用化。此外,融合教育评价主体在利用评价材料时,要尽量排除个人的主观因素和已有观念的影响,保证评价材料不被歪曲,做出公正、合理的评价。

七、评价结果反馈化

在现实的融合教育评价过程中,有些地区及学校有时是为了评价而评价,仅对评价客体做出某种资格证明,把评价结果的获得当作融合教育评价过程的结束。例如《楚天都市报》曾撰文报道,武汉某区某学校将一未通过智力测验的学生判定为"弱智",家长毫不知情,直到孩子参加中考时才知道此事。此外,有些地区通过鉴定,对某一融合学校的办学能力加以否定之后,就将它束之高阁,置之不理,而不通过评价来揭示存在的问题,反馈有关信息给评价客体,进而核对评价结果的真实性与有效性。毕竟,融合教育评价往往是根据一组具有共同特征的评价客体普遍适用的标准去评价某一特定的客体,如某一个特定的个人、学校和教育方案,但是不同客体所处的环境不同、条件不同等,因此,由着眼于评价客体共性方面获得的评价结论究竟能说明什么问题,还需要在进行全面的分析和综合之后,才能下断语。要做到这一点,必须对评价结果进行及时反馈,与实际情况进行对比分析,从而确认评价结果的真实性和有效性。如果评价结果与实际情况吻合度高,则真实性强,但我们在此基础上应肯定成绩,找出问题,采取措施,改善工作,使所有学生身心得到更好更全面的发展,使教师素质和业务能力逐渐提高,使融合学校的教育质量、教学水平得到更大限度地提高。如果评价结果与实际情况吻合度低,则应寻找造成评价结果出现偏差的原因,对既定的评价活动作必要的评价,从而改进以后的评价工作,完善和规范评价过程,重新对评价客体进行评价,减少偏差,最终达到评价的目的。

总的来说,融合教育评价应是多学科的、综合的评定;应该得到专家的指导;应该是无歧视性的;评估工具必须排除文化和语言的偏见;应在考虑学生潜在障碍的基础上进行学业成就等评价;应在评估期间维护学生及其父母的权利。

第2节 融合教育评价的方法

融合教育评价方法是指搜集、整理、分析评价资料的手段和技术。融合教育评价的方法主要包括档案袋评定法、测验法、访谈法、记录评估法、工作样本分析法、问卷法、观察法等。

一、档案袋评定法

档案袋评定,是指搜集学生在学习过程中有代表性的作品和典型的表现记录,以学生的现实表现作为判断他们学习质量的依据的评价方法。它要求从多种渠道搜集资料,旨在提供有关学生学习实际水平的各种材料,重视学生发展的过程,能从多个维度来判断每个学生的优点和发展可能性,为描绘每个学生学习情况的剖面图和发展过程提供了真实而详细的资料。

档案袋评定要取得以下的成效:① 提供评价和管理学生个体发展的标准;② 提供评价计划和有效课程的标准;③ 提供分级标准;④ 测量学生的强项和弱项;⑤ 诊断学生的教学需要;⑥ 改进课堂教学计划和提高教学效果;⑦ 测量学生在第二种语言上的发展;⑧ 在学校和课堂中促进反省实践;⑨ 鼓励学生提高效能;⑩ 支持学生参与评估过程;⑪ 促进学生在自我评估策略上的发展;⑫ 激发学生控制和提高成绩;⑬ 促进学生聚焦于个人的成长和发展,而不是与同伴比较;⑭ 对学生、家长和其他人提供学习过程的清晰交流;⑮ 根据学生差异进行适当调整;⑯ 鼓励搜集工作样本;⑰ 在非正规场合提供多维评估;⑱ 阐明课堂学习经验的领域;⑲ 允许学生证明其技能掌握的范围;⑳ 鼓励教师、家长和学生之间的对话、反省与合作。[①]

二、测验法

测验法是指通过编制一定的等级量表和标准的试题,用以测定评价对象发展水平的方法。测验法使用最为广泛的是智力测验和社会适应行为测验。智力测验主要用于评测儿童智力发展的水平,经常使用的评测工具主要有比奈智力测验、韦克斯勒智力测验等;社会适应行为测验主要用于了解和评定儿童的社会适应能力,经常使用的评测工具有湖南医学院龚耀先等同志编制的《成人智残评定量表》、《婴儿—初中学生社会生活能力量表》以及《儿童智力—社会适应能力个案问卷调查》等。

---

① Cathleen, G., Spinelli. Classroom Assessment for Students with Special Needs in Inclusive Settings[M]. Upper Saddle River, NJ: Merrill/Prentice Hall, 2002: 59.

三、访谈法

访谈法是一种语言互动,基本上是面对面的方法,包括教师访谈、家长访谈、学生访谈等。通过这种方法,参与人员可以通过言语交流的方式分享学生的信息。总的来说,访谈者在个人非正式的氛围中根据一系列指定的问题来获得儿童有价值的信息、经验,或者背景信息。访谈可能由家长、同伴或其他专业人员和学生来操作。访谈在下列情况下可能比问卷更适合应用:① 当评价对象有语言障碍的时候;② 当目标较复杂时;③ 当问题需要解释时;④ 需要进行深入调查时;⑤ 当评价对象需要重新确认或鼓励其作出反应时。下面列举了教师在学术方面访谈的指导样例(见表 6-1),以供参考。根据访谈过程是否有经过严格设计的访谈问卷和访谈提纲,实际访谈过程是否严格按计划进行,可把访谈分为结构式访谈、非结构式访谈和半结构式访谈,访谈类型应根据受访者的特点有针对性地进行选择。访谈与日常谈话不一样,前者是一种有特定目的和一定规则的研究探讨性交谈,其具有灵活性大、控制性强、回答效率高等突出优点。与此同时,访谈法也具有费用多,时间长、标准化程度低,难于统计分析、极易产生偏差等不可避免的缺点,需要访谈者进行综合考虑。①②

表 6-1　教师学术访谈指导样例③

教师访谈:学术领域

在课堂教学中应用何种材料与哪一年级水平的内容?＿＿＿＿＿＿＿＿＿＿

学生在任何一学科领域的发展低于年级平均常模?＿＿＿＿＿＿如果是这样,哪一科?＿＿＿＿＿＿

班级中的学生在任何一科的发展水平低于中等成绩的学生?＿＿＿＿＿＿如果是这样,哪一科?＿＿＿＿＿＿

班级的平均发展水平如何?阅读＿＿＿＿＿＿数学＿＿＿＿＿＿书面语＿＿＿＿＿＿科学＿＿＿＿＿＿社会研究＿＿＿＿＿＿

采用了何种评估工具来评定学生课堂表现(如书面/口头、多项选择、简答、小论文)?＿＿＿＿＿＿＿＿＿＿

学生的学术强项是什么?＿＿＿＿＿＿有何特殊的学术技能缺陷?＿＿＿＿＿＿

对学生是否使用了合理安置与调整?＿＿＿＿＿＿如果是这样,哪一措施已证明较成功?＿＿＿＿＿＿

学生是否已经接受了任何治疗服务?＿＿＿＿＿＿如果是这样,在哪一科或几科?＿＿＿＿＿＿持续了多长时间?＿＿＿＿＿＿每周多少次?＿＿＿＿＿＿

如果学生正在接受治疗服务,取得了多大成效?＿＿＿＿＿＿

治疗过程中采用哪些策略已证明较成功?＿＿＿＿＿＿

---

① 温忠麟.教育研究方法基础[M].北京:高等教育出版社,2009:91-93.
② 庞国彬,刘俊卿.实用教育科研方法[M].北京:北京师范大学出版社,2013:80-82.
③ Cathleen, G., Spinelli. Classroom Assessment for Students with Special Needs in Inclusive Settings[M]. Upper Saddle River, NJ: Merrill/Prentice Hall, 2002:169.

四、记录评估法

为了获得学生当前发展水平的整体情况和弄清学生为什么可能经历如此多的问题,教师必须运用记录评估法来获知学生相关的背景信息。这些信息可以提供学生当前的发展水平与过去发展水平的差别。教师需要深刻了解学生的个人资料,例如长期的记录档案文件,包括主要的学校背景信息(学校历史、参与的项目、学术成绩、标准化测试结果、参与记录、学科记录)和健康记录,并经过了学科团队专家的鉴定与分类。学生的文件可能也包括轶事记录(Anecdotal Record),轶事记录的样例请参阅表5-2。

表 5-2 轶事记录样例[①]

时间:	观察其活动、行为、表现
日期:	学生:贝特斯(Betsy)

上午	
11:00	教师告诉学生翻开书本和家庭作业本,翻到第57页,做第1—20题。
11:01	贝特斯环顾教室四周,然后直盯窗外。

11:02	贝特斯环顾其他学生。
11:03	教师要求学生自愿阅读家庭作业答案。
11:04	贝特斯的目光重新回到窗外。
11:05	教师告诉贝特斯拿出家庭作业本并解答第1题。
11:06—11:08	贝特斯从课桌抽屉内寻找家庭作业本。
11:09	教师询问他是否做了家庭作业。
11:10	贝斯特说他忘记了做家庭作业。
11:11	教师要求吉尔(Jill)作答。
11:11—11:16	吉尔解答了第1道数学题,并将答案写在黑板上。罗杰(Roger)看着黑板。
11:17	贝斯特重新盯着窗外。
11:18	教师提醒贝斯特检查家庭作业。
11:19	贝斯特看着作业本。
11:20	教师让罗杰解答第2题。
11:21—11:25	贝斯特拿起铅笔在书的封面乱写。

五、工作样本分析法

工作样本分析法可能包括个人或者团体对于特殊问题的书面反应、评论、回答,或者

[①] Cathleen, G., Spinelli. Classroom Assessment for Students with Special Needs in Inclusive Settings[M]. Upper Saddle River, NJ: Merrill/Prentice Hall, 2002:178.

意向。工作样本作品包括每天的书面作业、日记、学习日志、小论文、工作手册、笔记、家庭作业、测试、问题解决活动等。通过对以上相关材料进行质与量的分析,从而对学生进行评价。例如,在训练人员运用绘画治疗、沙盘游戏治疗等手段对特殊儿童进行干预的时候,经常利用特殊儿童的作品进行分析、诊断与治疗。下面仅就绘画治疗[①]进行说明。

例如,图 6-1 是一个幼儿园大班的女孩画的画。按照画面分析:这个小女孩已经意识到自己的性别,而且将性特征明白地画了出来,对一个学龄前的儿童而言,除非受到外在刺激,否则很少会有如此鲜明的表现。但是,就这一点并不能得出明确的结论,所以,需继续搜集其他的资料。经过调查发现:一天,班上一位小男孩在一时好玩、好奇的冲动下,故意逗她要摸她的下体,她试着躲避,回家后,她一直要母亲将所有的衣物洗干净。在了解了这些事实后,治疗师所进行的辅导是:引导她把内心不舒服的感受释放出来,借由绘画将难言的感觉表达出来之后,进而降低和排除此次由他人无心之举带来的创伤。

图 6-1　幼儿园女孩的画[②]

六、问卷法

问卷法是根据调查的目的设计一组问题以获取调查对象的相关信息的一种评价方法,主要运用于团体调查。采取问卷法可以在较短时间内获取大量的资料。问卷法实施的主要步骤包括设计问卷、问卷试测与修订、正式施测、统计结果与分析等。例如,华中师范大学特殊教育研究中心罗亦超教授等曾参照台湾王天苗教授的《心智障碍幼儿家庭需要调查表》制订过《特殊学校学生家庭需要调查表》。[③] 在印度,世界卫生组织(WHO)关于儿童时期的十点评估问卷在戴拉威(Dharavi)的社区内试行,并且取得了良好的成效。这份问卷在孟加拉国和斯里兰卡进行了测试,证明这是一种简便的评估工具,只需对非专业人士经过少许指导后即可使用。它通过简单的问题,来检查儿童的视

[①] 有关绘画治疗的具体内容请参阅《学前特殊儿童教育》(雷江华主编.武汉:华中师范大学出版社,2008)中"学前特殊儿童的游戏治疗"部分。

[②] 图片及案例来源于:陈勤惠.绘画应用在游戏治疗中[J].台湾教育天地,2000,7:18.

[③] 罗亦超,雷江华.特殊学校学生家庭需要之研究[J].教育研究与实验,1999,(4):31-36.

觉、听觉、语言理解能力、自我控制能力、学习能力、语言能力和健康问题。[①]

七、观察法

观察法是指研究者根据一定的研究目的,借助于研究提纲或观察表,通过感官或一定的辅助设备,有目的、有计划地直接或间接考察教育对象或过程,以获取信息的方法。[②] 观察法是一种客观的评价方法,同时也是在学校中使用最普遍和应用较广泛的一种学生成绩评定方法。尽管我们每天都要进行大量的观察,但是需要教师通过系统化和有意义的方式来组织和分类观察的结果。观察时刻进行,或是非结构化和自然发生的,或是直接和正式的。例如,莫桑比克(Mozambique)的学校就凭借观察法来提高教学能力与改进教学问题。

在蒙古,融合教育示范班的教师发现,可利用部分道具来让学生展现他们不同的技能。通过观察学生如何使用这些道具,教师能够很好地了解到他们的能力和需要提高的方面。例如:

- 图画能反映出学生的潜在阅读能力以及视觉领悟力、语言和辨别力的发展程度。
- 蜡笔和纸能反映学生潜在的写作能力、形体印象、自我想象力和环境观察力。
- 泥土能反映学生的立体感和良好的动作发育情况。
- 不同颜色、大小不一的盒子能反映出学生的分类能力和语言的组织能力。
- 布娃娃能反映出学生的角色扮演的能力和在孩子世界中的社交能力。

这种观察法可以通过上述的列举对结果的总结进行建构,它将会变得更有价值。[③]

教师要进行有效的观察,必须学会一些观察技巧,最好根据全班学生座位设置的不同情况对全班学生进行编号,以方便在记录时节约时间。教师需要成为机敏的观察者,不但要知道学生是怎样做的,而且要知道学生做了些什么,什么时候做的,为什么他们在课堂上有这样的表现。当我们发现一个学生在学校中的学习和生活有困难时,其中可能的影响因素有很多,如医疗、社会、环境、教学等。表 6-3 提供了一个观察量表样本供参考。

表 6-3 观察量表样本[④]

观察检测表				
行为特征	是	否	其他	评论
追随教师的讲述	___	___	___	___
追随教师的书写	___	___	___	___

[①] 联合国教科文组织.全纳教育共享手册[M].陈云英,杨希洁,赫尔实,译.北京:华夏出版社,2004:60.
[②] 庞国彬,刘俊卿.实用教育科研方法[M].北京:北京师范大学出版社,2013:47.
[③] 联合国教科文组织.全纳教育共享手册[M].陈云英,杨希洁,赫尔实,译.北京:华夏出版社,2004:51.
[④] Cathleen, G., Spinelli. Classroom Assessment for Students with Special Needs in Inclusive Settings[M]. Upper Saddle River, NJ: Merrill/Prentice Hall, 2002: 183.

续表

| 坐得舒适 _____　_____　_____　_____　_____
| 关注任务 _____　_____　_____　_____　_____
| 专心学习 _____　_____　_____　_____　_____
| 注意力集中 _____　_____　_____　_____　_____
| 准时开始学习 _____　_____　_____　_____　_____
| 按时完成任务 _____　_____　_____　_____　_____
| 能抄写黑板上的内容 _____　_____　_____　_____　_____
| 按常规学习 _____　_____　_____　_____　_____
| 踊跃发言 _____　_____　_____　_____　_____
| 能积极与同伴互动 _____　_____　_____　_____　_____
| 能积极与教师互动 _____　_____　_____　_____　_____
| 其他突出的行为 _____　_____　_____　_____　_____

第3节　融合教育评价的内容

融合教育评价的内容涉及方方面面，根据融合教育涉及的对象的不同，我们认为融合教育评价主要包括对一个地区融合教育的评价、一所学校融合教育的评价、一个融合教育教室的评价、教师评价、学生评价等。

一、一个地区融合教育的评价

为了促进融合教育在地区的健康发展，需要定期对融合教育进行评价。美国根据残疾人教育法案的精神由联邦政府教育部设计督导和评定系统对各州政府的特殊教育业务体系进行评价。该评价包括6项评鉴措施：① 检查各州特教年度报告（review of annual reports）；② 检查各州特教年度计划（state plan review）；③ 督导各州遵守特教法令（compliance monitoring）；④ 就特定问题督导各州遵守特教法令（specific-issue compliance monitoring）；⑤ 检查各州依教育部的"纠正行动计划"（Corrective Action Plan）来改进缺失；⑥ 调查学生家长抱怨情形（complaint investigation）。还包括6种基本的评鉴资料：① 各州政府向教育部呈报的教育年度报告（State Annual Reports）；② 各州政府向教育部提出的特殊教育年度计划（State Plan）；③ 各州特殊教育法影本（a copy of state statute）；④ 各州特殊教育诉讼案的法院判决影本（a copy of court order）；⑤ 各州首席检察官对特殊教育法解释意见影本（a copy of State Attorney General Opinion）；⑥ 各州能显示特殊教育政策法源依据的其他文件（other state documents that show the source of the policy）。可见，美国对一个地区的融合教育评价主要依据相关的法律程序进行，并有完整的评估体系。现参照美国的评估体系并结合我国对融合教育评价的具体情况,从地区政策的评价、组织机构的评价、管理工作的评价、师资培训的评价、教育效果的评价等方面来探讨一个地区融合教育评价的内容。

(一) 地区政策的评价

融合教育政策的内容包括课程(curriculum)政策、评估(assessment)政策、职责体系(accountability)政策、人员(personnel)政策、财政(finance)政策、管理(governance)政策。为此,美国提供了政策的框架、普通教育政策的目标和融合教育政策目标(见表6-4)。

表6-4 政策框架内容范围、普通政策目标和融合政策目标[①]

政策范围	普通政策目标	融合政策目标
课程	课程要体现发展个体潜能的高期望和标准	建立在标准基础上的课程能充分满足所有学生的需要,课程包括学术领域和技能领域
评估	提供测量结果以促进教学与学习	提供与地区和州的学业成就标准相一致的一套评估措施,但需要在受最少排斥的情况下尽量考虑多元评估,并为残疾学生提供多样化的测试和学习
职责	明确参与者的职责	提供聚焦于学生成绩以及教学过程的多方位的责任体系,以取代管理,包括适用于学校和当地的明确的奖励和惩罚措施
人员培训和发展	为所有的员工提供必要的培训和工具	提供一个综合的员工培训系统以支持和鼓励全体员工的参与,明确所有学生的学习需要
经费	发挥教育经费的最大效用	建立一个统一的经费支持体系以支持所有学生的多种学习需要和能力发展
管理	加强领导并获得地区的支持以及明确各自的职责	在教育系统内建立一个强有力的行政体系以服务所有学生,而不是维持分离的普通教育与特殊教育体系。此外,对当地委员会官员提供充分的培训以容纳残疾学生的需要于他们的计划之中

资料来源:融合学校教育实践协会(Consortium on Inclusive Schooling Practices(CISP),1996)

根据以上的政策框架,提供给各州如何应用政策的问题实例,以加强各州对实施融合教育政策的评价(见表6-5)。

表6-5 政策框架指导应用问题实例[②]

政策领域	州级问题样例	区级问题样例
课程	州是否采纳了该标准?标准是否包含了传统学科中规定的更多严格的学术成就?	学区同意开设的课程是什么?学区是否发展或提供了适用于残疾学生的样例课程或课程改编实例?

[①] Virginia, Roach. Christine, Salisbury, Gail Mcgregor. Applications of a Policy Framework to Evaluate and Promote Large-Scale Change[J]. Exceptional Children, 2002, 68(4), 453.

[②] Virginia, Roach. Christine, Salisbury, Gail Mcgregor. Applications of a Policy Framework to Evaluate and Promote Large-Scale Change[J]. Exceptional Children, 2002, 68(4), 456.

续表

政策领域	州级问题样例	区级问题样例
评估	州是否为残疾学生参与州的责任目标评估列出了指导方针和样例?	是否考虑到了所有学生的学业成就?
职责	是否州的职责体系集中于学生的学业成就并将其作为获取学生学习方面数据的基础?是否搜集到残疾学生的评估数据,抑或是其所在学区报告中的一部分?	学区是否为学校制作了"报告卡"?学校自己制作了"报告卡"并和社区分享了吗?残疾学生是否被纳入了报告的过程?
人员培训和发展	州认可的需要以及分类是推进还是阻碍了为所有学生发展而提供有效教学实践的管理发展计划?	人员培训活动是否提出了满足学生多样化的需要?
经费	州的特殊教育政策是否保障学生无论在普通教育班级还是在特殊班或者特殊教育学校都得到一样的经费?	学区关于保持普通教育与特殊教育分离系统的方案是否被采纳?如果是这样,结果又如何?
管理	州教育部门是否在功能上建立了一个一体化的系统,诸如课程、评估和财政,针对特殊教育、补偿教育以及天才教育是否提供了特殊教育计划?	领导在为员工和学校中的学生提供各种服务时承担何种责任?

资料来源:美国教育成就中心(National Central on Educational Outcomes(NCEO),1996)

《上海市特殊教育三年行动计划(2014—2016年)》切实响应我国《特殊教育提升计划(2014—2016年)》中所提出的"全面推进全纳教育,使每一个残疾孩子都能接受合适的教育"总目标,在融合教育推进中提出以下几点:

1. 进一步完善对随班就读工作的管理。将随班就读工作纳入区县教育行政部门和学校发展规划,明确发展目标,采取具体措施,落实工作团队,建立工作制度,为随班就读学生健康成长营造良好氛围。

2. 重视随班就读资源配置。编制普通学校随班就读资源教室教学与康复设施设备装备指南,根据指南的要求建设资源教室,并根据课程实施需要开发丰富的教学与康复资源,拓宽资源教室的功能。加强对资源教室、学校的其他教学资源,以及特教指导中心、医疗机构及其他社会资源的综合利用。

3. 开展随班就读教育教学改革。探索基于评估的个性化教育,根据不同残疾类别随班就读学生的实际需要,开展教育与医学评估,明确个体发展目标,注重整合运用普通学校、特教学校和学校自编特殊需要课程,为随班就读学生设计针对性的个性化教育与康复课程,安排合适的教育内容,采取集体、小组、走班、个别辅导等多种安置方式,改革课程实施方法,提高随班就读教育的有效性。

4. 各级各类特殊教育指导中心加强对随班就读工作的管理、专业服务与指导。明确各项工作要求,组织协调各方共同实施,为随班就读学生、教师、家长提供技术支持,加强对随班就读工作的考核与评估。

(二) 组织机构的评价

融合教育活动是在融合教育相关组织机构的统筹安排下进行的。融合教育组织机构的设置、结构、编制是否合理，对于融合教育实施的效果有直接的影响。一般来说，组织机构的评价主要包括：地区是否建立了融合教育管理机构、服务机构等；各种组织机构是否有健全的规章制度；组织机构是否为所辖区域实施融合教育的学校提供咨询、资源服务；组织机构设置是否合理、恰当；组织机构的编制是否符合要求；不同组织机构的责、权、利是否明确；组织机构的工作效能如何等。

例如《上海市教育委员会关于加强随班就读工作管理若干意见》在融合教育管理、服务机构方面，明确提出加强特殊教育康复指导中心建设，构建随班就读工作服务体系。

1. 在各区县建立一个特殊教育康复指导中心的基础上，分别在卢湾区、闸北区、闵行区、浦东新区和上海市盲童学校再建4个听障教育康复指导中心和1个视障教育康复指导中心，为辖区内的随班就读学生提供服务。

2. 特教康复指导中心可设专职负责人，也可由区县教育行政管理人员或学校校长兼任该中心负责人。一般设2名专职巡回指导教师，区域内有随班就读学生的学校超过30所的，设3名专职巡回指导教师，编制挂靠在特教学校。普通学校的专职资源教师和区县专职巡回指导教师的编制由各区县教育行政部门在总编制中统筹解决。

3. 特教康复指导中心必须有独立的场所，有可供随班就读学生进行康复训练的设施设备，有可供全区随班就读教师、学生家长培训、交流、研讨的场所，有可供教师、家长、学生使用的各种书籍、报刊、图文、音像资料。有条件的可配置交通工具，以方便接送学生。

4. 特教康复指导中心的经费以区县投入为主，市根据财力情况对特教康复指导中心设施设备的添置给予一定的补贴。

5. 各区县教育行政部门要充分发挥特教康复指导中心的作用，建立以特教康复指导中心为核心的随班就读网络化管理体制和服务机制，使其成为区随班就读工作的管理中心、研究中心、资源中心、指导中心和服务中心。

6. 特教康复指导中心应认真履行工作职责，建立工作规范和制度，加强对普通学校随班就读工作的管理、过程性指导和技术支持，开展专题研究，加强资源库建设，增强服务意识，提高本地区随班就读工作水平。[①]

(三) 管理工作的评价

现代教育特别注重向管理要质量。管理工作的效率与效能必然会影响到融合教育的质量。管理工作的评价主要从管理机构是否合理、管理人员素质是否优良、管理规则是否明确、管理程序是否科学、管理手段是否先进等方面入手。例如，四川省新津县第一

---

① 上海市人民政府办公厅关于印发市教委等八部门制订的《上海市特殊教育三年行动计划(2014—2016年)》的通知，http://www.shanghai.gov.cn/nw2/nw2314/nw2319/nw10800/nw11408/nw31831/u26aw39121.html，2014.5.

小学就是通过建章立制,强化制度管理;构建系统,进行目标管理;形成"三条线",进行网络管理,来提高随班就读的质量的。① 该校建立了一系列的规章制度,如《随班就读教师工作评估奖励试行条例》《新津一小融合教育学科教学学生情况考核与评价表》《新津一小资源室教师辅导记录表》《学困生调查表》《新津一小特教资源室家校联系本》等。

上海市在开展普通中小学开展随班就读工作中特别指出要增强区域管理职能,健全各项管理制度,构建网络化的管理体系,并且对市、区县教育行政部门职责承担做出明确规定。

1. 市、区县教育行政部门要将随班就读工作纳入特殊教育和普通教育的管理体系,整体规划随班就读工作,明确普通学校、特教学校、特教康复指导中心各自的工作职责,建立相应的管理制度,规范对随班就读工作的管理。

2. 市、区县教育行政部门要有专人负责随班就读的行政管理工作,教科研部门要有专人负责随班就读的教育教学研究、科研工作。有随班就读学生的普通学校要有专人负责随班就读学生管理和教育教学工作。

3. 区县教育行政部门应将随班就读工作的经费纳入预算,保证随班就读工作专职人员、师资培训、资源配置及有关活动等所必需经费。

4. 各级教育行政部门要将随班就读教师的培养与骨干教师培养工程结合起来,要发现和推广随班就读教师的先进教育经验和研究成果,鼓励教师形成随班就读的教育特色,积极创造条件形成一支随班就读教师的骨干队伍。

5. 区县教育行政部门要健全随班就读工作管理机制,建立以特殊教育康复指导中心为核心、普通学校、特教学校共同参与的随班就读区域网络化管理体系。并建立由教育行政、医务、教研、科研人员、特教学校、普通学校有经验的教师等专业人员组成的专家指导组,兼任康复指导中心的指导人员。

6. 市、区县教育行政部门要协调卫生、民政、财政、残联等政府职能部门和社会团体,共同做好随班就读学生的检测、安置、后续服务、就业等各项工作。②

(四) 师资培训的评价

融合教育的开展需要有懂得融合教育理念及其具体操作方法的教师,为确保融合教育的实施,应通过评价来加强师资培训工作。师资培训的评价主要包括:是否建立和健全了师资培训机构,师资培训机构是否有健全的规章制度,师资培训机构是否有专职和兼职的培训人员,培训人员的素质如何,培训方式是否科学高效,培训效果是否优良,培训对象在实施融合教育中的效果等等。

(五) 教育效果的评价

地区教育效果的评价可参见融合教育评价标准中的质标和量标。具体来说,应从融

---

① 高喜刚.加强校内随班就读管理,提高随读生的学习质量[J].现代特殊教育,2004,(11):9-10.
② 上海市人民政府办公厅关于印发市教委等八部门制订的《上海市特殊教育三年行动计划(2014—2016 年)》的通知,http://www.shanghai.gov.cn/nw2/nw2314/nw2319/nw10800/nw11408/nw31831/u26aw39121.html,2014,5.

合教育的不同办学形式来考察融合教育的效果;融合教育在解决有特殊教育需要儿童入学方面的贡献,其入学率是否达到了国家要求;融合学校的办学特色如何,学生素质发展上的特色表现如何,学校毕业学生的就业率如何等。

二、一所学校融合教育的评价

一所学校融合教育的评价是对学校执行及贯彻融合教育政策、理念等层面的具体评价,包括对学校政策、学生档案资料、教学内容和课程安排、教育资源、教育效果、与外部机构的关系等内容进行的评价。

(一)学校政策的评价

学校政策评价主要是评价学校实施的一些政策是否符合了关于融合、充分参与和公平的信念。评价的内容应具体包括:学校政策制定者对待融合教育问题的态度是否积极;对问题的分析是否科学、合理;学校提出的政策目标是否恰当;能不能达成各种不同利益团体间的平衡;提出的融合教育政策方案是否可行;执行者在执行学校政策过程中是否偏离了方案;政策执行的条件是否充分;政策执行是否有完善的咨询、监督机制;政策的效果是否明显;达到的效益是否最佳;造成的影响是否最好。

(二)学生档案资料的评价

学生档案资料评价的内容主要包括:学校是否为所有的儿童(特别是有特殊教育需要的儿童)建立了档案资料;学生档案资料内容是否健全;学生档案资料的真实性如何;学生档案资料是否有专人管理;保密性如何等。学生档案资料内容一般包括学生个人的资料,如性别、年龄、残疾类别、残疾程度、何时致残、进行了哪些干预等;家庭资料,如学生父母的文化程度、父母或者亲人是否有残疾及残疾程度如何、父母的经济收入等;医学资料,如何时到何地参加过何种治疗、效果如何等;教育资料,学生在学校的成长资料,如学业成绩如何、身体素质如何、人际交往能力如何、生活自理能力如何等。

(三)教学内容和课程安排的评价

教学内容的评价主要考察教学内容是否兼顾了有特殊教育需要儿童和普通儿童的学习需要、教学内容中是否体现了个别化教育计划的要求、教学内容安排是否合理等;课程安排的评价主要评价课程安排是否从时间上保证了有特殊需要儿童的学习需要、课程安排的科学性等。

(四)教育资源的评价

教育资源的评价包括人力资源和物力资源的评价。人力资源的评价主要是考察学校是否有服务于融合教育的高素质人员,包括家长、教师、小伙伴、小先生、志愿服务者、师范院校实习生、有关特教专业工作者、巡回辅导教师、校外辅导员等;他们提供的服务的质量如何;他们是否能定期提供服务等。物力资源的评价主要是考察学校物资设备是否充分;物资设备的使用效益如何等。一般来说,学校的物质资源包括:① 可活动的课桌椅;② 文件资料柜;③ 多媒体设备及软件;④ 各种教材教具、教育诊断测量工具及学生个案资料;⑤ 融合教育参考资料、工具书;⑥ 教学玩具和奖励刺激物;⑦ 为不同特殊儿童提供的感官辅助设备等。

（五）教育效果的评价

教育效果的评价主要是对学校教育质量的评价，包括对所有学生的素质发展程度的评价和每个学生素质发展程度的评价。如，融合教育是否使有特殊教育需要的儿童和普通儿童达到了双赢的目的；有特殊教育需要的儿童在融合性课堂中的受益程度如何等。

（六）与外部机构关系的评价

与外部机构关系的评价主要是对学校的对外联系在加强融合教育方面所起的作用的评价。评价的思路为：学校是否与特殊教育学校、普通学校、各级教育行政部门之间联系；联系的程度如何；是否实现了资源共享；是否有效地借鉴和利用了别人的优势资源等等。

三、一个融合教育教室的评价

一所学校实施的融合教育是通过课堂来实现的，课堂上的所有活动是否体现了融合教育的基本精神，直接影响到融合教育实施的成效以及学生的学习质量。一般来说，融合教室的评价主要从教室环境布置、课程教材是否调整、班级管理是否调整、作业考试是否调整、行为管理是否调整、教师合作是否调整、师生合作是否调整等几个方面来进行。我国台湾张雯婷老师提供的融合教室检核表（见表6-6）可供我们参考。

表6-6　融合教室检核表

学生姓名：

一、教室环境的调整

☐ 避免环境中分散注意力的刺激，如交通噪音。

☐ 避免环境中不利于学习的因素，如通风不良或光线太暗等。

☐ 提供结构化的教室空间，如清楚标示什么东西应摆放在何处。

☐ 协助规划结构化的私人空间，如抽屉及座位物品有组织的摆放。

☐ 提供结构化的作息时间，如事先告知特教学生何时要做什么，或提供时间表，并教导其使用。

☐ 让特教学生的座位靠近老师。

☐ 让小老师坐在特教学生旁边，随时提供协助。

二、课程教材的调整

☐ 将重要的信息以板书方式呈现，或提供书面大纲。

☐ 课程结构化：将冗长的教材切割，提供明确的段落、流程与顺序。

☐ 课程当中提供多种活动，以提高特教学生的兴趣。

☐ 提供选择不同教材及活动的机会。

☐ 简化教材或降低课程难度。

☐ 使用简短明确的指令，并确认特教生听懂了指令。必要时请小老师协助，或是单独再跟特教学生说一次。

续表

□教导特教学生学习策略,如默念以协助记忆、画重点。
□利用电脑或其他媒介辅助教学。

三、班级管理的调整
□订定明确班规,教导学生遵守。
□订定明确的奖惩措施。
□运用特教学生个人增强系统。营造班级氛围,强调合作的概念,并尊重他人的优点。
□实施班级辅导,针对特教学生特质,针对如何与其相处、如何尊重他人对普通学生进行宣导。
□训练并时时嘉奖协助特教学生的小义工、小老师或小天使。
□技巧性协助班级分组。

四、作业考试的调整
□减少作业量。
□给予额外的时间完成作业。
□降低作业当中语文的难度。
□确定特教学生在联络簿上抄好作业,由老师或小义工检查。
□训练特教学生自我检核每日工作。
□提供完成作业方式的不同选择,如口头报告或录音代替书写。
□对于缺交的功课持续追踪。
□训练特教学生应对考试的技巧。
□允许在额外的考试时间完成考试。
□避免冗长时间的考试。
□事先告知特教学生出题方式(选择、填充或简答等)。
□称赞特教学生与自我比较的进步,而不是与同伴比较。

五、行为管理的调整
□多赞美特教学生的适当行为表现,忽略细小的不适当行为。
□确实执行班规及奖惩。
□多用提示,尤其是非口语提示协助特教学生完成工作。
□运用策略,如视觉提示,提醒特教学生专注。
□教导特教学生自我监控的技巧。
□教导特教学生正向行为,以增加适当的行为目录。
□多安排特教学生任务,让他有机会离开位子。
□赋予特教学生力所能及的工作机会,提供成功的经验。
□允许工作间短暂的休息。
□允许合理的活动(提供较大的范围)。
□将特教学生本身的能力、与同伴互动的状况、与家人互动的状况列入行为管理的考量。
□召开个案研讨会,针对特教学生行为问题讨论因应策略。
□必要时启动学校"危机处理模式"。

续表

> **六、教师合作的调整**
> □ 和特教学生的其他任课教师,如科任教师、资源教师,定期讨论学生状况。
> □ 利用联络簿或其他工具增进老师间的沟通。
> □ 讨论特教学生的行为问题,达成行为管理的共识,如使用相同的增强策略。
> □ 召开任课教师座谈,讨论特教学生的问题,互相交换经验。
>
> **七、亲师合作的调整**
> □ 运用特殊设计的联络簿,结构化地列出特教学生应缴交的作业、应携带的物品、考试日期等重要信息。
> □ 定期与家长电话联系,报告孩子的进步状况。
> □ 联络时,先报喜,后报忧。
> □ 支持、同情家长,避免批判。
> □ 赞美家长适当的教养态度与方式,具体说出这些方式对特教学生的正面影响。
> □ 讨论特教学生的行为问题,尽量达成管理的一致性,如有系统的增强方式。
> □ 讨论对特教学生的期待与未来规划。
> □ 提供相关社会资源。

四、教师评价

在实施融合教育过程中如何科学地评价教师,对于全面贯彻国家有关特殊儿童教育的政策、调动教师的积极性、深化教育改革,具有重要的意义。教师评价主要包括对教师素质、教师职责和教师绩效的全面评价。

(一)教师素质评价

教师的素质是指教师履行教育职责,完成教育教学任务所必备的条件之总和。教师的素质评价是依据这些条件而展开的。包括思想品德素质、科学文化素质、身心素质、活动素质等。教师的思想品德素质包括教师的政治素质、思想素质和道德素质。教师的科学文化素质包括学科专业知识、融合教育理论知识、相关学科知识等素质。身心素质包括教师的身体素质和心理素质。活动素质包括教师组织融合教育教学活动的能力素质、从事融合教育教学科研活动的能力素质,以及与此相关的语言表达能力、实际操作能力、自我调控能力等素质。教师素质评价的标准应据此制定。

(二)教师职责评价

教师职责就是指教师担任教师职务所应履行的责任。评价教师的工作应根据学校对教师的要求来制定职责标准,可以从教师的育人管理职责、教学科研职责、协同工作职责等方面来设计职责评价标准。① 育人管理职责指围绕融合教育学校的办学目的和办学思想开展工作,对学生进行思想道德关怀,满足所有学生获得尊重、信任、公正待遇的需求,满足所有学生获得帮助的需求。② 教学科研职责指学习环境的组织(气氛、教室布置、教学资料的利用)、教学工作(教学准备与教学规划、教学方式与教学任务的适应性、教学方式与学生需求的适应性、教学任务与学生需求的适应性、循序渐进与连续性、学业评定与进步的监控、纪律)、教科研工作(研究与融合教育教学的适应性、研究与融合学校发展的适应性、研究与自身发展的适应性)。③ 协同工作职责指处理关系(教师与所有学生、教师与教师、教师与家长、教师与其他部门、教师与校外机构的关系)、行政工作(参与教研组工作、年级组工作、学校工作、其他工作)。

(三)教师绩效评价

教师绩效评价就是教师的工作成果,应从工作的量和工作的质两个方面来考察,并据此制定标准。教师工作的量反映的是教师做了多少事,是衡量教师工作成果的一个方面,包括教学工作量、德育工作量、兼职工作量和其他工作量等。教师工作的质反映教师做事的收效如何,水平怎样,是衡量教师工作成果的重要方面,包括学生质量、社会效益、教育成效、教学成效、科研成果。

五、学生评价

学生评价是以促进学生和谐、主动发展为核心的评价。学生评价需要从素质标准和数量标准两个角度去衡量,但最核心的还是素质标准,即对学生个体与群体素质发展程度的评价。学生在身心素质、科学文化素质、思想品德素质和活动素质上的发展程度,最终体现为学生个体素质结构水平。学生个体素质结构是指学生个体在四个素质上的水平结构。学生群体素质结构是指学生群体在身心素质、科学文化素质、思想品德素质和活动素质等要素上分别表现出的层次结构和总的层次结构构成状况。学生群体素质发展程度,最终体现为群体素质结构水平。按照系统论的观点,系统的结构决定系统的功能。同理类推,学生个体的素质结构水平决定了学生个体素质发展的程度;学生群体的素质结构决定了群体素质发展的水平,进而影响到学生个体素质发展的程度。融合教育中将特殊学生安置于普通班级在一定程度上说明了家长欲使孩子融入普通人社会的意图。正如很多普通儿童家长极力送子女上重点学校、重点班一样,都是着眼于学生个体、群体素质高的结果。

教师要在日常的课堂教学以及与学生的交往中恰如其分地进行素质评价。具体来说,学生的评价既有评分又有评语,评分是数量评价,评语是素质评价。评语有书面评语和口头评语,两者都需慎之又慎,系统的书面评语可积累成为孩子成长档案袋的记录精粹;口头评语则表现为教师和家长在日常生活中对学生的口头评价,在现在的学校评价中演变成了每周或每月一次的面评,面评不但要讲究技巧、方法,而且要讲究语言表达的艺术,更要注意让学生产生共鸣,只有产生共鸣的面评才是有效的,否则极有可能导致学生产生反感!例如,在蒙古,融合教育示范班的老师发现,可利用部分道具来让学生展现他们的不同技能。通过观察学生如何使用这些道具,教师能够很好地了解到他们的能力和需要提高的方面。例如:① 图画书能反映出学生的潜在阅读能力、视觉领悟力、语言和辨别力的发展程度;② 蜡笔和纸能反映学生潜在的写作能力、形体印象、自我想象力和环境观察力;③ 泥土能反映出学生的立体感和良好的动作发育情况;④ 不同颜色、大小不一的盒子能反映出学生的分类能力和语言的组织能力；⑤ 布娃娃能反映出学生的角色扮演的能力和在孩子世界中的社交能力。[①]

第4节　融合教育评价程序

融合教育评价不但是一项复杂而又严肃的工作，而且是个连续不断的过程，更是需要专业人员参与的评价活动。一般来说，融合教育评价包括组织融合教育评价小组、制定融合教育评价标准、搜集融合教育评价资料、处理融合教育评价信息、完善融合教育实施计划等五个阶段。

一、组织融合教育评价小组

融合教育评价有条不紊地进行不但需要建立由不同专业人员组成的评价小组，以使融合教育评价工作能更专业化和综合化，而且需要保证融合教育评价小组长期存在，以保证融合教育评价工作的连续性与长期性，更需要制定融合教育评价小组的工作制度与规程，以保证融合教育评价工作落实到位。已开展融合教育但还没有建立融合教育评价小组的地区、学校要注意建立融合教育评价小组；建立起的融合教育评价小组要注意人员的优化组合与工作的完善到位。因为在许多国家，许多"专业人员平素都各自为政，互不通气"[②]，甚至有的地方，"由于专家的缺乏，特殊需要教育中心的老师需接受基本的培训来应付广泛的需求，而且普通老师也接受培训，与他们共同进行评估"[③]。

融合教育评价小组一般专业人员的构成包括教育行政管理人员、普通教育教师、特殊教育教师、医务工作者、心理测量工作者、心理学家、教育学家、语言学家等专业人员。组长可以由教育行政管理人员担任，以便于协调各方面的力量，负责融合教育评价的顺利落实，因此教育行政管理人员还必须具备一定的组织指挥能力，并能熟悉融合教育评价的全过程。其他专业人员则必须熟悉各自负责的评估领域的内容。

二、制定融合教育评价标准

融合教育评价小组建立之后，需要根据融合教育评价的要求分析融合教育评价目标并使之具体化。融合教育评价的标准可以根据融合教育评价的内容分解为地区融合教育评价标准、融合学校评价标准、融合教室评价标准、融合教育教师评价标准、学生评价标准。地区融合教育评价标准可以根据融合教育评价"一个地区融合教育的评价"部分所包含的政策的评价、组织机构的评价、管理工作的评价、师资培训的评价、教育效果的评价等五个方面或更多的方面来设计评价指标体系。融合学校评价标准可以根据"一所

---

① 联合国教科文组织.全纳教育共享手册[M].陈云英、杨希洁、赫尔实，译.北京：华夏出版社，2004：51.
② 联合国教科文组织.融合教育共享手册[M].陈云英、杨希洁、赫尔实，译.北京：华夏出版社，2004：56.
③ 同上.

学校融合教育的评价"中所包含的学校政策、学生档案资料、教学内容和课程安排、教育资源、教育效果、与外部机构的关系等方面或者更多方面来设计评价指标体系。教师评价标准可以根据"教师评价"中所包括教师素质、教师职责和教师绩效等方面来设计评价指标体系。学生评价标准的具体指标体现可以参阅融合教育质量标准。

无论设计何种评价标准,都必须注意将"质"的指标体系与"量"的指标体系相结合,以使评价标准的指标体系达到下列要求:① 客观性。评价标准的指标体系是用来衡量融合教育的具体情况的,必须让评价标准指标体系的内容来源于融合教育实践,使评价标准指标体系的指标设计科学合理。② 全面性。评价标准指标体系不但是一种衡量标准,可以用来全面评价一个地区或一所学校的融合教育发展概况,而且是一种指导标准,其包含的内容越全面,就越能指导一个地区或一所学校提升融合教育的水平。③ 科学性。为了把握融合教育的主要方面,更好地引导地区或融合学校科学合理地开展融合教育工作,评价标准的指标体系设计需全面客观,而且必须把握住各个方面内容在整体中的权重。

三、搜集融合教育评价资料

搜集融合教育评价资料一般包括两种途径:一是通过阅读书面材料或访谈等间接方式,二是深入开展融合教育的地区或学校通过观察、考察、访谈等直接途径。在搜集融合教育评价资料时最好能将两者进行有机的结合,以便科学合理地了解融合教育的实施情况,否则可能导致评价结果与事实不符。搜集融合教育资料的方法主要包括文献法、观察法、调查法(问卷调查、访谈调查、测量调查)、个案法等。

鉴于融合教育质量标准的核心是学生的发展,因此在搜集融合教育评价资料时要特别注重融合班级中学生的发展情况,为了有效了解学生的发展情况,可以在搜集融合教育评价资料时注意以下几点:① 既要注重有特殊教育需要学生的资料的搜集,也要注重普通学生的资料的搜集。融合教育的推行必须实现所有学生的发展,而不是单方面促进有特殊教育需要学生的发展,当然有特殊教育需要学生的资料是评价的重点,但是如果仅仅考察有特殊教育需要学生的发展情况,就可能导致融合学校仅仅抓有特殊教育需要学生的教学,注重了"少数"而忽视了"多数",容易导致普通学生家长的不满,会给教育行政管理部门继续推行融合教育造成不必要的障碍。② 注重"两极"有特殊教育需要学生的资料搜集。有特殊教育需要学生在普通学校就读既有成功的个案,也有失败的个案,可以搜集两方面资料进行比较分析,一方面发现融合教育成功的经验,进行推广;另一方面发现融合教育失败的原因,从而更好地改进融合教育。③ 注重搜集有特殊教育需要学生发展过程的资料。有特殊教育需要学生的成长足迹在融合教育做得好的地区与学校应该有全面的档案资料记载,要充分搜集这些资料,以便于考察融合教育不同阶段措施的采用对学生发展的影响。④ 注重识别资料的真实性。有些地方为了应付融合教育评价工作,只是临时拼凑融合教育资料,融合教育评价人员要利用自己的智慧与机智发现其中的破绽,这样才不至于被表面现象所迷惑,从而更好地通过评价来促进融合教育的发展。⑤ 评价资料搜集必须注重专业人员的参与。评价资料的搜集如果缺乏专业人员的参与可能造成因为对某一方面不熟悉导致的认识偏差,从而导致融合教育评价资料搜集不全,给融合教育评价工作带来不必要的麻烦。

四、处理融合教育评价信息

搜集到的融合教育评价资料需要进行全面的处理才能保证融合教育评价按照预定的进程发展。一般来说,融合教育评价信息的处理包括下面三个过程:

(1) 分析评价资料。全面分析搜集来的评价资料,首先要对融合教育评价标准中包含的各个指标进行分类整理与分析,其次要对融合教育评价标准中没有列出的内容进行分析,然后进行有机的整合与归纳,发现整体符合哪一个标准、哪一种程度,从而得出初步的评价意见。在分析评价资料的时候,既可以通过会议集体分析,也可以将材料提供给各个专家,采取先各自评价后汇总分析的方法。此外,分析评价资料的过程中要特别注意运用逻辑分析的方法来考察材料前后资料是否一致,观点是否融洽,数据是否合理,等等。

(2) 形成评价意见。对于初步提出的评价意见最后要通过会议进行综合分析,从而形成最后的评价意见。评价意见的形成要注意以下几点:第一要符合事实,评价意见必须是在搜集到的材料基础上做出,不能仅凭个人的主观臆断;第二要给评价对象必要的反馈与交流,以便纠正评价的误差;第三要指出优点与不足,优点是要肯定成绩,不足是为了提出改进措施;第四要提出改进建议,建议最好能有针对性地根据评价的指标体系提出,以便评价对象能拿到评价报告后进行比较改进;第五要采取专家签名认可的方式,以保证评价意见的严肃性与公正性。

(3) 撰写评价报告。评价意见可能在讨论的时候有许多不同的观点,一定要有详细的记录,以便最后形成评价报告时能够提供不同专家提出的不同看法,便于与搜集的评价资料进行汇总对比分析,以将信息全面地反馈给评价对象。撰写的评价报告最好有规范统一的格式,使评价对象能一目了然地阅读评价报告反馈信息。

五、完善融合教育实施计划

为处理融合教育评价信息而撰写评价报告并不意味着融合教育评价过程的结束,这仅仅是融合教育评价工作要达到的直接目的,而最终目的是让一个地区能更好地完善或调整融合教育政策,一所学校能更好地改进融合教育教学工作,一名教师能提升融合教育的技能,所有的学生能更好地发展。撰写得好的融合教育评价报告实际上是一个好的融合教育实施计划的蓝本,它能指引一个地区或一所学校根据已制订出的融合教育实施计划进行完善与调整。

对地区来说,完善融合教育实施计划就是要完善或调整融合教育的政策,其目的主要有:① 引导已经开展融合教育的学校进一步推进融合教育工作,例如通过落实融合教育教师的特殊教育津贴制度来保证融合教育教师队伍的稳定。② 吸引未开展融合教育的学校加入到融合学校的行列中来,例如有的地区采取增加教师编制、增加投入等措施来吸引更多的学校成为融合学校。③ 建立融合教育体系,通过"以点带面"推进的方式来改进所属区域的各个阶段、各种类型的学校,使其成为融合学校。

对学校来说,完善融合教育实施计划就是要改进融合教育教学工作,其目的主要有:① 融合学校要完善相关的规章制度,来保障融合教育的切实落实,例如通过建立融合教育教师的责任制来保证融合教育的效果。② 融合学校要加强和完善所有学生的档案资料建设工作,特别是有特殊教育需要学生的档案资料要尽量保证记录详细,因为这是以后实施有针对性的教育的依据。③ 融合学校要根据融合教育的思想来调整教学内容的进度和合理安排课程,因为所有的学生都是有差异的个体,所以教学内容如何做到"惠及全体,兼顾个体",就需要教师调整教学内容的进度以及合理安排课程。④ 融合学校要完善融合教育资源体系,如果融合学校现在尚未建立资源教室,就应该建立资源教室,以满足全校有特殊教育需要学生的需要;如果融合学校已建资源教室,就应该完善资源教室中的设备与资料等,以提升融合教育资源体系的质量。⑤ 融合学校要注重提高融合教育的效果,不但要注重所有学生学业成就的提升,而且要注重所有学生社会适应能力的增强。⑥ 融合学校要加强与其他融合学校、特殊学校、普通学校的联系,保证信息的及时获取、教育教学的有效合作、资源的共享等。

对教师来说,完善融合教育实施计划就是要提升融合教育教学技能,其目的主要有:① 改变教师的教学观念。要做到这一点,必须做到所有的教师都应该具备融合教育的理念,而不是指定的教师具备融合教育理念就可以了,否则,指定教师可能在课堂教学中照顾到特殊儿童的需要,而非指定教师则可能会出现无视特殊儿童存在的情况。笔者曾经在一所融合先进学校观摩智障儿童随班就读的课堂教学,一名语文任课教师在前35分钟无视特殊儿童的存在,最后只好由校长到前面提醒任课教师。② 扩充教师的知识面。融合学校的所有教师不但要全面了解普通教育教师所应具备的知识,而且要全面了解特殊教育教师所应具备的知识,只有这样融合学校在推进融合教育时才能保证"人人参与",如果仅仅只是要求指定教师扩充知识面,可能无助于融合教育的提升。③ 提高教师的教学技能。针对很多融合学校教师缺乏特殊教育技能的特点,可以让教师多到特殊教育学校观摩优秀特殊教育教师的课堂教学实况,多接受特殊教育学校优秀教师在融合班级的现场指导,以提升自身的教学技能。④ 鼓励教师交流合作。教师日常教学中的交流合作对于提高教师的教学技能是一项长效机制,很多融合学校优秀教师的成长事例就说明了交流合作的重要性。⑤ 提升教师的评估技能。教师在日常对学生的评价中除了运用数据评分的方法外,还需要运用语言来对学生进行评价,"教师在主流课程和普通班级中与学生进行面对面的交流,他们提供的评估结果才最具教育价值"[①]。

对学生来说,完善融合教育实施计划就是要让所有的学生获得更好的发展,其目的主要有:① 完善个别化教育计划,促进有特殊教育需要学生的发展。个别化教育计划主

---

① 联合国教科文组织.全纳教育共享手册[M].陈云英,杨希洁,赫尔实,译.北京:华夏出版社,2004:50.

要是在对特殊儿童进行综合评价的基础上,根据他们的身心发展特点和具体的特殊教育需要所制订的教育计划。个别化教育计划一般包括下面四个方面的内容:记载综合评价的结果,表明儿童目前已达到的教育程度;明确开始和结束施行特殊教育的时间和各个时期(如一年)内预期达到的教育目标;具体的有针对性的教育方案和措施;对是否达到预期目标的检查和评价。① ② 因材施教,促进普通学生的发展。融合教育可以让教师受到个别化教育计划(当然教师也可为普通学生制订个别化教育计划)的启发,从而根据每个普通学生的发展情况,制定具体的发展目标,从而做到因材施教,促进他们的发展。

本章小结

融合教育评价是评价主体依据一定的目的和标准,采取科学的态度和方法,对评价客体进行的价值判断。融合教育评价要想取得良好的效果,首先必须明确评价的思路:评价观念的现代化、评价主体的专家化、评价目的的过程化、评价方法的科学化、评价标准的客观化、评价材料的效用化、评价结果的反馈化;其次需要灵活运用档案袋评定法、测验法、访谈法、记录评估法、工作样本分析法、问卷法、观察法等,遵照一定的评估程序对一个地区、一所学校、一个融合教育班级、融合教育教师与学生进行融合教育评价。其评估程序主要包括:组织融合教育评价小组、制定融合教育评价标准、搜集融合教育评价资料、处理融合教育评价信息、完善融合教育实施计划。

思考与练习

1. 如何树立科学的融合教育评价观?
2. 档案袋评定法如何在融合教育中实施?
3. 如何科学地评估一所学校融合教育的成效?

---

① 方俊明.当代特殊教育导论[M].西安:陕西人民教育出版社,1998:81-82.

第 7 章　融合教育的主体

马克思指出："主体是人,客体是自然。"[①]融合教育主体是指从事融合教育教学和管理活动的人,主要包括专业人员、家长、学生和志愿者等。专业人员主要包括研究人员、管理人员和教学人员,其中研究人员是融合教育活动的研究主体;管理人员是融合教育活动的管理主体;教学人员是融合教育教学活动的教学主体。家长从法律上来讲是特殊儿童的法定监护人,是融合教育活动的参与主体[②]。学生是融合教育的教育对象,是融合教育活动的学习主体。志愿者是融合教育活动的支持服务者,是融合教育活动的服务主体。其中"专业性支持是实现融合教育的必要条件,要推行融合教育必须由一定数量规模和质量要求的既懂普通教育、又懂特殊教育的专业队伍来执行政府的方针政策;具体实施儿童的日常教育与康复工作,保证儿童教育的科学性、有效性,最大限度地发挥不同儿童的潜能;指导不同儿童的家长进行有效的家庭教育;号召各专业团体和群众组织充分理解、认同与合力支持融合教育"[③]。因此,融合教育的各个主体是相辅相成、共同推动融合教育发展的主力军,他们应遵守基本的伦理信条及服务规范。

美国特殊儿童教育学会 1983 年在第 61 届年会上通过的《美国特殊教育专业人员的伦理信条及服务规范》包括八条,即特殊教育专业人员① 应提供特殊儿童最佳的教育及生活条件;② 应维持高水准的专业技能,并表现于工作上;③ 应从事有益于特殊儿童、家长或研究对象的专业活动;④ 应在专业活动中表现客观的专业判断;⑤ 应致力于特殊教育专业知识及技能的发展;⑥ 应依据其专业团体的规范及政策,从事特殊教育服务;⑦ 应支持并改进有关特殊教育及相关服务的法律、规则及政策;⑧ 不涉及或从事违背伦理道德或非法的活动,也不违反专业团体所制定的专业人员服务规范。[④]

[①] 中共中央马克思、恩格斯、列宁、斯大林著作编译局.马克思恩格斯选集(第 2 卷)[M].北京:人民出版社,1972:88.
[②] 笔者注:这里用"参与主体"主要有几点考虑:一是基于国外融合教育开展中家长参与所起的巨大作用,进而强调融合教育的实施要鼓励家长参与;二是基于我国融合教育开展过程中家长参与程度不高的现状,甚至有些家长把孩子送到融合学校或特殊学校后就认为教育责任已经转交,没有意识到自己也是融合教育的主体;三是强调家长能参与到学校的生活中去,参与到教师的教学中去,参与到孩子的权利维护中去,参与到家长团体的组建中去,只有这样才能形成合力,共同促进特殊儿童的发展。
[③] 方俊明.融合教育与教师教育[J].华东师范大学学报(教育科学版),2006,(3):41.
[④] 我国台湾地区特殊教育学会.特殊教育课程与教学[M].台北:心理出版社,1987:37.

第 1 节 融合教育的研究主体

一、研究主体的对象

融合教育的研究主体是指从事融合教育科学研究的人,从广义的角度来看,只要是从事融合教育科学研究的人员,无论是专职还是兼职,都是融合教育的研究主体。他们主要包括高等院校、科研院所的专职或兼职研究人员,融合教育管理部门专职或兼职从事融合教育研究的人员,融合教育教学实践活动中进行融合教育研究的教学人员,等等。从狭义的角度来看,融合教育的研究主体主要是指融合教育专职研究人员,可能来自高等院校或者科研院所,也可能来自融合教育管理部门或基层融合学校,但是目前开展融合教育研究的主体大多都是来自高等院校以及科研院所的科学研究人员。以他们为主线,将融合学校的教师以及相关管理人员团结到研究的小组中,形成融合教育的研究团队,开展融合教育研究。实际上,将来需要重点鼓励融合教育的一线教师积极参与融合教育研究,因为他们在从事融合教育的科学研究方面有着不可比拟的优势:第一线的教师每天都会遇到教育教学中的大量实践问题,观察到丰富的学生表现,这些给教师提出了各式各样的探索课题,提供了研究、试验、观察、总结的基础和条件;教师与学生的关系亲密,无话不说,无事不知,可以全面、客观地掌握第一手材料。[①]

二、研究主体的科研素质

融合教育研究主体要做好融合教育科学研究工作,取得好的研究成果,必须具备以下的科研素质。

(一)身心素质

身心素质包括身体素质和心理素质两个方面。从身体素质的角度来看,人们常常说:"身体是革命的本钱。"融合教育研究主体要想顺利地开展融合教育科学研究活动,必须具备良好的身体素质,体能充沛,适应能力强。从心理素质的角度来看,融合教育研究主体应具有良好的认知特质、情感感受特质、行为调控特质,以及良好的心理状态。

(二)科学文化素质

科学研究活动要求研究主体具有独特的视角和开阔的视野。融合教育研究主体如果要很好地从事科学研究工作,应该具备较高的科学文化素质。具体来说:首先,熟悉教育学相关基础学科的知识,特别是要具备一定的哲学、逻辑学、社会学、心理学等学科的知识;其次,熟悉与精通融合教育的基本情况,包括国际融合教育发展的情况和

---

① 朴永馨.在实践中积极探索特殊教育规律[J].现代特殊教育,2008,(9):6.

我国随班就读的发展现状;第三,具备一定的科研能力,具体表现在能充分把握一项融合教育研究的意义,能掌握不同的研究方法并适当运用,熟悉研究过程,进行有意义的研究,等等。

(三) 思想品德素质

科学研究活动是一项追求真理的探究活动,必须遵循一定的社会道德规范和职业道德规范。具体来说,融合教育研究人员不但要遵循基本的社会道德规范和行为准则,而且要根据学术规范的要求来从事具体的科研活动。美国心理学会为研究者提供了道德准则指南。该学会列出了以人为被试研究中的十条一般原则,以保护被试的利益。这十条原则特提供如下。

(1) 研究者在计划一项研究时,有责任认真评估适宜该研究的道德准则。这种评估应当从科学和人类的价值出发,充分考虑各项准则的不足。因此,寻求道德准则和保护被试者免受伤害的种种措施,理所当然地成了研究者应尽的义务和职责。

(2) 研究者应该考虑的首要道德准则是根据公认的标准,考察"被试者是否处于危险"或"被试者是否处于最低限度的危险"。

(3) 研究者在研究工作中有责任自始至终地遵守并贯彻道德准则。研究者也有责任使项目合作者、助手、学生和雇员接受相关道德准则教育,因为他们也应尽相应的责任和义务。

(4) 除了最低限度的危险之外,研究者应在被试者参与研究之前,与被试者达成清楚和公平的协议,以澄清每个人的责任和义务。研究者有责任在协议中以个人名义作出保证和承诺。研究者也可以解释被试者希望了解的其他方面的情况。但是,片面强调保护被试者的利益和尊严而不惜泄露全部研究计划的做法也是不足取的,这可能会影响被试者参与研究的积极程度。由于儿童和残疾被试者有理解和(或)交流上的困难,所以有这类被试者参与的研究应当采取特别的保护措施。

(5) 由于方法学的要求,研究者可能有必要在研究工作中使用隐瞒或欺骗技术。研究者在进行此类研究之前应该特别做到:① 根据研究的科学、教育或应用价值确定是否使用这些技术;② 是否有替代方案,而不必采取隐瞒或欺骗;③ 应尽可能给参与者提供充分的解释。

(6) 研究者应尊重被试者在任何时候有终止或退出的自由。当研究者相对被试者而言是权威或处于主控地位时,研究者更需要深思熟虑来保护这种自由,因为他们有保护这种自由的责任。这种权威地位包括但并不局限于以下情况:充当被试者是其工作的一部分,或被试者是研究者的学生、患者或雇员。

(7) 研究者要保护被试者免遭因研究过程引起的肉体和精神上的不适、伤害和危险。如果存在这样的风险,研究者应预先将风险事实告知被试者。如果研究可能给被试者造成严重的或持久的伤害,该研究程序应该放弃。如果只有使用这种程序不当才会给被试者造成更大的伤害,或者进行研究会有更大的利益,那么应在全部通知被试者且取得每个被试者自愿同意的情况下,才能使用这种带风险的研究程序。被试者应当被告知,如果研究过程中出现应激、潜在伤害、相关问题或忧虑，可以在适当的时候与研究者取得联系。

（8）研究完成并获得数据后，实验者应向被试者提供所有易于理解的研究真相，尽量消除被试者可能产生的任何误解。当因科学或人文的价值需要推迟或隐瞒时，研究者有监督研究的特殊职责，以确保被试者不会受到伤害。

（9）当研究过程给被试者造成未曾预料的后果时，研究者有责任查明、排除或纠正这些后果，包括其长期影响。

（10）研究过程中获悉的有关被试者的信息应是保密的，除非事先得到被试者的同意才能公开。当其他人有接触这些信息的可能性时，研究者应当向被试者解释这种可能性与计划的保密性是研究程序的一部分，以得到被试者的同意。[①]

（四）活动素质

融合教育研究主体的活动素质主要指他们在融合教育科学研究活动中需要具备的素质，除了上面阐述的基本素质外，还需要把握教育科学研究活动基本过程的环节，熟悉教育科学研究活动过程。融合教育研究的过程主要包括发现问题、拟订研究提纲、积累材料、撰写报告。

1. 发现问题是融合教育研究的出发点

发现问题是融合教育研究的关键。如果研究人员或教育工作者没有发现问题就盲目地去研究问题，就会落入俗套，对别人研究成果重复叙述。怎样去发现问题呢？其实，留心身边处处皆学问。例如，有些教师利用在学校的空闲时间观察特殊儿童的表现，记录数据，反思自己的教学，研究自己的教案，发现其中的问题，从而想方设法去解决问题。要抓住问题的中心环节，这样才能从根本上解决问题。

2. 拟订研究提纲是融合教育研究的突破点

研究提纲可以给我们提供研究的思路，指明研究的方向。融合教育研究如果没有研究提纲，就会主题不明确，思路不清晰，更为重要的是可能在研究过程中偏离研究的目的，自己的思考完全被别人的观点所同化，而不能做到将别人的观点为我所用。这样，融合教育研究就与原来的愿望背道而驰了。研究提纲对融合教育研究有指导作用，有利于我们有目的、有计划地进行研究，并根据研究提纲的步骤逐个解决问题。

3. 积累材料是融合教育研究的支撑点

丰富的材料积累是融合教育研究的基础。巧妇难为无米之炊，善研究者必善积累材料。因此，融合教育研究人员在研究过程中必须利用平时的时间多积累材料，多思考问题，将这些材料作为充实、证明研究主题的素材，做到立论有根据，论证有材料，论据充分。

---

① B.H.坎特威茨，H.L.罗迪格，D.G.埃尔姆斯.实验心理学——掌握心理学的研究[M].郭秀艳，等译.上海：华东师范大学出版社，2001：107-108.

4. 撰写报告是融合教育研究的聚焦点

在撰写研究报告时,融合教育研究人员一定要根据自己的研究提纲,利用自己积累的相关材料,有条不紊地依次对每个问题进行系统而详细的论述。在利用材料时,要特别注意,材料是为自己的论点服务的,是用来生动形象地阐释自己的观点的,但材料不要罗列太多,材料的应用要起到画龙点睛的作用。此外,研究报告的撰写还需注意文字的表达,反复推敲,反复修改,尽量做到精确、平实、生动。

第2节 融合教育的管理主体

一、管理主体的对象

融合教育管理主体就是融合教育管理活动过程中的管理者,是具有一定管理能力并从事管理活动的人,包括融合教育行政管理人员和融合教育学校管理人员。融合教育行政管理人员主要是指国家各级教育行政部门中专职或兼职从事融合教育管理的人,目前我国很多地方并没有为融合教育管理工作单独设置专门的管理部门,一般由某个行政管理部门的管理者专职或兼职负责。例如,上海市的学前融合教育管理工作就是由上海市教育委员会学前教育处负责,在所属各个区则由幼教科负责,①虹口区学前特殊教育行政管理由区教育局分管局长领导,学前教育科科长负责,特教干部具体实施。② 融合教育学校管理人员主要是指学校管理工作者,目前很多融合学校认为融合教育学校管理人员包括的范围仅仅是负责主管融合教育工作的学校管理者,例如,有的学校成立了融合教育管理小组,其中包括分管融合教育的副校长、教师等,实际上如果从融合教育发展强调全面发展、全程发展的角度来看,融合教育学校管理人员应该包括书记、校长、副校长、教导主任、总务主任、政教主任、融合班级班主任等所有的管理工作者。只有这样,融合教育才能真正在全校推行。

二、管理主体的管理能力

融合教育管理主体的管理能力应是体力与脑力的统一、品德与才能的统一。融合教育管理主体的管理职责应是职务与责任的统一、权利与义务的统一。融合教育管理主体是融合教育管理活动的组织者,在融合教育管理中处于核心地位,决定着融合教育管理的成败。

(一)管理主体的体力与脑力

融合教育管理主体的体力是指融合教育管理者从事融合教育管理活动时人体所付出的能量。融合教育管理者的体力同年龄、营养、健康等因素密切相关。一般来说,老年

---

① 景观宗.学前一体化教育——让有特殊需要儿童在融合中成长[M].上海:上海教育出版社,1999:25.
② 景观宗.学前一体化教育——让有特殊需要儿童在融合中成长[M].上海:上海教育出版社,1999:29.

人体力衰减,精力不足;中年人身强力壮、精力充沛;青年人朝气蓬勃,精力旺盛。体力是融合教育管理者从事管理活动的必要条件,是形成管理能力的物质基础。我国为了实现管理的现代化,提出干部的年轻化,原因之一就是考虑到管理者的体力。因此,在融合教育管理中,应注意聘任有良好精力与体力的管理者。

融合教育管理者的脑力是指融合教育管理者观察、注意、记忆、理解、想象以及分析问题和解决问题的能力。它包括知识、智慧、技艺和经验的多少,思维的敏捷程度等。由于融合教育管理活动是以脑力劳动为主的工作,所以脑力是管理能力的主要标志之一。融合教育管理者的管理工作主要是进行复杂的创造性思维活动,要在复杂的管理现象中发现管理的问题与矛盾,要搜寻各种管理的信息材料,因此,他们必须善于用脑,勤于动脑,适当休脑,才能使管理工作快速有效地进行。

体力与脑力是融合教育管理者进行管理工作的物质基础,没有了这一物质基础,融合教育管理者的管理就无法进行。

（二）管理主体的品德和才能

融合教育管理主体的品德应当包括道德修养、政治修养、思想修养三个方面。道德修养的目的就是要逐步掌握社会的道德规范,履行道德义务,以形成高尚的道德素质;政治修养的目的就是要坚持四项基本原则,热爱祖国,逐步形成爱憎分明的政治态度和立场;思想修养就是要坚持运用辩证唯物主义和历史唯物主义的观点来分析问题,解决问题,以形成正确的人生观和科学的世界观。

融合教育管理主体的才能是指融合教育管理者的知识和能力。一般来说,衡量融合教育管理者管理水平的标志,不仅要看融合教育管理者拥有多少管理知识以及相关学科的知识,而且要看管理者的知识结构水平。融合教育管理者合理的知识结构只是一种潜在的才能。要把这种潜能发挥出来,管理者需要将知识运用于融合教育管理的实践,使之变为现实的管理能力,逐渐形成管理的技艺。融合教育管理技艺就是融合教育管理知识和融合教育管理能力在管理实践过程中表现出来的一种艺术。因此,每个融合教育管理者应把自己管理方面的理论知识与管理的实践结合起来,善于总结经验,创造性地形成有自己特色的管理技艺。

融合教育管理者的品德和才能是相互联系、密不可分的。作为融合教育管理者,应当坚持德才兼备、又红又专的方向。北宋司马光曾作过形象的论述:"才者德之资,德者才之帅也。"意思是:才能是德行的根本,德行是才能的统帅,一个没有知识、没有能力的人是根本谈不上所谓德行的,即使德行高尚也难发挥巨大的作用。没有良好的道德修养,就不能起到好的作用,甚至走向反面。

（三）管理主体的权利与义务

融合教育管理主体的权利是指法律法规对融合教育管理人员可以享受某种利益或者可以做出某种行为的许可和保障。也就是说,法律法规以赋予融合教育管理者权利的形式确认其能够做出或不做出一定行为。一方面,法律法规赋予融合教育管理人员为达到某种要求而实现某种行为的合法手段与可能条件;另一方面,融合教育管理人员是否应用这种合法手段和可能条件是受法律法规保护的,任何组织和个人不得侵犯。可见,融合教育管理者的权利可以放弃,而实现权利的可能条件始终存在。

融合教育管理主体的义务是指法律法规规定融合教育管理人员对社会和国家必须做出一定的行为或不得做出一定行为的约束。融合教育管理者的义务必须履行,不能放弃。

融合教育管理主体的权利与义务同他们的职务和责任是密切相关的。融合教育管理者的职务是其必须完成的事务和所享有的相应的权利。融合教育管理者的责任就是其履行职务时应尽的义务。融合教育管理者的权利与义务是辩证统一的。融合教育管理者在管理中既享有一定的权利,同时也必须履行一定的义务。

第3节 融合教育的教学主体

一、教学主体的对象

融合教育教学主体是指融合教育过程中从事具体教学活动的教学人员。纵观不同的教育模式,尽管提出的教学人员的组成以及称谓有一定的差异,但其组成基本上是普通教育教师与特殊教育教师。例如,在辅导教室模式中包括普通教师(普通班级)和辅导教师(辅导教室中的特殊教育教学人员),在咨询服务模式中包括普通教师(普通班级)和咨询教师(提供咨询服务的特殊教育教学人员),在巡回服务模式中包括普通教师(普通班级)和巡回教师(提供咨询服务的特殊教育教学人员),在教育配对模式中包括普通教师(普通班级)和特殊教育教师(特殊班级)。

二、教学主体的教学资格[①]

融合教育教学要取得成效,融合教育中的普通教育教师与特殊教育教师必须具备融合教育的能力,必须具备从事融合教育的教学资格,因此,我国现在最迫切需要解决的问题是融合教育师资的资格认定与培训。已有研究证明:在对待安置特殊儿童随班就读的态度上,受过培训的教师的接纳程度明显高于未受过培训的教师。[②]

目前,从世界范围来看,美国与欧洲许多发达国家在这方面已经取得成效,而现阶段的中国,融合教育刚刚起步,融合教育教师资格的认定只是个别地区的试点,有的也只是行政上的规定,尚未真正上升到立法的高度,而就目前整个融合教育的走向来看,中国进行融合教育教师资格认定势在必行。融合教育的相关制度必须和普通教育一样有法有

---

① 此部分根据雷江华,姚洪亮.全纳教育教师资格认定制度探微[J].中国特殊教育,2005(7):42-46.修改而成。

② Mantak Yuen and Peter Westwood: Integrating students with special needs in Hong Kong secondary schools: teachers' attitude and their po sible relationship to guidance training[J]. International journal of special education, 2001,16(2):69-84.

规,这样融合教育乃至整个教育才能系统、正规地运转。

教师资格制度是国家对教师实行的一种法定职业资格认定制度。教师资格制度的实施是依法治教,是教师任用走上科学化、规范化和法制化轨道的重要保证,这将有利于体现教师的职业特点,把住"入口关",为多渠道培养和聘用教师以及推动教育人事制度改革提供参考。① 融合教育作为教育系统的有机组成部分,其教师资格的认定也必须有法可依,融合教育步入正轨要由教师资格制度的完善作为先导。

(一) 融合教育教师资格认定的必要性

融合教育是世界各国教育发展的一种趋势。我国正在实施融合教育政策,而且大多数特殊儿童正在普通学校随班就读。现阶段融合学校因各种条件的限制影响了融合教育的质量,特别是从事融合教育的教师队伍建设存在诸多问题。

1. 融合学校教师与特殊学校教师缺乏合作

融合教育离不开特殊学校的支持,而现阶段融合学校与特殊学校未能建立稳固的关系,融合学校教师未能得到特殊学校教师的有效支持,从而导致融合学校教师对班级儿童的多样性感到无所适从。武汉市某随班就读学校的李老师坦言,因班级有情绪与行为障碍的儿童,自己不但难以处理好特殊儿童与普通儿童家长之间的关系,而且难以得到有相关经验的特殊教育教师的支持,感到力不从心。澳门有研究表明,教师不支持学习困难幼儿和普通幼儿共同学习,且表示未作好对学习困难幼儿进行教育的准备。②

2. 融合学校教师观念陈旧与特教技能不足

融合学校有些教师排斥特殊儿童进入自己任教的班级,觉得特殊儿童接受教育的场所应该是特殊学校,而不是普通学校。这种观念的存在直接影响融合教育的具体实施,一个没有融合教育观念的教师任教于特殊儿童所在的班级,可能很难真正切实地保障特殊儿童的受教育权利。融合教育是对融合学校教师的特教技能有一定要求的,融合学校教师需要具备教育特殊儿童的教学技能。融合教育将特殊儿童与普通儿童融合在一起,是为了使特殊儿童能更好地接受教育,而如果随班就读的教师不具备特教技能,那就相当于在融合教育中将特殊儿童与普通儿童隔离起来,这种融合只能算是一种空间上的融合,即特殊儿童与普通儿童在同一个教室上课,而特殊儿童所接受的教育还不如在特殊学校接受的教育,这就有悖于融合教育思想。

3. 融合学校中特殊教育教师的缺乏

特殊教育服务需面向更多的特殊需要儿童。现在我国大陆的特殊教育对象主要是三类特殊儿童(视障、听障、智障儿童),还有更多的特殊需要儿童如包括阅读障碍、书写障碍、写作障碍、计算障碍等在内的学习障碍儿童,情绪情感障碍儿童,言语障碍

---

① 龚兴英.日本教师资格制度的特点及其启示[J].比较教育研究,2004,(5):13-17.
② 陈惠蓉,等.Preschool Teachers' Views of Children with Special Educational Needs: The Case of Macau[J]. 澳门研究,1999,12.

儿童,多动症儿童,行为困扰儿童,品行问题儿童,纪律问题儿童,交往障碍儿童,身体病弱儿童,自闭症儿童,心理健康问题儿童等也需要特殊的帮助。① 因此,特殊教育目前所面临的问题显而易见,融合学校中特殊教育教师十分缺乏。现阶段融合学校中的特殊教育教师并没有大量引进,反而由于诸多原因造成特教教师大量流失,比如特教教师工作量大且难以计算,职务评定难以按照学科来进行,对特教教师没有一定的鼓励和补助等。

4. 融合学校中特殊教育教师需提高素质

我国对融合学校中特殊教育教师的资格尚无统一规定。除部分教师来自中等特殊师范学校或高等学校的特殊教育专业之外,大部分来自普通教育系统,基本没接受过特殊教育理论训练,对教师的培训更多地停留在"传帮带"阶段,即老教师带新教师。② 因此,特殊教育教师的教育技能参差不齐,很多教师不懂特殊教育,仍用普通教育的一套方法来对待特殊教育,这给本来就不很完善的融合教育造成了混乱。即使在美国,2000—2001年度也约有53000名(占全部特殊教育教师的12%)特殊教育教师没有获得从业资格证,这影响了80万名特殊学生的学习。③ 特殊教育需要的是有特教技能,能够充分为特殊学生服务的教师,所以,要用融合教育教师资格制度来提高普通学校教师的特殊教育技能,并保证能有部分特殊教育教师就职或服务于普通学校。另外,特殊教育是需要很大的耐心和爱心的事业,特殊教育在某种程度上比普通教育对教师素质的要求更加严格,他们不仅要有普通教育的理念,还要有良好的个人品质。关爱残疾学生,理解残疾人,有爱心和耐心,这是对一个特殊教师的最起码的要求。融合教育教师资格的认定也要从职业道德这一层次来对教师进行考核认定。

从明确特殊教育教师素质标准的角度来看,我国具有一般笼统的标准,如《残疾人教育条例》第36条规定:"从事残疾人教育的教师,应当热爱残疾人教育事业,具有社会主义的人道主义精神,关心残疾学生,并掌握残疾人教育的专业知识和技能。"但特殊教育教师需要具有"什么样的职业道德标准"与掌握"哪些残疾人教育的专业知识和技能"则缺乏明确细致的规定,而美国的经验可值得我国借鉴。美国特殊儿童委员会1995年制定了《每个特殊教育者必须知道什么——有关特殊教育教师准备和资格的国际标准》。该标准从特殊教育的哲学、历史和法律基础;学习者的特征;评估、诊断和评价;教学内容和实践;教与学环境的设计和管理;学生行为和社会交往技能的管理;交往和合作伙伴关系;职业特征和道德规范八个方面提出了特殊教育教师应具备的知识和技能。④ 每个方面规定的知识与技能的项目数量具体见表7-1。

---

① 钱志亮.中国特殊儿童教育的现状报告. http://www.chinaver.net/vserc/tjgk.htm.
② 昝飞,刘春玲.中日特殊教育比较与思考[J].中国特殊教育,2001,(1):5-10.
③ Paul T. Sindelar, Vincent Connelly, Cassandra Keller. CLD position statement: Alternative route to certification in special education[J]. Learning Disability Quarterly. 2004, 27(1): 122.
④ 姚晓菊,马宇.每个特殊教育者必须知道什么——有关特殊教育教师准备和资格的国际标准[J].南京特教学院学报,2006,(2):74-76.

表 7-1 特殊教育教师八个方面知识和技能的指标项目数量[1]

教师类型		一	二	三	四	五	六	七	八
所有特教教师的共同标准	知识	5	7	9	7	3	6	5	2
	技能	2	1	11	17	8	8	7	9
早期特教教师的标准	知识	0	0	0	0	0	0	0	0
	技能	4	5	12	14	7	2	23	5
聋或重听特教教师的标准	知识	6	10	4	9	2	2	4	2
	技能	3	0	3	9	4	1	3	4
视障特教教师的标准	知识	3	11	8	16	2	1	4	1
	技能	1	0	6	5	6	3	3	1
智力落后和发展性障碍特教教师的标准	知识	4	5	5	3	1	2	1	1
	技能	3	1	2	9	2	1	1	1
学习障碍特教教师的标准	知识	6	5	3	8	0	0	1	1
	技能	2	0	1	13	0	1	0	2
肢体和健康障碍特教教师的标准	知识	4	4	3	2	4	1	3	3
	技能	1	0	4	6	10	0	2	5
情绪和行为障碍特教教师的标准	知识	5	3	5	3	2	3	5	1
	技能	3	0	3	12	1	5	1	1
天才或高天资特教教师的标准	知识	4	5	3	3	2	0	2	0
	技能	1	0	3	3	1	0	0	1

（二）融合教育教师资格认定的可行性

事实证明融合教育教师资格认定的实施符合国际趋向，是有利于融合教育的实施的。这一点从其他国家的经验可以得知。日本在这方面就是一个典范：日本的《教师任职资格法》中规定：从事特殊教育工作的教师除了必须有相应的（幼稚园、小学、中学、高等学校）普通教师资格证，还要获得特殊教育资格证书。2002年2月21日，在中央教育审议会上，文部科学大臣就《关于今后教师资格制度的应有状况的报告》指出，日本教师资格证应向综合化、弹性化方向发展。实行教师资格证制度的综合化、弹性化，其目的是在小学的高年级阶段，各教学科目以及综合性学习课的指导方法更充实、更多样，并促进教师在多种类型学校之间的双向交流。文部科学大臣指出实行教师资格证书的综合化充分考虑了儿童成长阶段，建构学习指导要领等多方面的需要。教师资格证的综合化有两种情况：一种情况是指一个教师可以同时持有几种类型、几门教学科目的资格证书；另一种情况是指一种教师资格证可以担任多门教学科目。文部科学大臣指出：在哑、盲、聋、保育等特殊教育学校推广教师资格证的综合化。特殊教育学校的教师资格证的综合化就属于第二种情况。[2]

---

[1] 顾定倩,钱丽霞.美国特殊教育教师的任职资格及其对我们的启示[J].外国教育研究,1999,(4):40-41.
[2] 龚兴英.日本教师资格制度的特点及其启示[J].比较教育研究,2004,(5):13-17.

在我国，2012年教育部、中央编办等联合颁布的《关于加强特殊教育教师队伍建设意见》中指出"支持师范院校和其他高等学校在师范类专业中普遍开设特殊教育课程，培养师范生具有指导残疾学生随班就读的教育教学能力"，并首次规定"将特殊教育相关内容纳入教师资格考试"[①]。上海市教委在1997年5月颁发的《关于本市"九五"期间特殊教育行政干部和师资队伍建设的意见》中正式提出建立特殊教育资格证书制度，同年11月，颁发了《关于实施"上海市特殊教育资格证书"的意见》，规定实施"资格证书"的对象是"持有国家统一印制的中小学、幼儿园教师资格证书并在特殊教育学校、工读学校、普通学校辅读班、融合教育幼儿园任职的教育教学人员和学校教育管理人员"。要求特殊教育教师和学校行政干部都应达到上海市教委制定的岗位要求，同时规定"2001年9月始尚未取得普通教育'教师资格证书'及'特殊教育教师资格证书'者不能担任特殊学校的教育教学或者教育管理工作"，[②]有特殊儿童随班就读的融合学校教师应该同样持有两种证书。

（三）融合教育教师资格认定的两种模式

融合教育教师资格认定主要有两种模式：双证式与单证式。

1. 双证式

双证式是指融合学校教师同时持有普通教育教师资格证与特殊教育教师资格证。以美国为例。美国教师资格证书有两种，普通教师资格证书和特殊教师资格证书。普通教师资格证书指学校中具有正式资格的教师所持有的资格证书。普通教师资格证书又有科目、年级和等级之分。特殊教育证书也包括两类：一类是身体或智障儿童的教育证书，另一类是特殊背景儿童的教育证书。前一类包括精神障碍、语言障碍、听觉障碍、特殊学习障碍等异常儿童的教育证书。后一类包括母语是非英语学生、天才学生等教育证书。有些州不仅根据儿童的异常类型设有专门的教师资格证书，甚至还根据异常程度设有专门的教师资格证书，如密苏里州有轻微和中度特殊儿童教育证书、严重特殊儿童教育证书等。[③] 美国有一种双重许可教师，这些教师持有特殊教育和普通教育教师资格证书，能够教融合班级中的所有学生。

2. 单证式

单证式是指普通教育教师资格证认定过程中进行普通教育与特殊教育培训。单证式的实施要落实到教师的培训环节上，对此我们可以参照有关国家的做法。以英国为例。英国也是融合教育做得比较成功的国家之一。在融合教育教师资格认定这一方面，为了更好地推进融合教育的实施，保证普通院校具有培养特殊教育师资的能力，并加强对特教师资的培养，英国教育与科学部做出了一系列规定。首先，要获得教育证书，学生必须学习一定的特殊教育课程。大学的教育学院必须有能力为学生提供最基础的特殊

---

① 王雁,范文静,冯雅静.我国普通教师融合教育素养职前培养的思考及建议.教育学报,2018,(6):82.
② 昝飞,刘春玲.中日特殊教育比较与思考[J].中国特殊教育,2001,(1):5-10.
③ 刘翠航.美国教师资格证书体系评析[J].中小学教师培训,2004,(6):59-62.

教育课程。其次,英国的有关法律规定:所有教师(无论是普通教育教师,还是特殊教育教师)职前培养的课程,均应包括特殊教育的内容,英国教师资格委员会只承认那些有特殊教育课程的师资培训机构。最后,为加强特殊师资培养的专门化,英国还设有特殊教育证书,是为那些具有教师资格证书,并有三年以上教学经验而欲从事专门特殊教育工作的人员设置的。英国教师委员会还规定:一体化学校教师,必须是大学毕业并获得教师资格证书者;巡回指导教师以及特殊教育的专门工作者,必须具有特殊教育证书和特殊教育专业高级学位。由此可见,英国在培养中小学教师时,既重视其普通教育能力的培养,也强调特殊教育能力的培养,并把二者有机地结合起来。①

越来越多的西方国家都在报道特殊教育需要训练范围在教师培训初期阶段的情况。特殊教育需要训练的范围也随着国家的不同而不同。例如,它取决于融合教育的程度,对新教师的就职安排和其他支持,以及在职培训机会。有关教师接受特殊需要培训的范围被强行规定的国家有:澳大利亚、法国、意大利、挪威、瑞典以及英国。在澳大利亚,教师培训机构有义务为教师从事一体化班级教学准备相应课程。在法国,初级培训课程中有42小时的单元课程进行有关特殊需要的专题培训。在意大利,有强制进行特殊需要系列培训的要求。在挪威,所有想从事初级或中等学校教学的教师必须学习一个学期的特殊教育。在瑞典,所有想当教师的人都需要学习10周的特殊教育。在英国,所有师范生自1989年以来,就要求学会一系列具有更广泛能力的适当策略和技能,并能够确认出有特殊教育需要的学生。在其他一些国家当中,特殊教育是一门选修课程,很多学生都选修了它。在德国、西班牙、瑞士等一些国家中,这些也变成强制性的课程。②

在职培训在今后的融合教育中将起到非常重要的作用,因为这是在职教师发展技能的重要方法。近年来,对于这一点重要性的认识在欧洲越来越广泛,在职期间进行恰当教育的机会也大量增多。事实上包括法国、德国和希腊在内的许多国家已非常重视教师的在职培训,并将它作为向融合教育发展的前提条件。

(四)融合教育教师资格认定的制度保障

在现阶段的中国,大多数融合学校推行的是对融合学校中取得普通教师资格证书的教师进行特殊教育的培训,但因为缺乏制约机制与激励机制,导致很多特殊教育培训不能吸引融合学校的教师积极参与。大多数融合学校教师是从普通师范院校毕业的,毕业之前并没有接受过特殊教育方面的技能培训。而在获得教师资格证之后,他们在教育过程中可能会接受一些相关的特殊教育方面的技能和理论培训,进而担任融合班级的教师,其资格证书还是原来的普通教师资格证书,但在证书中添加了后期的特殊教育理论技能的培训,可见中国这种模式只能算是普通教育教师资格认定制度的一种拓展。中国的融合教育教师只具备普通教师资格证,因其后期的培训等没有得到制度上的承认与保

---

① 赵微.英国培养普通教师具有特教技能[J].中国特殊教育,1998,(4):33-36.
② Stanley J. Vitello, Dennis E. Mithang. Inclusive Schooling: Nationan and International Perspectives[M]. London: Lawernce Erlbaum Associatetes, Inc. Publishers. 1998:156-162.

障，也就没有证书上的承认，培训的结果只是一种理论和技能的丰富。正是由于中国现阶段的这种模式，中国融合教育的实施在模式上就制约了融合教育的顺利进行，而要解决现阶段的问题，必须从立法角度入手。

融合教育教师资格认定的法律研究面临许多问题。首先，要明确立法的切入点：融合教育教师资格认定制度是融入现有的教育法、教师法中有关普通教师资格证认定过程中，还是单独制定融合教育教师资格认定的规章制度。而在立法研究中，常常会遇到比立法更重要更实际的问题。如在实施过程中，是只要求部分教师懂得融合教育知识还是所有教师都需要懂得融合教育知识？如果仅仅是部分教师需要进行培训，则不利于融合教育的实施，相反，如果要求所有的教师接受融合教育的培训，则需要从培训的制度上进行根本的革新。

其次，要在立法的内容上对融合教育教师的权利与义务做出明确的规定，特别是在培训经费保障、培训时工作量的计算、落实特教补贴等问题上给予切实的制度保障。例如，目前相关的文件规定特教津贴只针对特殊学校的教师，而不包括融合学校的教师，导致"老师干工作完全靠良心"，从而影响了融合学校教师接受特殊儿童在自己所任教班级就读的热情。

第三，明确融合教育教师资格认定的方式，即是采用单证式还是采用双证式的融合教育教师资格认定制度，需要做出明确的规定。无论采取哪种认证制度都可以看出国家对融合教育的重视，从而有利于特殊儿童的随班就读工作的开展，并且可以提高其法律效力以及增强人们对融合教育教师培训的迫切性的认识。

第4节 融合教育的学习主体

一、学习主体的对象

融合教育学习主体就是在融合教育环境中接受教育的学生，包括普通学生与有特殊教育需要的学生，有特殊教育需要的学生就是法律法规规定的残疾人或特殊儿童。我国1990年12月全国人大常委会通过的《中华人民共和国残疾人保障法》第2条规定："残疾人包括视力残疾、听力残疾、言语残疾、肢体残疾、智力残疾、精神残疾、多重残疾和其他残疾的人。"

概括来说，目前在融合班级中接受教育的有特殊教育需要的学生主要包括生理发展异常学生、智力发展异常学生、学习障碍学生、语言发展障碍学生、广泛性发育障碍学生等。生理发展异常学生主要包括视障学生、听障学生、肢体障碍学生、身体病弱学生。智力发展异常学生主要包括智力超常学生与智力落后学生。学习障碍学生包括发育性学习障碍和学业性学习障碍学生。语言发展障碍学生主要包括构音障碍学生、流畅度异常学生、发音异常学生、语言发展异常学生等。广泛性发育障碍学生主要包括自闭症、多动症、抑郁症、焦虑症、强迫症、恐惧症等类型的学生。

二、学习主体的受教育权[①]

受教育权是公民的一项基本权利,因此融合教育必须重视所有儿童的受教育权利。鉴于我国目前提倡特殊儿童到普通学校随班就读,这里只分析特殊儿童的受教育权利。特殊儿童(指0~18岁未成年人)作为社会中的弱势群体,他们的受教育权一直是人们关注的焦点。从人的发展角度讲,教育对于特殊儿童终生发展所产生的影响,比对其他任何社会群体都更为重要。关心和帮助这个困难群体,尊重特殊儿童的受教育权、发展权和人格尊严,通过采取特殊措施发展特殊儿童教育事业,使他们自身素质和适应社会生活的能力不断提高,以平等的地位和均等的机会,参与社会生活和国家建设,共享社会物质文化成果,是社会文明进步的标志,是人权保障的广泛性、公平性和真实性的客观体现,也是我国社会主义制度优越性的重要方面。

(一)受教育权的内容

根据《中华人民共和国义务教育法》中对学生受教育权的相关规定,结合特殊儿童接受教育的特殊性,特殊儿童的受教育权包括入学平等权、公平享有教育教学设施的使用权、公正的评价权、选择性的安置权、合理的申诉权以及其他各项公民享有的权利。

(二)受教育权的保障形式

1. 立法保障

首先,通过立法来保障特殊儿童的受教育权,将发展特殊儿童教育事业上升为国家意志,有利于特殊儿童教育事业的稳定发展。据联合国教科文组织统计:到1994年,至少有超过52个国家的近140部法律是专门针对残疾人问题的。目前,我国没有通过由国家最高立法机关制定的有强制性的特殊教育专门法律,只有国务院制定的行政性法规——《残疾人教育条例》,其效力和约束力有限,应将其完善并提升为具有更高权威性的法律。另外,《残疾人教育条例》对某些方面缺乏明确的规定,如对特殊教育经费每年应占全部教育经费的比例、投入渠道都未作具体的规定。邓猛与周洪宇提出关于制定"特殊教育法"的倡议的出发点就是要通过立法来保障特殊儿童平等地接受教育的权利。其次,要通过制定与完善其他的法律法规来保障特殊儿童的教育权利。特殊教育是一项系统工程,需要社会各方面的协作和配合,否则难以形成稳定的管理系统和教育机制,必须通过法律法规来规范社会各部门的职责,教育责无旁贷,计划、民政、财政、人事、劳动保障、卫生、税务和残联等有关部门和单位也应各司其职,共同保障特殊儿童的受教育权等合法权益。第三,需要通过立法维护特殊儿童的其他权利,以更好地保障特殊儿童能平等地接受教育。第四,要根据特殊教育事业发展的需要对相关的法律法规进行修订,以更好地促进特殊教育事业的发展。

[①] 该部分由笔者与广东顺德特殊教育学校张威林老师撰写的《我国特殊儿童受教育权利的法理分析》一文改写而成。

2. 司法保护

司法保护是指司法机关通过司法渠道对特殊儿童和对违法犯罪的特殊儿童的特别保护。司法机关应对侵犯特殊儿童受教育权的行为进行制止,对侵犯特殊儿童受教育权的单位和个人进行处罚和制裁。对侵害特殊儿童的其他权利的行为也要追究责任。

3. 家庭保护

家庭是社会的基本单位,抚养和教育特殊儿童的成长、成才是家庭的重要职责。家长及其他监护人对家庭中的未成年人有监护和教育的义务。英国1944年的《教育法》明确提到了家长有权保障子女接受合适的教育。美国1975年颁布的94—142公法同样强调家长在维护特殊儿童受教育权时的作用。英美法律规定的特殊儿童家长权利包括:获得相关资料和信息的权利,参与评定评估的权利,参与个别化教育计划制订、实施和复查的权利,反对及上诉的权利。[1] 家庭是特殊儿童的受教育权得到落实的重要条件。《教育法》规定,适龄的儿童、少年的父母或其他监护人有义务使适龄儿童、少年接受并完成规定年限的义务教育。特殊儿童的父母和监护人应当为其子女或者其他被监护人受教育提供必要条件,应当配合学校和其他教育机构对未成年人进行教育。家长有送特殊儿童入学的义务。可见,家庭的支持和保护是保障特殊儿童受教育权利的基本条件之一。

4. 社会保护

社会是特殊儿童受教育、成才的大环境。社会为他们提供保护性的受教育的环境和成才条件,可以保障他们受教育权利的实现。社会对特殊儿童的保护是通过授权性规范和禁止性规范来完成的。《中华人民共和国义务教育法》规定,禁止任何组织和个人招用应该接受义务教育的适龄儿童、少年就业,"对使用童工的单位和个人从重处罚"。这也保护了特殊儿童的接受教育的环境,可以让他们在一个好的环境中学习和成长。残联、妇联、民政局等相关机构应针对特殊儿童制定相应的捐助机制,并对有困难的特殊儿童进行帮助。

5. 学校保护

融合学校是实施融合教育的专门场所,是特殊儿童参与活动,接受、享用教育的地方,是受教育权实现的重要保障。融合学校有维护特殊儿童合法权益的义务,应积极创造条件,改善办学条件,为特殊儿童提供服务。融合学校除了全面贯彻国家的教育方针外,还应关心、爱护特殊儿童,不得歧视他们。融合学校教师应该尊重特殊儿童的人格尊严,不得对特殊儿童进行体罚或变相体罚。融合学校应当保证特殊儿童在校享有安全、健康的体育活动场所和教育设备。

---

[1] 刘颂,王辉.特殊儿童家长参与的权利[J].中国特殊教育,2000,(4):33-36.

第5节　融合教育的参与主体

一、参与主体的对象

融合教育参与主体主要是指融合教育教学过程中特殊儿童的家长及其他监护人。根据《中华人民共和国义务教育法》规定,适龄儿童、少年的父母或其他监护人有义务使适龄儿童、少年接受并完成规定年限的义务教育。[1] 融合教育学习主体的父母或其他监护人应当为子女平等接受教育提供必要条件,应当配合融合学校对子女进行教育。可见,家长及其他监护人是融合教育参与的主体,他们有权参与融合教育的决策、实施,以维护特殊儿童的合法权益。例如,美国法律规定,学校对特殊儿童所采取的任何措施,家长有权事先得到通知,并有权要求学校解释采取这些措施的理由;有权对学校的决定提出疑义;有权查阅儿童的评估测试记录;有权否决学校为其子女制订的个别化教育计划;等等。[2]

二、参与主体的参与角色

长期以来,很多特殊儿童家长将教育孩子的任务完全交给学校,简单地认为教育特殊儿童的是学校教师的责任,而不是自己的责任,因此他们在教育孩子的过程中存在着诸多的不当观念。概括来说,主要有:① 将学校教育等同于全部教育。家长认为,教育孩子是学校的任务。② 将家庭教育等同于家庭抚养。当笔者在承担的全国"九五"规划重点课题"特殊儿童家庭教育研究"的具体调查与访谈中问及"你是如何对残疾孩子进行家庭教育"的问题时,很多家长只是从抚养的角度来谈自己如何管孩子,如何照顾孩子的衣食住行,很少有家长谈到自己是如何教育孩子的。这些观念给特殊儿童教育造成了诸多的难题。如将学校教育等同于全部的教育,使特殊儿童家长在残疾孩子婴幼儿时期只考虑孩子的医疗、抚养问题,而消极地等待孩子成长到入学的年龄,再将残疾孩子送入学校,由教师来教育自己的孩子,不但忽视了对残疾孩子的早期家庭教育,而且忽视了教育残疾孩子是教师和家长共同的责任。例如根据某校调查显示,"25%左右的家长认为盲童'无用',生来就是'累赘',对他们放弃家庭教育,把教育的责任推给了学校"[3]。

由此可见,在过去很长时间里很多特殊儿童的家长一直认为自己只是孩子的抚养者,没有认识到自己是孩子的教育者。由于受传统观念以及不良习惯的影响,家长对自身角色的认识往往定位于"抚养者"单一角色上。即使有的家长认识到自己既是"抚养者",又是"教育者",也由于认识上的偏差,片面地将家庭教育认为是自己对孩子进行的教育,而没有自我教育的意识,即将让自己成为一个积极的"学习者"的观念排除在外,更

---

[1] 劳凯声.教育法学[M].沈阳:辽宁大学出版社,2000:184.
[2] 朴永馨.特殊教育学[M].福州:福建教育出版社,1995:105.
[3] 华瑛.盲童家庭教育调查与对策[J].中国特殊教育,1998,(2):13.

不能有选择地从残疾孩子那里得到适当的启示。

很多家长之所以在教育残疾孩子的问题上存在着这样或那样的偏差,除了对残疾孩子存在诸多不当的认识之外,他们对自己在教育中的角色认识也不全面、不到位,造成了在教育残疾孩子的过程中没有尽到应尽的责任,特别是忽视了家庭教育的作用。实际上,家庭教育对特殊儿童来说是相当重要的,甚至比学校教育更为重要。有时,与其说特殊儿童在接受学校教育,不如说他们是在接受一种家庭教育。正如《重塑生命——一位父亲与聋女的双重奇迹》中所述:"周弘清醒地知道自己的女儿在这么长的时间里其实在学校所接受的教育是很少的,大多数情况下,婷婷仍然是在接受一种家庭式的教育。"[1]

随着现代教育的发展,特别是特殊教育的发展,人们越来越重视家长在教育中的作用。实践证明,如果特殊儿童家长能正确认识自己在教育孩子过程中的地位与作用,就会对特殊儿童的教育起很好的推进作用,成为残疾孩子教育过程中的"终身教师",并引导孩子朝正确的方向、健康的轨道发展。特殊儿童家长要使自己的孩子受到良好的教育,自己应切实承担起教育孩子的责任,并对自己在残疾孩子教育过程中的地位与作用有正确的认识。这种认识其实就是对自己在教育中的角色的认识与定位。家长的角色应由"单一角色""双重角色"转向"多重角色"。特殊儿童家长应认识到自己在教育中的角色不仅仅是抚养者和教育的服务者,而且应该是教育者、研究者、管理者、学习者。

(一)"抚养者"的角色

特殊儿童家长应担当好"抚养者"的角色。家长作为"抚养者",就是要照顾好残疾孩子的"衣食住行"。照顾好孩子的"衣"就是要让残疾孩子适时穿衣,做到使孩子保暖。照顾好孩子的"住"就是要让残疾孩子住得舒适,根据他们的残疾情况提供适当的安全措施,例如:对视障儿童要做好排除危险设施的有关事务。照顾好孩子的"行"就是要让残疾孩子学会自己行走,明确目的地与出发地的路线,特别是视觉障碍儿童,更是要做好这方面的工作。照顾好孩子的"食"就是要根据特殊儿童的生理特点,从提高特殊儿童的健康水平出发,"促进其正常的生长发育,控制其残疾不继续恶化,在抚养的过程中,除必须保证供给其与同龄普通儿童所需合理的营养素外,据其不同的残疾,对膳食还有不同的需求"[2]。一般来说,对于视障儿童,要供给丰富的含维生素 A、B_1、B_2、C、D、PP 铁的食物。对于智障儿童,要供给一些脑组织所需的营养素,诸如蛋白质、氨基酸、脂肪、碳水化合物、维生素、矿物质等。

(二)"教育者"的角色

特殊儿童家长应担当好"教育者"的角色。过去,很多特殊儿童的家长片面地认为教育孩子是学校的任务,将孩子送入学校后,他们就认为教育孩子并不是自己的责任了。这种认识是欠妥的。特殊儿童家长应该与教师一样成为教育者,担当好孩子人生中的"第一任教师"和"终身教师"。家长作为孩子的教师,就应该承担教育孩子的任务与责

---

[1] 姜广平.重塑生命——一位父亲与聋女的双重奇迹[N].楚天都市报,2001-03-07(18).
[2] 李林静.特殊儿童养护[M].重庆:西南大学出版社,1994:258.

任。当周弘觉察到婷婷的话像外国语时,"他这个当父亲的有着不可推卸的责任"[1],并没有将这个责任留给将来的学校教育以及学校教师。

作为教育者,首先,家长既要教好书又要育好人。教书和育人是一个有机整体,家长在教育教学过程中不仅要向孩子传授科学文化知识,而且要自觉地负起育人的责任。即家长有目的有计划地向孩子传授知识的同时,还要对孩子进行思想道德教育,使他们树立正确的世界观、人生观、价值观和道德观。我国当代著名的教育家叶圣陶先生说:"党和国家对一个人民教师的职业道德具体要求很多,其中要求教师教书育人是根本的。教师既要教书,又要育人,才会使学生真正受益。"[2]对于作为教育者的家长来说,同样是如此。其次,教书不仅要教书本上的死知识,更要教书本中的活知识(方法)。即家长不应停留在授孩子以"鱼",而应着眼于授孩子以"渔"。德国教育家第斯多惠所说的"一个坏的教师奉送真理,一个好的教师则教人发现真理",对于家长同样适用。再次,作为教育者的家长在教育孩子的过程中要解决好几个矛盾:自己的教育观与孩子的学习观的矛盾、自己的教学内容与孩子学习内容的矛盾、自己组织的教学过程与孩子的学习过程的矛盾、自己的教学方法与孩子的学习方法之间的矛盾、自己对教学目的的主观认识与孩子对学习目的的主观认识之间的矛盾。

(三)"研究者"的角色

特殊儿童家长应担当好"研究者"的角色。家长应时时刻刻注意把自己的孩子作为研究的对象,并从中学会一些教育孩子的方法,从研究中受到启发,并运用研究的理论与方法来指导自己教育孩子的实践。周婷婷的父亲周弘不仅在教育周婷婷,而且在研究周婷婷,时时刻刻注意孩子的思想、学业等各个方面的变化情况,并根据孩子的发展情况适时做出相应的调整。

研究特殊儿童的心理与教育是丰富家长的知识、提高家长教育特殊儿童的理论水平和教学能力的重要途径,是促进家长创造性地对特殊儿童开展教学活动,成为"教师型""学者型"家长的必经之路。作为特殊儿童家长,必须积极主动研究自己的残疾孩子,并不断向有关专家和有经验的特殊儿童家长请教,提高自己的研究能力,不断依据研究所获得的信息来调整自己教育残疾孩子的观念、方法、态度、目标,使特殊儿童家庭教育的教育教学思想得到创新,自觉地改革自身的教育教学方法,实现教育教学的最优化,更好地成为一个优秀的教育者。正如鲍林所说:"如果一个人在进行教学的同时也进行研究,那么他的教学效果一定会得到进一步的提高。即使他们的研究工作并不像他希望的那么成功,但他可以继续有效地进行教学。一般说来,总会得到答案的。"[3]对于特殊儿童家长来说,更是如此。周弘在教育周婷婷的过程中就是不断地研究,不断地发现,最后成为一个成功的教育者。因此,"周弘被主管教育的南京市副市长张连发现了。他被调往南

---

[1] 姜广平.重塑生命——一位父亲与聋女的双重奇迹[N].楚天都市报,2001-02-23(18).
[2] 叶圣陶.听叶圣陶谈师德[J].上海教育,1983,11.
[3] 叶澜.教育研究及其方法[M].北京:中国科学出版社,1990:前言第9页.

京市聋哑学校,当了副校长"①。当周婷婷读三年级时考试总是不行,"周弘觉得教育的方法是很重要的,就又开始了在教育方法上的思考"②,最后通过适当的方法使周婷婷的成绩迅速赶了上来。

(四)"管理者"的角色

特殊儿童家长应担当好"管理者"的角色。特殊儿童由于生理上的缺陷,在家庭、学校、社会生活中存在诸多困难,所以家长应承担起照顾、管理孩子的责任。家长应学会对残疾孩子的各种事务进行科学的家庭档案管理。档案管理的内容主要包括孩子日常在家里的活动、学习、娱乐,在学校里的学习、工作、生活情况,在社会上的活动情况。实施档案管理可以使家长了解孩子生活的具体情况,并且能了解孩子的成长发展过程,从孩子的档案记载的材料中及时掌握孩子各个方面的变化情况,并作出相应的处理。

作为管理者,家长应该学会计划、组织、服务、协调、控制。学会计划就是要为孩子制订切实可行的学习计划,并使孩子在此过程中也学会自己计划自己的学习、工作和生活。周弘为女儿制定的时间表一直坚持到女儿十多岁。每年,甚至每一个时间段,周弘都为女儿制定出不同的作息时间表。学会组织就是要学会组织孩子的各项活动,从活动中培养孩子的组织能力,并使孩子自己学会组织各项活动。学会服务就是要帮助孩子树立正确的理想和人生观,帮助孩子提高明辨是非的能力,并使孩子学会自我服务和为他人服务。学会协调就是要帮助协调孩子的各项事务,特别是要帮助协调孩子的学习、工作与生活,并使孩子从中学会协调自己的学习、生活、工作。学会控制就是要控制自己的言行,特别是在教育孩子的过程中,要注意不要对孩子苛求与斥责,应给予更多的鼓励。因为"孩子就是孩子,你只有不断地给她鼓励才成。对孩子,你不能泄气,要让她充满自信,要让她时时体会到成功的喜悦"③。

(五)"学习者"的角色

特殊儿童家长应担当好"学习者"的角色。特殊儿童家长应在抚养、教育、管理、研究孩子的过程中不断地参与学习,学会学习,通过学习来优化自己抚养、教育、管理、研究孩子的方法、观念。对此,家长要不断提高自我素质,要不断接受新知识、新技术,及时更新自己的知识结构,以使自己的教育观念、知识体系、教学方法跟上时代的变化,适合孩子发展的要求。因此,面对残疾孩子,家长必须重新学习。周弘为了教育好周婷婷,让自己的女儿学会说话,他自己也开始学普通话。为此,"每天,只要有空闲,他就不会放过电视里的'新闻联播'节目。他模仿播音员的口型,有时和播音员一起说话。外出的时候,周弘的口袋里总有一本《新华字典》"④。

作为学习者,家长应该不断地更新自己的观念,明确学习是教育好孩子的根本条件。然而,我们在调查与访谈中发现,不但大多数家长没有学习过有关特殊儿童的心理与教

---

① 姜广平.重塑生命——一位父亲与聋女的双重奇迹[N].楚天都市报,2001-03-10(18).
② 姜广平.重塑生命——一位父亲与聋女的双重奇迹[N].楚天都市报,2001-03-07(18).
③ 姜广平.重塑生命——一位父亲与聋女的双重奇迹[N].楚天都市报,2001-03-07(18).
④ 同上.

育方面的知识,而且很多家长没有自觉学习的意识。例如,笔者在调查聋校学生家长是否学习过相关知识所得到的调查结果足以说明这一点。57%的家长没有学习过一般儿童生理和卫生保健方面的知识;69.3%的家长没有学习过儿童心理、教育和保健方面的知识;71.1%的家长没有学习过听力障碍儿童生理和卫生保健方面的知识;65.8%的家长没有学习过听力障碍儿童心理、教育方面的知识;46.5%的家长没有学过助听器使用常识;49.1%的家长没有学习过聋儿语言训练的知识;53.5%的家长没有学习过家庭教育方面的知识;77.2%的家长没有学习过青少年性教育方面的知识。笔者在与家长访谈时发现,他们大多数人表明由于各种原因没有时间和精力来学习。这种状况直接决定了特殊儿童家长的教育水平低下,也影响着特殊儿童的健康成长。

第6节 融合教育的服务主体

一、服务主体的对象

融合教育服务主体主要是指融合教育教学过程中协助教学、管理人员对特殊儿童提供帮助、服务的志愿者。所谓志愿工作者又名义工,通常是不求物质报酬,出于自由意愿,付出时间与精力去服务社会及他人的人。融合教育的志愿工作者大致包括以下几类:大学生、中学生、企业人员、各级党政领导和机关人员、教育工作者、医务工作者、部分特殊儿童家长、部分正常儿童家长、社会工作者等。

二、服务主体的服务内容

融合教育服务主体可以根据自己的职业特点和能力特长来有针对性地为特殊儿童提供力所能及的服务。融合教育服务主体的服务内容主要包括生活服务、教学服务、管理服务、培训服务等。生活服务就是协助教师或家长料理好融合教育学校中的特殊儿童的衣、食、住、行;教学服务就是协助教师在融合课堂中进行教学,可能是专门负责某名特殊儿童的教学,也可能是帮助展示教学用具等;管理服务就是协助融合教育管理人员做好融合教育档案材料的归类、整理等工作;培训服务就是利用自己的一技之长来对融合课堂中教师、家长、儿童进行培训,使教师学会教育具有差异性的学生,使家长学会教育特殊儿童的技巧,使儿童掌握必要的生活技能或形成一定的职业技能。例如,美国俄亥俄州州立大学提供的残障学生服务不但程序明确,而且项目众多,主要包括考试便利服务、媒介支持服务、手语翻译和抄写服务、残障辅助技术训练、咨询服务和员工辅助支持等。①

 本章小结

---

① 王华,孟威.美国"全纳教育"及其启示[J].长春大学学报,2007,(5):74-75.

融合教育主体是指融合教育教学和管理的人,主要包括专业人员、家长、学生和志愿者等,融合教育主体主要包括研究主体、管理主体、教学主体、学习主体、参与主体、服务主体。融合教育的研究主体要做好研究工作必须具备良好的身心素质、科学文化素质、思想品德素质、活动素质;融合教育管理主体的管理能力应是体力与脑力的统一、品德与才能的统一,管理职责应是职务与责任的统一、权利与义务的统一,融合教育的教学主体要从事融合教育工作必须具备一定的教学资格,特别是相关的培训与资格认证;融合教育的学习主体入学平等权、公平享有教育教学设施的使用权、公正的评价权、选择性的安置权、合理的申诉权以及其他各项公民享有的权利等受教育权利必须得到有效保护;作为融合教育参与主体的家长必须明确自身的角色之多样性;作为服务主体的志愿者、义工等必须具备建立在具体服务内容基础上的科学的服务理念和良好的服务技能。

 思考与练习

1. 融合教育研究主体需要具备哪些素质?
2. 融合教育教师资格如何认定?
3. 如何保证融合教育学习主体的受教育权?
4. 如何提高融合教育服务主体的服务质量?

第 8 章 融合教育：从学前教育到高等教育

融合教育目前在我国学前教育、基础教育（初等与中等教育）、高等教育等教育体系中实施，但各个阶段实施过程强调的重点存在一些差异，学前融合教育过程更多强调的是如何对特殊婴幼儿进行早期干预，基础教育过程更多侧重于如何处理好融合教育发展过程的关系，高等教育过程更多聚焦于残疾大学生的教育安置问题。

第 1 节 学前融合教育中的综合干预

学前融合教育中对特殊儿童的干预内容包罗万象，主要包括生活保健、感统训练、行为矫正、语言矫治、药物治疗、音乐治疗、物理治疗、游戏治疗等。[①] 这些早期干预策略在学前特殊儿童治疗训练的具体实施过程中往往不应"单兵独进"，采取单一的干预策略，而是要"齐头并进"，采取综合干预策略。

一、综合干预的提出

综合干预是针对单一治疗方法的不足而提出的综合性的系统干预方法。它是指通过临床专业人员、特殊教育专业人员、心理学专业人员、教师、家长等共同参与干预，以某一种或几种训练方法为主，辅以其他一种或几种训练方法，以解决学前特殊儿童认知、情绪、行为等方面问题的干预模式。例如 20 世纪 90 年代美国国家精神卫生研究所针对注意缺陷多动障碍儿童单一药物治疗的不足，提出了综合治疗的课题研究，要求孩子、家长、医院、学校、教师以及社会共同配合，用更大的耐心、周密的计划、强化及奖惩手段培养和巩固孩子的良好行为。学前特殊儿童之所以需要采用综合干预，其中的原因主要包括影响因素的复杂性、幼儿障碍的特殊性、治疗方法的局限性、治疗人员的专业性等。

（一）影响因素的复杂性

特殊婴幼儿的身心发展障碍是生物因素、心理因素和社会因素共同作用的结果，但是影响因素作用上谁主谁次，出现时间上谁早谁晚，并不一定很快就能被甄别出来，这就增加了对特殊婴幼儿进行治疗时"对症下药"的难度。为了避免特殊婴幼儿错过治疗的最佳时期，采用综合干预的方法，可以通过多种治疗方法的干预效果比较，发现一种主要的治疗方法，辅以其他治疗方法，采取边干预边诊断的方式，通过诊断来促进干预，通过干预来反观诊断的准确性，将诊断与干预有机地结合起来。即使在查明原因的情况下，

[①] 此部分内容可以参阅雷江华.学前特殊儿童教育[M].武汉：华中师范大学出版社，2008.

针对生物因素影响而导致的问题,可能采用药物治疗效果比较好,但是生物因素可能又影响了特殊婴幼儿的心理发展,影响了家庭对待该婴幼儿的态度,如果不同时启用心理干预机制与家庭干预机制,可能会出现"头疼医头,脚痛医脚"的局面,不但不利于全面控制影响特殊婴幼儿身心发展的各种因素,而且不利于特殊婴幼儿在发展关键期得到最佳的发展。

（二）幼儿障碍的特殊性

众所周知,没有包治百病的灵丹妙药。特殊婴幼儿的障碍情况千差万别,想要用一种治疗方法来治疗所有特殊婴幼儿的所有问题几乎是不可能的。对于听障幼儿与语言发展迟缓的幼儿可能更多运用的是语言治疗,但不能因此而舍弃感觉统合训练、行为矫正等治疗方法,因为在语言治疗的过程中同样可以对他们进行听觉、视觉等感觉统合训练,同样需要针对他们的发音进行行为矫正,因此突出主要的治疗方法的同时,需要辅以其他的治疗方法,以提高治疗的效果。对于注意缺陷多动障碍儿童最常用的方法是药物治疗,这些儿童经过药物治疗后能改进注意力,但要改进其他行为问题和学业,就显得比较困难。正如许多专家所说,单一的药物治疗能控制儿童的注意缺陷多动障碍,但是不能改进其学业成就和技能,增长其知识,也不能更好地帮助他们提高应对问题的能力。要更有效、更持久地改变儿童的这些问题,可以将行为治疗、情绪咨询和实践支持相结合。①

（三）治疗方法的局限性

"一个萝卜一个坑",每种治疗方法只是针对某特殊婴幼儿某一方面的问题,例如感统训练主要针对特殊婴幼儿的感知觉问题,行为训练主要针对特殊婴幼儿的行为问题,语言训练主要针对特殊婴幼儿的语言问题,等等,因此有必要采取综合干预的方式来解决特殊婴幼儿各方面的问题。此外,"是药三分毒",没有哪种治疗方法完美无缺,有些治疗可能会出现副作用,例如在对特殊婴幼儿的语言问题进行语言治疗时,如果过于强调发音等方面的准确性,多次延时重复,可能会引发特殊婴幼儿的心理问题。更何况有时在治疗过程中技术手段运用不当,还可能出现"矫枉过正""种瓜得豆""走火入魔"等情况,例如在药物治疗过程中可能出现治疗好了注意力的问题,但是引发了其他诸如身心不良反应或者注意力过于集中等问题。治疗中如何利用各种治疗方法的长处同时把握好运用的度,可能会对特殊婴幼儿的发展起到促进作用。

（四）治疗人员的专业性

特殊婴幼儿的身心发展障碍可能涉及不同的专业领域,例如某特殊婴幼儿的语言问题需要语言学专家的参与,行为问题需要心理学专家、教育学专家的参与,情绪问题需要心理学专家的参与,身体器官病变问题需要医学专家的参与,学习问题需要教育学专家、教师、家长等人的参与,社会适应问题需要社会学专家的参与等。精通所有领域的专家即使有也是少之又少,再说"智者千虑,必有一失",依赖某一个领域的专家可能导致在特

---

① 吴增强.多动症儿童心理辅导[M].上海:上海教育出版社,2006:43.

殊婴幼儿的治疗方案上仅仅运用某一种治疗方法的倾向,不能全面应对特殊婴幼儿的相关问题。"三个臭皮匠顶个诸葛亮",综合干预可以使精通不同专业治疗方法的治疗人员组成治疗团队,共同探讨治疗特殊婴幼儿的治疗方案,从多种治疗方案中选择最适合某特殊婴幼儿的治疗方案,更好更快地促进特殊婴幼儿问题的解决。

二、四种综合干预策略

通过对现有的综合干预策略进行整理,发现主要存在场所中心的综合干预策略、幼儿中心的综合干预策略、项目中心的综合干预策略与多维中心综合干预策略等。

（一）场所中心的综合干预策略

场所中心的综合干预策略主要是根据特定的场所来为特殊婴幼儿提供综合干预的具体策略。其特点是场所配备了专职或兼职的各专业领域的治疗人员,能拟订专门的干预方案,并提供各种治疗方法,在该场所内形成一套完善的综合干预体系。场所中心的综合干预策略包括单一场所中心综合干预策略和多种场所中心综合干预策略。

1. 单一场所中心综合干预策略

单一场所中心综合干预策略包括家庭中心综合干预策略、学校中心综合干预策略、社区中心综合干预策略、医院中心综合干预策略、训练机构中心综合干预策略等。其主要特点是综合干预策略、方案均在某个特定的场所实施。

其中家庭中心综合干预策略在实施过程中,特殊婴幼儿在家庭中接受不同专业领域的治疗专家的上门服务,根据特殊婴幼儿的障碍情况提供具体的指导与治疗。例如上海市卢湾区辅读学校对极重度残障儿童实施的就是送教上门的"一对一"训练。[1] 其优点是治疗专家的现场治疗服务既为特殊婴幼儿提供了具体的治疗,又为家长提供了在家庭中如何实施治疗的具体示范,更为家长提供了具体的可操作性的治疗方案,有利于家长做好后期延续治疗综合干预工作,可以说是融服务、治疗、培训、咨询为一体的综合干预策略。其缺点是无法实施特殊婴幼儿与特殊婴幼儿、与普通婴幼儿之间的游戏活动,不利于特殊婴幼儿将来融入同龄团体。

2. 多种场所中心综合干预策略

多种场所中心综合干预策略主要是指综合干预策略、方案、计划等分别在不同的场所实施,包括家庭-学校综合干预策略、学校-社区综合干预策略、家庭-社区综合干预策略、家庭-医院综合干预策略、家庭-训练机构综合干预策略、家庭-学校-社区综合干预策略、家庭-训练中心-医院综合干预策略等。

多种场所中心综合干预策略中的家庭—训练中心—医院综合干预策略在实施过程中,根据不同场所的人员与资源优势对特殊婴幼儿进行有针对性的指导、咨询与治疗。其优点是能利用不同场所中的训练设备,发挥不同专业治疗人员的优势,如果家长能现场观摩,有利于家长在家庭中对孩子进行治疗。其缺点是特殊婴幼儿对环境的熟悉需要

---

[1] 何金娣,贺莉.残障儿童心理生理教育干预案例的研究[M].上海:上海教育出版社,2005:5.

一个过程,可能发生特殊婴幼儿不配合的情况,影响治疗的效果。根据需要,家庭-训练中心-医院综合干预策略可能出现如下情况:家庭采取生活保健、语言矫治、行为矫正、认知疗法、其他治疗,医院采取生活保健、行为矫正、药物治疗、其他治疗,训练中心采取生活保健、感觉统合训练、语言矫治、行为矫正、游戏治疗、其他治疗等,同一种治疗(生活保健、行为矫正)在三种场所均予以实施。例如,上海虹口曲阳第二幼儿园形成的社区与幼儿园双向沟通、双向服务的体系就是一种多种场所中心的综合干预策略。[①]

(二) 幼儿中心的综合干预策略

幼儿中心的综合干预策略主要是为某名或某类特殊婴幼儿的身心障碍量身定制的综合干预策略。幼儿中心的综合干预策略(见图8-1)包括幼儿个体中心的综合干预策略、幼儿团体中心的综合干预策略、幼儿个体-团体中心的综合干预策略。

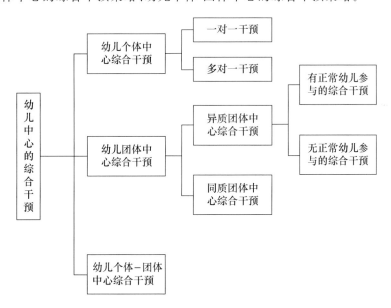

图8-1 幼儿中心的综合干预分类图

1. 幼儿个体中心的综合干预策略

幼儿个体中心的综合干预策略是采取一对一或多对一的模式针对某个问题或某些问题进行综合干预的策略,既可能出现所有的干预策略在同一个场所实施的情况,也可能出现不同的干预策略在不同的场所实施的情况。一对一的模式主要是指一名教师或训练治疗人员负责对一名特殊婴幼儿实施综合干预,例如武汉爱特特殊儿童全纳教育康复中心就要求每名训练人员负责一名特殊婴幼儿的所有干预计划,基于特殊婴幼儿大都寄宿,该机构采取的是一名特殊婴幼儿全程跟随指定的训练人员的方式,包括节假日到指定训练人员的家庭参与家庭生活。训练效果显著,成绩喜人。多对一的模式主要是指

[①] 景观宗.学前一体化教育——让有特殊教育需要儿童在融合中成长[M].上海:上海教育出版社,1999:203-205.

几名教师或训练治疗人员负责对一名特殊婴幼儿进行干预,最好的方式是将几名教师或训练治疗人员组成一个专门的治疗团队,共同拟订治疗方案、计划,提出具体的实施步骤,明确分工,各司其职。多对一模式在当前我国的家庭治疗中应该是比较普遍的,父亲与母亲(有时爷爷奶奶、外公外婆)同时参与幼儿游戏的治疗训练项目就是如此。

2. 幼儿团体中心的综合干预策略

幼儿团体中心的综合干预策略主要采用一对多或多对多的模式来进行,同时也可以考虑采取幼儿与幼儿之间互动的模式,包括星形模式、环形模式、网状模式、层级模式等,四种生生互动模式最好有正常幼儿参与,特别是层级模式更需要正常幼儿参与。一对多的模式主要是指一名治疗人员负责多名特殊婴幼儿的综合干预。特殊婴幼儿的数量不宜太多,最好限制在4人以内,因为特殊婴幼儿的增多必然导致治疗人员分别处理不同特殊婴幼儿临时引发的问题的时间增加,从而影响治疗效果,该模式一般适合在特殊婴幼儿熟悉环境且比较配合的情况下实施。多对多的模式主要是指几名治疗人员负责多名特殊婴幼儿的综合干预,幼儿园内的特殊班很多采取的就是这种模式,它在每个时间段安排一个主要负责实施治疗方案的训练人员,其他治疗人员处理不同特殊婴幼儿的不同问题,并且做好相关记录,辅助主疗人员处理相关事务。

幼儿团体中心的综合干预策略包括同质幼儿团体中心的综合干预策略和异质幼儿团体中心的综合干预策略。同质幼儿团体中心的综合干预策略是指将同类或者具有相同问题的特殊婴幼儿组成一个治疗小组进行综合干预,但该综合干预策略不太适用于自闭症婴幼儿的治疗。异质幼儿团体中心的综合干预策略将不同类型或者具有不同问题的特殊婴幼儿组成一个治疗小组进行综合干预,利用不同类型特殊婴幼儿的优势项目来促进彼此弱势项目的发展,但是组织不好可能会导致弱势的互动胜过强势之间的互动,最后可能导致所有的特殊婴幼儿发展水平的下降。异质幼儿团体中心的综合干预策略可以分解为有普通幼儿参与的团体中心综合干预策略和无普通幼儿参与的团体中心综合干预策略。

3. 幼儿个体-团体综合干预策略

幼儿个体-团体综合干预策略是指将个体中心综合干预策略与两种类型的团体中心综合干预策略组合起来使用的综合干预策略。幼儿个体-同质团体综合干预策略在训练中心应用比较普遍,例如有的特殊幼儿训练中心除了开展对特殊幼儿的一对一训练外,还定期组织同一类型的特殊婴幼儿及其家长聚会,组织亲子游戏活动以及相关的交流咨询活动,既达到了综合干预的效果,也起到了咨询培训的作用,可谓一举两得。幼儿个体-异质团体综合干预策略在建设有融合班级的幼儿园中应用比较普遍,例如教师除了对特殊幼儿进行个别训练外,还可按照层级模式来要求正常幼儿A指导两名正常幼儿B、D分别训练特殊幼儿C、E。在既设立有特殊班又设立有融合班的幼儿园还可以根据特殊幼儿的需要,提供幼儿个体-异质综合干预策略和幼儿个体-同质综合干预策略,即分别参与融合班、特殊班的不同活动。上海市虹口区曲阳第二幼儿园在针对特殊婴幼儿实施资源教室方案时采用了个别教学(个体干预)、小组教学(团体干预)与集体活动(团体干预)

的训练方式,其中集体活动分两种:一是与普通幼儿一起活动,包括体育锻炼活动、角色游戏等;二是特殊班幼儿集体活动和区域活动,其中有结构角、认知角(认识家庭、社会、自然)、生活自理角、美工角、语言角等。①

(三) 项目中心的综合干预策略

项目中心的综合干预策略主要是指针对特殊婴幼儿某一方面或几方面的问题采取有针对性措施的综合干预策略。其主要特点是根据特殊婴幼儿的具体行为问题、语言问题或者其他问题采取具体的综合干预策略,包括单一项目中心综合干预策略和多种项目中心综合干预策略。

1. 单一项目中心综合干预策略

单一项目中心综合干预策略包括生活保健中心的综合干预策略、感觉统合训练中心的综合干预策略、语言矫治中心的综合干预策略、行为矫正中心的综合干预策略、游戏治疗中心的综合干预策略、认知疗法中心的综合干预策略、药物治疗中心的综合干预策略。例如,上海卢湾区辅读学校对4岁自闭症儿童小来的行为训练运用的就是行为矫正中心的综合干预策略,其中运用了示范法、强化法、消退法。②

为了明晰单一项目中心的综合干预策略,现就以听障儿童的语言训练来说明语言矫治中心的综合干预策略。在听障儿童的语言训练中,存在着听语训练、视话训练、手语训练、书面语训练等诸多单一的干预策略,往往都偏执于语言矫治的一端,而忽视了采用综合语言训练策略来对听障儿童进行全面有针对性的训练,同时在训练的过程中也忽视了根据听障儿童的优势来选择如下的训练策略:听语训练为主、其他训练为辅的综合语言训练策略,视话训练为主、其他训练为辅的综合语言训练策略,手语训练为主、其他训练为辅的综合语言训练策略,书面语训练为主、其他训练为辅的综合语言训练策略,等。因为听障儿童听觉损失程度、听觉损失性质、听觉损失类型、是否配戴助听器或植入人工耳蜗、学前语言训练的情况等都对语言训练的效果有直接的影响。

2. 多种项目中心综合干预策略

多种项目中心综合干预策略主要是以两种或多种项目为主要治疗手段,辅以其他次要的辅助治疗手段所组成的综合干预策略,例如,感觉统合训练为主—行为矫正为主—认知疗法为辅的综合干预策略就是将几个项目元素按照主辅作用综合组成的若干综合干预策略。

(四) 多维中心的综合干预策略

多维中心的综合干预策略是指将场所、幼儿、项目三个维度进行各种可能的组合所形成的综合干预策略,其主要特点是可以灵活应对特殊婴幼儿所需要的各种治疗训练,

---

① 景观宗.学前一体化教育——让有特殊教育需要儿童在融合中成长[M].上海:上海教育出版社,1999:137-139.
② 何金娣,贺莉.残障儿童心理生理教育干预案例的研究[M].上海:上海教育出版社,2005:89-90.

并具有很强的针对性。多维中心的综合干预策略主要包括以场所为主、幼儿与项目为辅的综合干预策略；以幼儿为主、场所与项目为辅的综合干预策略；项目为主、幼儿与场所为辅的综合干预策略等（见图8-2）。

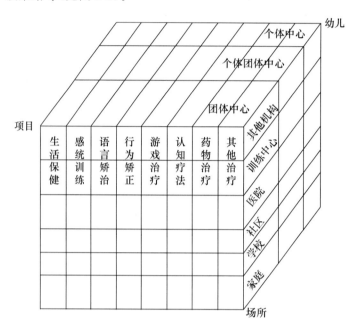

图8-2 多维中心综合干预策略图

例如张焱对1998年7月出生的孤独症儿童小虎从2004年8月至2005年2月的综合干预策略研究就是采用多维中心综合干预策略。其在项目中心综合干预策略上的特点是以音乐治疗方法为主，辅以结构化教育与应用行为分析的音乐综合治疗法，在幼儿中心综合干预策略上的特点是幼儿个体（每周个别治疗3次，每次30～40分钟）—团体（每周集体治疗1次，每次40分钟）训练相结合，在场所中心干预策略上的特点是家庭为主，幼儿园、社区为辅。[①]

三、综合干预的作用

（一）综合干预可以促进不同专业人员集思广益

综合干预需要不同专业领域的人员共同合作探讨治疗特殊婴幼儿的治疗方案，能集思广益。临床心理医生可以提供药物治疗方面的指导，教育学家与心理学家提供行为治疗、学校干预与家庭干预等方面的指导，语言学专家提供语言治疗指导，校长、教师、家长负责实施。在探讨某特殊婴幼儿的具体治疗方案时需要上述人员综合考虑特殊婴幼儿各方面的情况，在小组研讨会上各抒己见，集思广益，提出具体的干预策略，明确干预步

---

① 张焱.音乐治疗干预高功能孤独症儿童行为训练的个案研究[J].中国特殊教育，2005，62(8)：38-43.

骤,列出每个干预阶段所要达到的目标。例如,多专业团队模式、专业间团队模式、跨专业团队模式①就是将不同单位、不同专业人员组成团队进行有效的整合运作,服务于特殊婴幼儿的有效模式。

(二) 综合干预可以提升单一干预的效果

综合干预可以起到"1+1>2"的效果,在针对行为问题幼儿的治疗中我们发现,将认知疗法与行为矫正结合的治疗效果要优于单纯进行行为矫正的效果。此外,治疗多动症,大多数专家都首推药物治疗,最近的研究表明心理治疗与药物治疗相结合比单纯的药物治疗效果要好。②

(三) 综合干预可以促进特殊婴幼儿某方面能力的发展

综合干预如果是针对特殊婴幼儿某方面的问题来采取干预策略则可增强该婴幼儿某方面的技能。在一项名为"智障儿童综合干预"的研究中,专家在家长的配合下,对38名患儿采用药物、营养和智力运动训练相结合的综合干预,促进他们脑细胞恢复功能并生长,结果使被治疗患儿的智商提高了7.2~14.4分。这意味着有些孩子从此可以过接近正常人的生活。主持这项研究的哈尔滨医科大学第一临床医学院儿科教授白馨芝说:"很多父母在医生那里得不到有效的治疗方法,就认为孩子没救了,于是不做任何努力。这显然是错误的。"③

(四) 综合干预可以促进特殊婴幼儿多方面的发展

综合干预因为从多方面多角度来实施对特殊婴幼儿的训练、治疗,不但能促进他们某方面能力的发展,而且能有效促进各个方面的发展。例如通过对注意缺陷多动障碍儿童的综合干预发现,学校心理学家、临床心理学家、教师和家长共同参与的,以行为辅导为主、药物干预为辅的综合干预模式,可以比单纯药物治疗更有效地改善注意缺陷多动障碍儿童的注意缺陷和多动适应行为、自尊水平和学业成绩。④ 通过对自闭症儿童的综合干预发现,6名接受干预的自闭症幼儿对人的注视行为、指点行为的反应轨迹和积极情绪的成长轨迹都有明显的上升趋势。⑤

第2节 基础教育阶段融合教育发展应处理好的关系

为了推动我国特殊教育的发展,1988年特殊教育理论界提出了残疾儿童随班就读的教育主张。国家教委副主任何东昌在《发展特殊教育的方针》讲话中指出:"要在办好特殊教育学校的同时,有计划地在一部分普通小学附设特殊教育班或吸收能够跟班学习的

---

① 何华国.特殊幼儿早期疗育[M].台北:五南图书出版公司,2006:152-155.
② 齐晓栋,邹景进,杨静.儿童行为与情绪障碍的家庭干预效果回顾[J].中国特殊教育,2006,75(9):66.
③ 综合干预可提高智力低下儿童智商.http://ill.fh21.com.cn/nb/dysgnosia/20060724/17321313.shtml.
④ 吴增强.多动症儿童心理辅导[M].上海:上海教育出版社,2006:45.
⑤ 周念丽.自闭症幼儿的社会认知——理论、实验及干预的研究[M].上海:上海教育出版社,2006:8.

残疾儿童随班就读。"[1]特殊儿童的随班就读在国际教育改革潮流的推动与国内政策的指引下开展了30多年,其中虽然存在政策制定与执行之间的冲突、赞成与反对两方观点的争论、成功与回流案例的辩驳,但是在融合安置环境下接受教育的人数越来越多,比例越来越高。然而,为更好地遵循特殊儿童身心发展的规律,促进特殊儿童的健康成长,政府在发展融合教育过程中还需要处理好政策制定与执行的关系,特殊学校与随班就读学校的关系,"质标"与"量标"的关系,家庭教育、学校教育与社区教育的关系,特殊儿童生理发展与心理发展的关系。

一、政策维度：处理好制定与执行的关系

自从基础教育阶段特殊儿童随班就读政策提出以来,国家制定了一系列的政策法规来保障随班就读工作的开展,但是执行的障碍在一定程度上限制了特殊儿童随班就读工作向纵深方向发展。

（一）随班就读政策制定的保障

自随班就读这一办学形式开展以来,《中华人民共和国残疾人保障法》、《残疾人教育条例》等相关政策法规就对其做出了明确的规定。1994年7月21日国家教委印发的《关于开展残疾儿童少年随班就读工作的试行办法》对随班就读的对象、入学要求、教学要求、师资培训、家长工作以及教育管理等方面做了详细的规定。这为随班就读工作的开展给出了具体的指导。2006年新修订的《中华人民共和国义务教育法》第十九条规定,普通学校应当接受具有接受普通教育能力的残疾适龄儿童、少年随班就读,并为其学习、康复提供帮助。《残疾人教育工作"十一五"实施方案》提出：继续完善残疾儿童少年随班就读支持保障体系,提高随班就读质量。

除此以外,各地方政策法规对残疾儿童随班就读也做出了明确的规定。江苏扬州市《关于加强我市残疾儿童少年随班就读工作管理的意见》对随班就读的具体工作做了明确的规定。上海市教委2006发布《上海市教育委员会关于加强随班就读工作管理若干意见》,并且对相关机构和人员的职责做了明确的规定。2013年,为保障特殊儿童享有公平有质量的教育,北京市人民政府正式启动《北京市中小学融合教育行动计划》,以政府主责的方式推进融合教育。随后北京市采取了行动研究,依据生态系统理论构建了促进北京市融合教育发展的专业支持统。[2]

特殊儿童随班就读在中央和地方的政策法规中得到了支持。2003年教育部专门发布《关于开展建立随班就读工作支持保障体系实验县（区）工作的通知》,明确提出"通过各部门的全力支持和多方面的有效保障,使广大符合条件的残疾儿童少年能够顺利进入普通中小学,并能留得住,学得好"。2010年颁布的《国家中长期教育改革和

---

[1] 何东昌.在全国特殊教育工作会议上的讲话[J].特殊教育,1988,(4)：10-16.
[2] 孙颖,王善峰,杜媛,朱振云,陈瑛华.基于生态系统理论构建的融合教育专业支持系统探究——以北京市为例.中国特殊教育,2020,(7)：24.

发展规划纲要(2010—2020年)》(以下简称《规划纲要》)中提出,"把提高质量作为教育改革发展的核心任务,保障残疾人受教育权利,不断扩大随班就读和普通学校特教班规模"。2020年6月教育部印发的《关于加强残疾儿童少年义务教育阶段随班就读工作的指导意见》规定"随班就读对象是具有接受普通教育能力的各类适龄残疾儿童少年。每年4月底前,由县级教育行政部门会同残联、街道(乡镇)组织适龄残疾儿童少年家长及其他监护人开展入学登记,对适龄残疾儿童少年入学需求进行摸底排查,全面摸清名单。5月底前,县级教育行政部门委托县级残疾人教育专家委员会,依据有关标准对残疾儿童少年身体状况、接受教育和适应学校学习生活能力进行全面规范评估,对是否适宜随班就读提出评估意见。"各地根据教育部的文件精神落实了具体的实施方案。

(二)随班就读政策执行的障碍

虽然相关法规对随班就读提出了要求和具体的目标,但由于政策制定上的一些缺陷、地方领导重视程度不够、资金支持不足、普通学校应试教育体制的限制以及观念的落后等等原因,除了个别经济发达的地区(比如北京市、上海市等)之外,随班就读政策在执行上困难重重。随班就读的相关政策法规提出,建立以特殊学校为骨干,随班就读为主体的格局,其主要目的是为了保证义务教育的入学率。邓猛教授指出:开展随班就读以来,虽然义务教育的入学率有了很大的提高,但随班就读的质量并不高,在执行随班就读的过程中存在各种矛盾和冲突。地方教育机关作为政策执行者,对随班就读的态度直接影响到政策的执行力度,国家制定的很多法律法规到基层就变冷了,影响了随班就读的执行效果。[1] 王洙等人指出,经费短缺是推行随班就读工作过程中的主要障碍,需要进一步加大资金投入。[2]

由于特殊教育需要儿童之间存在着较大的差异,随班就读的政策法规应该考虑到不同类别特殊教育需要儿童的需要,例如听障儿童随班就读需要政府或家长提供助听器。但是,目前中央和地方关于随班就读的政策法规多是从宏观上对随班就读做了规定,关于支持不同类别特殊教育需要儿童随班就读的相关政策法规则很少看到。政策法规缺少针对性,同样会给政策的执行带来困难。此外,普通学校应试教育体制的限制以及观念的落后等也在一定程度上影响了政策的实施。刘显仁等指出"康复聋儿被迫回聋校"的现状,其原因是"学校怕影响集体成绩","主管部门明确规定达到随班就读要求的适龄儿童必须入读普通学校,而普通学校一般都会找种种理由刁难聋儿及家长,逼得家长最终不得不'自愿'将孩子转学到聋校"[3]。以上诸多因素共同造成了我国随班就读政策在制定与执行上的博弈。

---

[1] 邓猛.特殊教育管理者眼中的全纳教育:中国随班就读政策的执行研究[J].教育研究与实验,2004,(4):41-47.
[2] 王洙,杨希洁,张冲.残疾儿童随班就读质量影响因素的调查[J].中国特殊教育,2005,(5):3-13.
[3] 刘显仁,肖培坚.康复聋儿入学入托门槛高[N].广州日报,2005-02-17.

（三）解决政策制定与执行环节的矛盾，提升政策的执行效力

我们看到国家与地方正在着力完善随班就读的政策，特殊儿童随班就读所需要的条件也得到不断改进，例如国家为深入推进随班就读工作，2020年6月教育部印发了《关于加强残疾儿童少年义务教育阶段随班就读工作的指导意见》，在"完善随班就读资源支持体系"中明确规定，要"加强资源教室建设""发挥资源中心作用"。特殊儿童随班就读效果的提升，在政策层面应从以下几个方面入手：首先，在政策法规的制定上，应完善内容，明确执行目标，重点聚焦其可执行性。为此，特殊儿童随班就读的政策法规应规定具体的资金、设备、人员等资源支持策略，应明确政策执行者的职责以及失职后所应承担的责任，明确并保障随班就读特殊儿童及家长的权利。第二，在政策法规的执行上，做到"有法可依、有法必依、执法必严、违法必究"。在随班就读的实践中，基层教育领导者以及随班就读的老师应该正确理解和实施随班就读政策。在政策不够完善的情况下，应该本着平等的教育理念为随班就读的特殊儿童创造健康的学习生活环境，并在实践中摸索随班就读工作的经验，寻求家长、社区以及特殊学校等全方位的支持与配合。最后，作为一种最终能实现特殊儿童与普通儿童平等接受教育的办学形式，特殊儿童随班就读应在政策制定者、执行者、普通学校和特殊学校教师、家长、社区以及特殊儿童等各方共同努力下得到不断的完善。

二、安置形式：处理好特殊学校与随班就读学校的关系

20世纪80年代，为了推动我国特殊教育的发展，特殊教育理论界提出了特殊儿童随班就读的教育主张。"随班就读"是我国实施融合教育的一种形式，它的出现在一定程度上满足了特殊儿童的需要，是对过去特殊儿童单一地安置于特殊学校的特殊教育模式的补充和发展，是根据特殊儿童的接受能力以及他们自身的愿望所采取的适合他们身心发展需要的普通教育形式。但我们在对特殊儿童进行教育安置时，必须处理好特殊教育形式安置与普通教育形式安置的关系。

首先，需要重新认识特殊学校在融合教育发展中的作用。在融合教育的背景下，特殊学校应成为特殊教育的资源中心、指导中心、研究中心、咨询中心。作为资源中心，特殊学校应注意搜集和提供丰富的特殊教育资源，为所服务区域的特殊学校和随班就读学校服务（如盲校工作范围应包括提供点字以及录音书籍、教科书、趣味性故事书、课外读物等），例如江苏省南京市第六十七中学为提高聋生的教学质量，特别注重"在教学和学习上充分利用聋校的资源"[①]；作为研究中心，特殊学校应利用自身的有利条件，召集随班就读学校教师从事课题研究；作为咨询中心，特殊学校应为所服务的随班就读学校提供教学咨询、科研咨询、信息咨询等；作为指导中心，特殊学校应定期派骨干教师到随班就读学校指导普通学校从事特殊教育教师的教学工作。如果在融合教育背景下不能正确认识特殊学校的作用，就有可能在贯彻融合教育思想时重蹈欧洲一些国家之覆辙，忽视

---

① 陈云英.融合教育的元型[J].中国特殊教育，2003，(2)：1-7.

特殊学校的作用,甚至将特殊学校予以撤除。

其次,特殊儿童的安置必须有利于他们的身心发展。特殊儿童的教育采取何种安置形式,不但在特殊教育界存在着一定的分歧,[①]而且不同的国家也存在不同的主张,甚至有的特殊儿童更有切身的体验。从不同的国家来看,在苏联以及现在的俄罗斯,主张对特殊儿童采取分类安置,"苏俄的听障教育分两部分,全聋的学生上启聪学校,重听学生上重听学校,他们不赞成回归主流的混合教育"[②]。而英国则主张取消特殊教育学校,采取融合教育安置。例如伦敦汉姆区在12年之内(1984—1996年)就关闭了大多数隔离式的特殊学校,特殊学校数量从8个减少到2个,特殊学校的在校学生数从913人下降到206人,并且政府期望当1999年关闭最后剩下的特殊学校时,所有的孩子都能进入普通学校。[③] 从特殊儿童的自身经历来看,学者弗伦茨(French)自幼患有部分视障,她在9岁之前,先是在普通学校接受教育,但她感到学习和生活处处不便,因为学校对她的需求视而不见,没有在学习和生活中给她提供合适的帮助,她在普通学校倍感排斥和无助。她说:"我经常感到隔离,与其他同学不同,我遇到的问题之一是成年人不了解我的残疾,在我解释的时候,他们也不相信。"于是她转到特殊学校。在特殊学校,她不再感到自身生理的问题是个很大的障碍,她获得了自信和友谊,但是,特殊学校的教育标准太低了,她的认知潜能无法得到充分发展,于是她最后又转回了普通学校。[④]

以上的事例展示了两种安置形式的利弊,提供了从多元视角来全面审视特殊儿童安置的依据,既然每一种安置形式都有优缺点,就应该根据特殊儿童的身心特点以及自身的残疾状况因材施教,并为他们提供充分的条件支持,否则就可能导致特殊教育办学效益和办学质量的下降。

三、质量标准[⑤]:处理好"质标"与"量标"的关系

融合教育质量包括"质"和"量"两个方面。就学校教育而言,"质"主要是指特殊个体素质发展程度,可理解为学生的"素质";"量"主要体现为教育培养的人才符合预定标准的绝对数量与相对数量,可理解为人才符合标准的"数量"。[⑥] 一般来说,数量中的绝对数量包括学生入学的人数等;相对数量包括入学率、升学率、就业率、增长率等。制定融合教育质量标准必须从"质标"和"量标"两个方面来进行。然而在实际评估工作中,由于"量标"具有可操作性,而"质标"难以科学分解并予以量化,造成了我国融合教育质量标准在评估验收时过于重视群体的"量标",而忽视了个体的"质标"。

毋庸置疑的是,缺乏"质标"的融合教育质量标准体系终究是落后的、不系统的、不

---

① 请参阅第1章第3节相关内容或参阅拙文.融合教育之论争[J].教育研究与实验.2004,(4):48-52.
② 张宁生.残疾人高等教育研究[M].沈阳:辽宁人民出版社,2000:22.
③ 黄志成.全纳教育——关注所有学生的学习与参与[M].上海:上海教育出版社,2004:79.
④ 黄志成.全纳教育——关注所有学生的学习与参与[M].上海:上海教育出版社,2004:49.
⑤ 具体参阅本书第4章部分内容。
⑥ 雷江华.我国特殊教育质量标准的历史回顾与剖析[J].中国特殊教育.2002,(4):7-11.

科学的。因为融合教育的本质在于培养人、塑造人,其根本目的在于提高人的素质。所以,只有"质标"得以真正实现,融合教育才能切实提高教育质量,特殊儿童才能与正常儿童一样健康成长,达到融合安置"双赢"的目的。这就要求融合教育在实践过程中不但要重视个别化教育计划、个别化家庭服务计划、个别化衔接计划的制订实施,而且要重视对融合安置环境条件下特殊儿童教育质量的评估工作。因此,我国在实施融合教育的过程中,"要在普及推广特教班、随班就读的同时注重提高二者的教育教学质量,逐步满足特殊儿童的特殊需要,完善教学内容,使特教班、随班就读这两种形式真正适合于特殊教育的内容,服务于特殊教育的内容,才能真正地促进特殊教育的发展,否则只会是"昙花一现"。[①] 针对目前有些地方随班就读的质量并没有得到大的提高,课堂上残疾学生"随班混读"现象比较严重的情况,需要明确我国"随班就读试验存在初级阶段——随班就读;中级阶段——一体化教育阶段,普通教育与特殊教育一体化;深化阶段——融合教育的构建",[②]然后根据随班就读的不同发展阶段来分别制定"质标"与"量标",并协调好两者之间的关系。

四、功能发挥:处理好家庭教育、学校教育与社区教育的关系

融合教育的目的在于充分发掘特殊儿童的潜能,使他们身心得到最大程度的发展,制约并调节着整个融合教育过程,指引着学校教育、社会教育和家庭教育三者共同作用,向一个方向努力。从现实情况和理论研究来看,我国在发展融合教育过程中存在轻视家庭教育、忽视社区教育的问题。

特殊儿童、少年的成才显示出,特殊儿童在普通学校接受教育的质量,首先取决于其在家庭教育中的质量。很多受到良好家庭教育的特殊儿童(如周婷婷)在学校中取得了极高的成就。这也是世界各国为何重视"家长参与特殊教育的决策、实施,维护自己及其有残疾的子女的各种合法权益"[③]的原因。此外,融合教育质量提高的必要条件是有健全的社区教育机构为特殊儿童提供各种康复、医疗、教育服务,以更好地促进融合教育质量的提高。为此,申仁洪(2004)提出了"融合性学习环境的生态化建构"[④]模式,即基于建构主义学习观的基本假设,以家庭、普通学校、特殊学校、社区为基本要素的融合性学习环境通过物质、制度和意识等不同层面的展开,并在相互作用和交互作用中构成一个立体的环境网络,特殊儿童就在与这个动态演化环境的互动中进行意义的建构以及认知与人格的生成。

从纵向层次来看,协调好学校教育、家庭教育、社区教育的关系需要加强教育衔接过程的管理,以确保所有学生都能够平稳进步,以便能在正规教育体制中升学、升班,直至

---

① 钱志亮.当今中国特殊教育组织形式之分析[J].中国特殊教育.1997,(2):27.
② 陈云英.融合教育的元型[J].中国特殊教育,2003,(2):1-7.
③ 朴永馨.特殊教育学[M].福州:福建教育出版社,1995,104.
④ 申仁洪.融合性学习环境的生态化建构[J].中国特殊教育,2004,(1),1-4.

毕业。关键的衔接过程中出现的任何障碍都应当予以确认和清除。其中的衔接主要包括最早的家庭与学校之间的过渡、在校期间的衔接过渡、毕业时从学校到社会的衔接过渡。在所有阶段中的平稳衔接都可能要求有很好的信息传递程序，以及为下一个阶段将会发生的事情提前制订计划。[①]

五、发展内容：处理好生理发展与心理发展的关系

受传统观念的影响及由于普通学校教师对特殊儿童认识的局限，有人认为生理缺陷必然带来心理缺陷，从而断定所有的特殊儿童都存在心理问题。生理缺陷是指人体结构上某种组织或功能的丧失和畸形，主要包括视力缺陷、听力缺陷、智力缺陷和肢体缺陷等；而心理缺陷是指心理发展偏离常态，"形成儿童心理障碍的原因错综复杂，是学校教育影响、家庭教育方式、生活环境同群体文化氛围、道德风尚以及儿童自身发展过程中的自然素质、身体成熟水平、认识能力和心理发展的程度等各种原因综合作用的结果"[②]。可见，生理缺陷是形成儿童心理缺陷的众多因素中的一个，而非唯一因素，故生理缺陷可能带来心理缺陷，但两者并不存在必然的因果关系。生理发展的迟缓并不必然带来心理发展的障碍，生理发展的加速并不必然带来心理发展的超前。如果过于强调生理发展对心理发展的必然影响，就会导致家长、教师以及相关人员从特殊儿童的生理缺陷出发，认为特殊儿童必须先治好缺陷，才能接受教育，导致在观念上"重医疗而轻教育"，片面强调生理发展对心理发展的制约作用。因此，普通学校教师需要用辩证的、发展的、联系的观点看待特殊儿童生理缺陷与心理缺陷之间的关系。

特殊儿童首先是人，然后才是残疾人。在人的发展过程中，生理的发展和心理的发展是相互联系、彼此促进的。心理的健康发展受生理发展的影响，不仅指心理的发展有赖于健全的身体器官和正常成熟的生理，而且许多生理因素的变化也都会对心理的发展产生影响。尽管心理的发展有赖于健全的身体器官和正常成熟的生理，但是心理发展还有赖于人与外界环境、他人的相互作用。据教师反映，在普通学校，"虽然学生身体的轻度缺陷并不直接影响正常的学业表现，但如果教师用心观察，就不难发现他们有异于一般学生的独特的情感世界"[③]。其独特的情感世界既可能是生理缺陷引发的，又可能是社会对残疾人的态度所诱发的。1982年第37届联合国大会通过的《关于残疾人的世界行动纲领》指出："社会对残疾人的态度可以说是残疾人取得平等权益的最大障碍，会员国应通过公众教育使人们注重残疾人具备的能力，而不是他们的残疾；让残疾人参与社会生活的各个领域，对每个公民和社会都有好处，要动员全体人民进行支持。"[④]

---

① 陈云英,杨希洁,赫尔实译.融合教育共享手册[M].北京：华夏出版社,2004,136-154.
② 曹阳明,葛红军.试论儿童心理缺陷与审美矫正[J].江西教育科研,1994,(5):3.
③ 张富洪.走进有生理缺陷学生的情感世界[J].教书育人,2003,(5):29.
④ 阎素芬.现代化进程中的特殊儿童少年教育问题[J].青年研究,1994,(12):18.

第3节 残疾学生在普通高等学校接受教育的思考

随着高等教育事业的发展以及残疾人自身的努力,很多残疾学生被普通高等学校录取,与普通学生一起求学于高等学府。我国残疾人高等教育始于20世纪80年代中期,近30年来在政府和社会各界的支持和努力下,我国的残疾人高等教育得到很大的发展。目前,残疾人高等教育已经覆盖到三类残疾考生,即肢体残疾、聋、盲学生,也跨越了从专科、本科到硕士、博士各层次。

表 8-1 全国设有残疾人高等教育的院校办学情况

序号	学院名称	办学层次	办学规模	专业设置	新建、合并事件
1	天津理工学院聋人班	本科	150人	计算机及应用、机械制造工艺及设备、服装设计	1991年成立
2	北京联合大学特殊教育学院	本科	330人	艺术设计、装潢广告设计、办公自动化、园林教育、针灸推拿学、中医按摩、钢琴调律、计算机应用与信息技术	2000年成立
3	长春大学特殊教育学院	本科	436人	艺术设计、针灸推拿学、音乐表演、会计、绘画学	1987年成立
4	河南中州大学特殊教育学院	专科	150人	装潢广告设计、古建筑绘画、摄影	2000年成立
5	山东滨州医学院	本科、硕士	400人	医疗专业	1985年成立
6	南京金陵科技学院	专科	26人	计算机	2005年成立
7	上海应用技术学院	专科	20人	艺术设计	2000年招生
8	南京特殊教育职业技术学院(独立法人)	专科	49人	残疾人高等职业教育	2002年升格
9	长沙特殊教育职业学院(独立法人)	专科	100人	广告艺术设计、园林、电脑文秘、医疗按摩	2002年升格
10	中央广播电视大学残疾人教育学院(全国各省市有22个二级学院)	专科、本科	2476人	数字媒体设计与制作、会计、英语、社区管理	2002年开始成立
11	广州中医药大学盲人大专班	专科	11人	针灸推拿	2006年招生
12	广州大学聋人大专班	专科	44人	艺术设计、计算机应用技术	2007年招生

尽管如此,仍有不少残疾学生因各种原因不能在普通高等学校接受高等教育,残疾学生究竟能否在普通高等学校接受高等教育需要我们进行全方位的思考与分析,通过探

讨残疾学生接受高等教育过程中的各种问题与困难,从而发现解决问题的途径,明晰残疾人接受高等教育的可行性。

一、残疾学生在普通高等学校接受教育的理论依据

残疾学生在普通高等学校接受高等教育的理论依据主要有正态分布理论、主体教育理论和融合教育理论等。

(一) 正态分布理论

正态分布理论提出人的智力状况是呈正态分布的。残疾人群作为一个特殊的群体,他们的智力情况也应该遵循正态分布的规律,即他们中有些人尽管身体残疾,但是智力并不低下,能够接受更高层次的教育。因此,他们不应该由于身体上的缺陷而被学校和教育遗弃,而应该与普通学生一样享有平等的教育权利。

(二) 主体教育理论

主体教育理论提出要培养和发掘人的主体性,残疾学生作为特殊个体,也需要通过教育来发掘自身的主体性,使自己的主体性得到有效的发挥。高等教育作为教育的有机组成部分,同样应该担负起培养和发掘残疾学生主体性的职责,发展残疾学生的自主性、能动性和创造性。

(三) 融合教育理论

融合教育理论提出学校应该服务于辖区内的所有教育对象,包括特殊人群。所谓融合教育,是指教育应当满足所有儿童的需要,每一所普通学校必须接收服务区域内的所有儿童入学,并为这些儿童接受自身所需要的教育提供条件。可见,残疾学生有接受高等教育的权利。

二、残疾学生在普通高等学校接受教育的实践探析

残疾学生在普通高等学校接受高等教育的实例很多,这里试举几例以说明残疾学生在高等学校接受高等教育的可行性。

案例一:邹飞,1982年因小儿麻痹症不能直立行走,1998年以江都市理工科最高分考入南京大学计算机系。2001年11月29日,他不仅被批准为南京大学计算机系免试保送研究生,而且被省委推荐为全国"五四"奖学金候选人。[1]

案例二:姚登峰,1980年因注射了过多的链霉素引起神经性耳聋,听力损失至左耳90分贝,右耳100分贝。1998年考上某名牌高校,该校将其档案提取以后又退回,最后他被湖北民族学院录取。在大学的几年里,他除了英语听力课无法正常上课外,其他各科成绩全部优秀,高等数学、专业英语等多门专业课获全系第一名,总分名列前茅。他还顺利通过了计算机中级程序员、微软ATC认证和高级网络操作员考试。他的散文、论文多次在校内外刊物上发表。他年年被评为优秀三好学生,并成为一名中共预备党员。

---

[1] 陈太云,王月清.父爱,给了我飞翔的翅膀[N].楚天都市报,2001-12-06(24).

2001年,他准备报考天津理工学院计算机专业研究生,11月16日,天津理工学院同意了他的报考申请。①

案例三:周婷婷,1980年生,出生时听力已有问题,1岁半时因医疗事故双耳全聋。在父亲的耐心指导下,她6岁已认识2000个汉字,还学会了看口型和人交流,能说一口流利的普通话;8岁时写出6万字的童话故事;11岁被评为全国十佳少年;16岁被辽宁师范大学教育系录取,成为中国第一个少年聋人大学生;17岁被评为全国自强模范;18岁主演了取材于两位残疾姑娘真实故事的影片《不能没有你》;21岁获准进入美国加劳德特大学攻读硕士学位。②

案例四:郑志高,5岁时因交通事故造成双下肢残疾。2000年高考以593分的成绩被武汉理工大学破格录取,后就读于化学工程与工艺系化学专业。③

以上案例只是残疾学生在普通高等学校接受高等教育的一个缩影。他们之所以能很快适应大学的生活,并能顺利地以优异的成绩完成学业,其中的原因主要包括四个方面。

(一)普通高等学校的主动接纳为残疾人接受高等教育提供了前提条件

学校的主动接纳是出于对法律的遵守以及人道主义的关怀。《残疾人教育条例》第三条规定:"残疾人教育应当根据残疾人的残疾类别和接受能力,采取普通教育方式或者特殊教育方式,充分发挥普通教育机构在残疾人教育中的作用"。继而第七条又规定:"幼儿教育机构、各级各类学校及其他教育机构应当依照有关法律、法规的规定,实施残疾人教育。"残疾学生在普通高等学校接受教育,需要普通高等学校师生员工在转变观念的基础上,主动接纳他们,而不能排斥、歧视他们。然而,据有关部门反映,我国目前很多普通高等学校基于多种考虑并不愿意接受残疾学生进校学习。

(二)残疾学生自身的努力为残疾学生接受高等教育提供了内在动力

普通高校残疾学生学业成绩的突出表现证明了他们有能力在普通高校接受高等教育。当然,他们在普通高等学校接受高等教育除了普通高等学校的主动接纳、社会的关爱、家庭的竭力支持以外,更重要的是他们自身的努力。

1. 残疾学生的求知欲为他们接受高等教育提供了内在的心理动力

或许是残疾学生因失去了健全的身体而更加珍惜来之不易的学习机会,他们对知识的渴求比普通人强烈。例如,郑志高从不允许自己在学习上有半点松懈。化学工程专业需要做很多实验,由于身体上的不便,老师同意他免做实验。但为了不错过任何一次学习机会,郑志高还是尽力去做一些简单的实验,实在做不了就在旁边看同学做,看在眼里,记在心里,每次的实验报告他也是照常上交,从不懈怠。④他们对知识的渴求为他们

---

① 毕云,齐传贤.一个失聪大学生的成长之路(上、下)[N].楚天都市报,2001-11-26,27-24.
② 周弘.赏识你的孩子.见王东华主编.我们是这样教育孩子的——9位中国杰出父母的成功经验[M].北京:中国妇女出版社,2001:84-145.
③ 郭勇,唐善蓉,黄健.挣着板凳上大学[N].楚天都市报,2001-5-17-17.
④ 同上.

接受高等教育提供了内在的心理动力。

2. 残疾学生的正常智力为残疾人接受高等教育提供了坚实的生理基础

残疾学生尽管身体残疾,但是他们的智力并不残疾,他们有正常的智商。众多残疾学生在高等学校的学习表现出的惊人成就,表现出了他们有普通大学生一样的智力潜质,甚至比他们的还要高。教育学和心理学的理论告诉我们,只要人具备基本的智商条件(一般为90以上)就可以进行正常的学习。可见,他们正常的智力为他们提供了坚实的生理基础。

3. 残疾学生的意志力为残疾人接受高等教育提供了强大的精神堡垒

尽管残疾学生在高等学校遇到了很多的困难,但是他们凭借着坚强的意志力战胜了各种困难,为自身的学习克服了障碍,也为普通学生提供了榜样。正如湖北民族学院党委副书记王金华教授所说:"我们录取的姚登峰不仅没有成为包袱,而是成为一笔宝贵的精神财富。"[1]也正如姚登峰就读的天门中学的老师所说:"我们给予姚登峰的,还不如姚登峰给予我们的多。""他的那种勇气,那种精神,那种毅力,真是让人感动,让人时时感到一个做教师的责任和光荣。我们给他以关爱,其实也是在教育我们自己。"[2]

(三)残疾学生家庭的极力支持为他们接受高等教育提供了根本保证

残疾学生家庭的极力支持从孩子发生残疾的那一刻就开始了,很多父母为了使孩子能与普通孩子一样求学,可谓费尽了心思,作出很多的牺牲,承担了常人难以承担的苦痛。就读于南京大学计算机系的邹飞,自进学校开始,父亲一直陪伴在他的身旁,照料着他的生活。

(四)社会的关爱为残疾学生接受高等教育营造了良好的氛围

1982年第37届联合国大会通过了《关于残疾人的世界行动纲领》中指出:"社会对残疾人的态度可以说是残疾人取得平等权益的最大障碍,会员国应通过公众教育使人们注重残疾人具备的能力,而不是他们的残疾;让残疾人参与社会生活的各个领域,对每个公民和社会都有好处,要动员全体人民的支持。"社会各界要共同努力,通过各种方法和途径,改变对残疾人的认识,接纳、认同残疾儿童少年,让他们在身残志坚的情况下实现求学的理想。

姚登峰被某所高校拒绝录取后,在湖北省教委、民政厅、残联等有关部门的关怀下,终于被湖北民族学院录取了。其间也有天门中学十几位教师的联名书信,以及父母的四处奔走。2001年11月24日,姚登峰给天津理工学院的谢山书记的信中说:"回顾自己的成长历程,我万分感激我的父母、学校、老师和同学以及社会各方面给我的关爱,并立志报效祖国和社会。在我入党宣誓的那一天,更坚定了这个决心。因为自己求学艰难,便想到千千万万个和我一样的不幸者,希望能为聋人的康复和教育事业贡献自己的力

---

[1] 毕云,齐传贤.一个失聪大学生的成长之路(下)[N].楚天都市报,2001-11-27(24).

[2] 同上.

量,这就是我孜孜不倦求学的动力所在。"①

三、残疾学生在普通高等学校接受教育的问题分析

尽管残疾学生在普通高等学校接受教育的可行性是毋庸置疑的,但是由于我国高等学校在应对残疾学生入学方面的各种条件尚不太理想。这不但为普通高等学校拒绝残疾学生入学提供了客观的依据,也反映出那些就读于普通高等学校的残疾学生在学习中经历了很多困难。那些不太理想的条件和残疾学生遇到的困难说明了高等学校在接受残疾学生入学方面还或多或少地存在一些问题。

（一）传统观念的束缚

首先,很多领导受到传统观念的影响,持有一种"物残即弃,人残即废"的思想。他们认为残疾学生很难成才,到学校来学习只会加重学校的负担,给学校的各项工作带来麻烦。其次,他们由于受到分类教育的影响,认为残疾学生接受高等教育应该到特殊高等学校,这样对他们的学习更为有利。第三,他们认为残疾学生会对普通学生产生不利的影响。因为很多人认为身体残疾必然导致心理残疾,心理残疾会导致心理不健康,这样就会对普通学生产生不利的影响。第四,他们担心残疾学生到普通高等学校学习会受到普通学生的歧视,这样不利于残疾学生的成长。

（二）学校公共设施的阻碍

目前,我国绝大多数普通高等学校在进行校园建筑建构和设计中没有考虑到专门为残疾人入学便利提供的无障碍设施,例如残疾人通道等。具体来说即没有为视觉障碍学生入学提供盲道,为下肢残疾的学生提供轮椅通道等。

（三）教学设施的问题

普通高等学校的教学设备基本上是为普通学生购置的,而对残疾学生学习所需要的教学用品则很少予以考虑。例如,没有为听障学生学习提供斜面镜以及康复设备,也没有为视觉障碍学生提供扩音设备以及放大镜等。

（四）生活上的问题

无论残疾学生的自理能力多么强,都会遇到因自身身体缺陷而做不到的事情。例如,肢残学生就餐、上厕所等不方便;视障学生会有在校园马路上的安全问题等。

四、残疾学生在普通高等学校接受教育的对策思考

普通高等学校应该从自身的实际出发,努力为残疾学生接受教育排忧解难,探索出一条残疾学生在高等学校接受教育的有效途径。其中的对策主要有以下几方面。

（一）更新观念,接纳残疾学生入学

学校的师生员工应该更新观念,为残疾学生的顺利求学以及入学提供机会。很多残疾人成才的事例表明,残疾人尽管身体上有残疾,但是他们同普通人一样能接受教育,并

---

① 毕云,齐传贤.一个失聪大学生的成长之路(下)[N].楚天都市报,2001-11-27(24).

能顺利成才。学校师生员工应该树立残疾人"身残智不残,身残志不残"的新观念,在录取残疾学生时,能根据他们的身心特点,将他们安排到恰当的学科、专业学习。

(二)贯彻法律精神,保障残疾人接受高等教育的权利

《中华人民共和国残疾人保障法》以及《中华人民共和国残疾人教育条例》早已出台。其中1994年的《残疾人教育条例》第二十九条规定:"普通高级中等学校、高等院校、成人教育机构必须招收符合国家规定的录取标准的残疾考生入学,不得因其残疾而拒绝招收。"1998年颁布的《中华人民共和国高等教育法》第九条规定:"高等学校必须招收符合国家规定的录取标准的残疾学生入学,不得因其残疾而拒绝招收。"对此,普通高等学校要通过一定的途径和措施来予以落实,维护残疾学生接受高等教育的权利,保证他们在普通高等学校有均等的受教育机会。

(三)改善校园建筑设施,为残疾学生接受教育提供便利

随着融合教育的发展,其涉及的范围必然会从普通教育(初等教育、中等教育)向两头延伸,即向学前教育和高等教育延伸。高等学校必须在建设校园设施时,考虑到这一特殊人群的特殊需要,为他们的学习提供"无障碍通道"。

(四)购置残疾学生学习所需教学设备,为残疾学生创设良好的教学环境

高等学校必须从学生接受高等教育的实际情况出发,购置一些有利于残疾学生学习的教学设备,例如为低视力学生准备放大镜、为听障学生准备斜面镜等。

(五)建立"帮扶"制度,解决残疾学生生活中的不便

"帮扶"制度可以有很多种形式。目前,在我国高校中一般有以下几种形式可以值得借鉴。首先,青年志愿者服务于残疾学生。目前很多高等学校建立了青年志愿者协会,其中有大量服务于社区以及学校的青年志愿者。学校可以根据残疾学生的实际需求让青年志愿者担负起服务于残疾学生的任务。其次,班级或寝室成员服务于残疾学生。例如,郑志高就是依靠同学帮助打饭的。最后,家庭成员服务于残疾学生。例如,邹飞就是依靠父亲的帮助求学于大学校园的。为了让邹飞顺利完成学业,南京大学破例给邹飞一人安排了一间宿舍,让他同父亲一同居住,并给他的父亲安排了一份临时工作。①

(六)设立残疾学生专项基金,为家庭贫困的残疾学生提供经济资助

目前,残疾学生的家庭一般比较困难,他们学习的各项费用更多来自社会各界的资助以及家庭的省吃俭用。很多残疾学生不但无法交纳昂贵的学杂费,而且无法保障日常所需的生活费用。对此,学校应予以考虑,拨出专款用于保障残疾学生顺利完成学业。

 本章小结

融合教育目前在我国各个阶段实施,从学前融合的角度来看,基于影响因素的复杂

---

① 陈太云,王月清.父爱,给了我飞翔的翅膀[N].楚天都市报,2001-12-06(24).

性、幼儿障碍的特殊性、治疗方法的局限性、治疗人员的专业性等方面的考虑,学前特殊儿童宜采取综合干预策略进行针对性的训练,综合干预策略主要包括场所中心综合干预策略、儿童中心综合干预策略、项目中心综合干预策略、多维中心综合干预策略等,其作用主要表现为:可以促进不同专业人员集思广益,可以提升单一干预的效果,可以促进特殊婴幼儿多方面的发展。从基础教育阶段的融合教育来看,需要在政策上处理好制定与执行的关系,安置上处理好特殊学校与随班就读学校的关系,质量上处理好素质标准与数量标准之间的关系,功能上处理好家庭教育、学校教育、社区教育之间的关系,内容上处理好生理发展与心理发展的关系。从高等教育阶段的融合教育来看,正态分布理论、主体教育理论和全纳教育理论为残疾学生在普通高等学校接受教育提供了三大理论依据;残疾学生在普通学校接受教育的成功实例说明了残疾学生在普通高等学校接受教育具有可行性,但这并不能掩盖残疾学生在高等学校接受教育的过程中存在问题和困难,因此普通高等学校应该从自身的实际出发,努力为残疾学生排忧解难,探索出一条残疾学生在普通高等学校接受教育的有效途径。

思考与练习

1. 学前融合教育干预具有哪些策略?试列举一种策略进行评述。
2. 基础教育中如何实施好融合教育政策?
3. 高等融合教育存在哪些难题?如何解决?

参 考 文 献

一、中文文献

（一）书籍

[1] 陈佑清.教育目的论[M].武汉：湖北教育出版社,1994.

[2] 陈云英,等.特殊教育学基础[M].北京：教育科学出版社,2004.

[3] 程益基,简栋梁,季佩玉.聋教育师资培训教材[M].北京：中国盲文出版社,2000.

[4] 邓猛.融合教育与随班就读：理想与现实之间[M].武汉：华中师范大学出版社,2009.

[5] 第斯多惠.德国教师培养指南[M].袁一安,译.北京：人民教育出版社,1990.

[6] 丁启文.中国残疾人[M].北京：华夏出版社,1990.

[7] 方俊明.当代特殊教育导论[M].西安：陕西人民教育出版社,1998.

[8] 方俊明.特殊教育学[M].北京：人民教育出版社,2005.

[9] 冯建军.生命与教育[M].北京：教育科学出版社,2005.

[10] 顾定倩.特殊教育导论[M].大连：辽宁师范大学出版社,2001.

[11] 国家教委基础教育司.特殊教育文件经验选编[M].北京：人民教育出版社,1989.

[12] 何华国.特殊幼儿的早期疗育[M].台北：五南图书出版公司,2006.

[13] 何金娣,贺莉.残障儿童心理生理教育干预案例的研究[M].上海：上海教育出版社,2005.

[14] 洪宝书.教育本质与规律[M].成都：成都科技大学出版社,1992.

[15] 黄志成.全纳教育——关注所有学生的学习和参与[M].上海：上海教育出版社,2004.

[16] 景观宗.学前一体化教育——让有特殊需要儿童在融合中成长[M].上海：上海教育出版社,1999.

[17] 劳凯声.教育法学[M].沈阳：辽宁大学出版社,2000.

[18] 雷江华.学前特殊儿童教育[M].武汉：华中师范大学出版社,2008.

[19] 李秉德.教育科学研究方法[M].北京：人民教育出版社,1986.

[20] 李林静.特殊儿童养护[M].重庆：西南大学出版社,1994.

[21] 联合国教科文组织;陈云英,杨希洁,赫尔实,译.全纳教育共享手册[M].北京：华

夏出版社,2004.

[22] 联合国教科文组织国际教育发展委员会.学会生存[M].北京：教育科学出版社. 1996.

[23] 林宝贵.特殊教育理论与实务[M].台北：心理出版社,2001.

[24] 刘春玲,江琴娣.特殊教育概论[M].上海：华东师范大学出版社,2008.

[25] 刘大椿.科学哲学通论[M].北京：中国人民大学出版社,1998.

[26] 刘文君.普通逻辑导论[M].武汉：华中师范大学出版社,1992.

[27] 柳树森.全纳教育导论[M].武汉：华中师范大学出版社,2007.

[28] 鲁洁.教育学[M].南京：河海大学出版社,1988：14-15.

[29] 毛连塭.特殊教育行政[M].台北：五南图书出版公司,1989.

[30] 朴永馨.特殊教育概论[M].北京：华夏出版社,1994.

[31] 朴永馨.特殊教育学[M].福州：福建教育出版社,1995.

[32] 朴永馨.特殊教育辞典(第2版)[M].北京：华夏出版社,2006.

[33] 邱上真.特殊教育导论[M].台北：心理出版社,2002.

[34] 全国十二所重点师范大学.教育学基础[M].北京：教育科学出版社,2003：33.

[35] 宋龄梅.教育测量学[M].武汉：华中师范大学出版社,1991.

[36] 宋专茂,陈伟.心理健康测量[M].广州：暨南大学出版社,1999.

[37] 孙建荣,冯建华等.憧憬与迷惑的事业——美国文化与美国教育[M].北京：中国社会科学出版社,2000.

[38] 孙绵涛.教育行政学(修订本)[M].武汉：华中师范大学出版社,1998.

[39] 孙绵涛.教育政策论[M].武汉：华中师范大学出版社,2002.

[40] 台北编译馆.特殊儿童教育[M].台北：正中书局,1991.

[41] 台湾特殊教育学会.特殊教育课程与教学[M].台北：心理出版社,1987.

[42] 汤盛钦.特殊教育概论[M].上海：上海教育出版社,1998.

[43] 汤盛钦,曾凡林,刘春玲.教育听力学[M].上海：华东师范大学出版社,2000.

[44] 涂艳国.中国儿童教育30年[M].长沙：湖南师范大学出版社,2008.

[45] 王东华.我们是这样教育孩子的——9位中国杰出父母的成功经验[M].北京：中国妇女出版社,2001.

[46] 王坤庆.现代教育哲学[M].武汉：华中师范大学出版社,1996：78.

[47] 王世忠,雷江华,曹晓宁,欧阳琼.学校管理概论[M].武汉：中国地质大学出版社,2004.

[48] 王文科.特殊教育导论[M].台北：心理出版社,1997.

[49] 王文科.特殊教育导论(第3版)[M].台北：心理出版社,2000.

[50] 吴武典.特殊教育的理念与做法[M].台北:心理出版社,1994.

[51] 吴增强.多动症儿童心理辅导[M].上海:上海教育出版社,2006.

[52] 肖非,王雁.智力落后教育通论[M].北京:华夏出版社,2000.

[53] 徐白仑.视障儿童随班就读教学指导[M].北京:华夏出版社,1992.

[54] 杨全印,孙稼麟.学校文化研究:对一所中学的学校文化透视[M].北京:教育科学出版社,2005.

[55] 袁振国.当代教育学(2004年修订版)[M].北京:教育科学出版社,2004.

[56] 藏乐源.教师学[M].天津:天津人民出版社,1987.

[57] 张福娟,马红英,杜晓新.特殊教育史[M].上海:华东师范大学出版社,2000.

[58] 张焕庭.西方资产阶级论著选[M].北京:人民教育出版社,1964.

[59] 张宁生.残疾人高等教育研究[M].沈阳:辽宁人民出版社,2000.

[60] 张宁生.听力残疾儿童心理与教育[M].大连:辽宁师范大学出版社,2002.

[61] 张训诰.特殊教育的省思[M].台北:五南图书出版公司,1999.

[62] 赵锡安.聋人双语双文化教学研究[M].北京:华夏出版社,2004:15.

[63] 周兢.学前特殊儿童教育[M].大连:辽宁师范大学出版社,2002.

[64] 周念丽.自闭症幼儿的社会认知——理论、实验及干预的研究[M].上海:上海教育出版社,2006.

[65] 周宗奎.儿童社会化[M].武汉:湖北少年儿童出版社,1995.

[66] B.H.坎特威茨,H.L.罗迪格,D.G.埃尔姆斯.实验心理学——掌握心理学的研究[M].郭秀艳,等,译.上海:华东师范大学出版社,2001.

[67] 路德·特恩布尔,安·特恩布尔,玛里琳·尚克,宋·史密斯,多萝西·莱亚尔.今日学校中的特殊教育[M].方俊明,汪海萍,等,译.上海:华东师范大学出版社,2004.

[68] [德]埃德蒙德·胡塞尔.逻辑研究(第一卷)[M].倪梁康,译.上海:上海译文出版社,1994.

[69] 保罗·朗格朗.终身教育导论[M].滕星,等译.北京:华夏出版社,1988.

(二)中文文章

[1] 蔡春美,张明贞.学前阶段特殊教育问题之调查研究[J].特殊教育研究学刊,1985,1.

[2] 曹阳明,葛红军.试论儿童心理缺陷与审美矫正[J].江西教育科研,1994,5,3.

[3] 陈爱华.加拿大特殊教育的现状、特点及对我国的启示[J].外国中小学教育,1998,1.

[4] 陈云英.融合教育的元型[J].中国特殊教育,2003,2.

[5] 陈云英.发展特殊教育的经济意义[J].中国特殊教育.1998,4.

[6] 邓猛,潘剑芳.关于全纳教育思想的几点理论回顾及其对我们的启示[J].中国特殊教育,2003,4.

[7] 邓猛.特殊教育管理者眼中的全纳教育：中国随班就读政策的执行研究[J].教育研究与实验,2004,4.

[8] 邓猛,周洪宇.关于制定《特殊教育法》的倡议[J].中国特殊教育,2005,7.

[9] 邓猛,朱志勇.随班就读与融合教育——中西方特殊教育模式的比较[J].华中师范大学学报(人文社会科学版),2007,4.

[10] 高民.特殊教育实践中的生存教育观[J].中国特殊教育,1998,3.

[11] 葛新斌.人道主义是特殊教育的思想基础[J].中国特殊教育,1997,2.

[12] 葛新斌.人的发展平等：特殊教育的基本理念[J].中国特殊教育,1998,2.

[13] 龚兴英.日本教师资格制度的特点及其启示[J].比较教育研究,2004,5.

[14] 郭福荣、翼一志等.关于世界特殊教育大会的报告[J].特殊教育研究,1994,3.

[15] 何东昌.在全国特殊教育工作会议上的讲话[J].特殊教育,1988,4.

[16] 洪雪立.聋哑学校语言教学商讨[J].人民教育,1954,8.

[17] 华瑛.盲童家庭教育调查与对策[J].中国特殊教育,1998,2.

[18] 黄燕平,张洪胜.随班就读听障学生个案报告[J].中国康复,2002,2.

[19] 黄志成.从第五届国际特殊教育大会看融合教育的发展[J].现代特殊教育,2001,3.

[20] 黄志成.试论全纳教育的价值取向[J].外国教育研究,2001,6.

[21] 黄志成,王伟.英国全纳教育研究的现状[J].外国教育研究,2002,3.

[22] 黄志成.全纳教育展望——对融合教育发展近10年的若干思考[J].全球教育展望,2003,5.

[23] 金平.中国特教发展与全纳教育[J].特殊教育研究,1997,1.

[24] 兰继军.论特殊教育的价值取向与西部特教资源的重组[J].中国特殊教育.2003,2.

[25] 兰继军,李国庆,柳树森.论全纳教育的教育原则[J].中国特殊教育,2003,6.

[26] 雷江华.论因残施教[J].山东特殊教育.1997,4.

[27] 雷江华,邬春芹.我国一体化教育模式探讨[J].现代特殊教育,1998,9.

[28] 雷江华.我国特殊教育质量标准的历史回顾与剖析[J].中国特殊教育,2002,4.

[29] 雷江华,张洁.今日美国之特殊教育法规[J].特殊教育,2003,3.

[30] 雷江华.随班就读学校教育工作评价的基本思路[J].现代特殊教育,2004,2.

[31] 雷江华.全纳教育之论争[J].教育研究与实验,2004,4.

[32] 雷江华,姚洪亮.全纳教育教师资格认定制度探微[J].中国特殊教育,2005,7.

[33] 雷江华,邓猛.融合教育发展过程中应处理好的几个关系.香港特殊教育论坛,2006,8.

[34] 雷江华,连明刚.香港的融合教育[J].现代特殊教育,2006,12.

[35] 雷江华,邓猛.听觉障碍学生融合教育语言教学模式论析[J].中国特殊教育,

2007,2.
[36] 雷江华.教育公平视野下的融合教育质量体系解析[J].香港特殊教育论坛,2009,11.
[37] 李春燕.聋儿康复教育[J].中华综合临床康复杂志,2004,10:71.
[38] 李冬梅.残疾人高等教育的发展历程及现状[J].中国残疾人,1999,3.
[39] 李慧聆,张双.随班就读:北京市的实验和经验[J].中国残疾人,1998,1.
[40] 李义胜,蔡俊.融合教育:普通学校对特殊儿童的融合[J].现代特殊教育,2003,5.
[41] 连明刚.融合教育:理论与实践[J].香港特殊教育论坛,2004,1.
[42] 刘翠航.美国教师资格证书体系评析[J].中小学教师培训,2004,6.
[43] 刘颂,王辉.特殊儿童家长参与的权利[J].中国特殊教育,2000,4.
[44] 卢乃桂.融合教育在香港的持续发展——兼论特殊学校角色的转变[J].中国特殊教育,2004,11.
[45] 卢子洲.特殊教育培养目标的理论基础[J].教育研究与实验,1999,4.
[46] 罗亦超,雷江华.特殊学校学生家庭需要之研究[J].教育研究与实验,1999,4.
[47] 欧阳文.构建高校成人学历教育质量标准体系的思考[J].机械工业高教研究,1999,2.
[48] 朴永馨.我国盲、聋学校培养目标的特色[J].特殊教育研究,1994,1.
[49] 朴永馨.教育康复中的一个基本观点[J].中国听力语言康复科学杂志,2004,1.
[50] 朴永馨.融合与随班就读[J].教育研究与实验,2004,4.
[51] 齐晓栋,邹景进,杨静.儿童行为与情绪障碍的家庭干预效果回顾[J].中国特殊教育,2006,9.
[52] 钱丽霞.唇读与听残儿童随班就读——部分地区听残儿童随班就读调查有感[J].特殊儿童与师资研究,1994,4.
[53] 钱志亮.当今中国特殊教育组织形式之分析[J].中国特殊教育.1997,2:27.
[54] 全培德.实施随班就读的几点思考[J].上海教育,1992,4.
[55] 申仁洪.融合性学习环境的生态化建构[J].中国特殊教育,2004,1.
[56] 汤盛钦.特殊教育世界大会巡礼[J].特殊教育研究,1994,3.
[57] 佟月华.美国融合教育的发展进程[J].济南大学学报,2002,1.
[58] 王雁.早期干预的理论依据探析[J].中国特殊教育,2000,4:2-3.
[59] 王湛.振奋精神,扎实工作,努力实现我国特殊教育事业的新发展——在第三次全国特殊教育工作会议上的讲话[J].中国教育报.2001-4-14.
[60] 韦小满、袁文得.关于普小教师与特教教师对有特殊教育需要的学生随班就读态度的调查[J].中国特殊教育,2000,3.

[61] 温毅斌."受教育权"的实质是"受教育平等权"[J].上海教育科研,2003,7.

[62] 伍国雄,冯志文.特殊学校暨资源中心——知识管理[J].香港特殊教育论坛,2004,1.

[63] 吴武典.从特殊儿童的教育安置谈特殊教育的发展——台湾的经验与省思[J].中国特殊教育,1997,2.

[64] 托斯坦·胡森.论教育质量[J].华东师范大学学报(教育科学版),1987,3.

[65] 冼杞烈.特殊教育主流化下,主流学校的需要[J].香港特殊教育论坛,2003,1.

[66] 谢敬仁.扩大随班就读规模,提高随班就读质量[J].现代特殊教育,2003,10:9-10.

[67] 徐怀评、任建华.素质教育浅议[J].教育研究,1996,12.

[68] 阎素芬.现代化进程中的特殊儿童少年教育问题[J].青年研究,1994,12.

[69] 银春铭.英国和瑞典的特殊教育情况[J].外国教育资料,1984,4.

[70] 银春铭.是实行"全纳"还是坚持特殊教育——两种相反观点的论争[J].特殊教育研究,1997,1.

[71] 昝飞,刘春玲.中日特殊教育比较与思考[J].中国特殊教育,2001,1.

[72] 张富洪.走进有生理缺陷学生的情感世界[J].教书育人,2003,5.

[73] 张万波,袁桂林.影响教育质量因素的分析[J].教学与管理,1999,10.

[74] 张焱.音乐治疗干预高功能孤独症儿童行为训练的个案研究[J].中国特殊教育,2005,8.

[75] 张志和、余烈.张謇特殊教育思想初探[J].特殊教育研究,1995,1.

[76] 赵微.英国培养普通教师具有特教技能[J].中国特殊教育,1998,4.

[77] 周文彬,王静.关于我国特殊教育学校职能转变的思考[J].中国特殊教育,1997,4.

[78] 朱益明.教育质量概念分析[J].比较教育研究,1996,5.

[79] [印度]N. K. 江吉拉.对师资教育的重新思考[J].特殊教育研究,1994,3.

二、外文文献

[1] Blindenp. dagogik in China[M]. New York:Waxmann Publishing Co. 2001.

[2] Cathleen G. Spinelli. Classroom Assessment for Students with Special Needs in Inclusive Settings[M]. Upper Saddle River, NJ:Merrill/Prentice Hall,2002.

[3] Janet Jeffers, Margaret, Barrley. Speechreading[M]. Springfield:Bannerstone House, 1976.

[4] John J. O'Neill, Herbert J. Oyer. Visual Communication for the hard of hearing[M]. Englewood Cliffs, N. J:Prentice-Hall, Inc., 1961.

[5] Stanley J. Vitello & Dennis E. Mithaug. Inclusive Schooling:National and International Perspectives[M]. London:Lawrence Erlbaum Associatates, Inc., Pub-

lishers,1998.

[6] Liv Randi Opdal, Siri Wormnaes & Ali Habayeb. Teachers' Opinions about Inclusion: A pilot study in a Palestinian context[J]. International Journal of Disability, Development and Education. 2001,48.

[7] Virginia, Roach. Christine, Salisbury, Gail Mcgregor. Applications of a Policy Framework to Evaluate and Promote Large-Scale Change[J]. Exceptional Children, 2002,4.

北京大学出版社 教育出版中心 精品图书

21世纪高校广播电视专业系列教材

电视节目策划教程	项仲平
电视导播教程（第二版）	程 晋
电视文艺创作教程	王建辉
广播剧创作教程	王国臣
电视导论	李 欣
电视纪录片教程	卢 炜
电视导演教程	袁立本
电视摄像教程	刘 荃
电视节目制作教程	张晓锋
视听语言	宋 杰
影视剪辑实务教程	李 琳
影视摄制导论	朱 怡
电影视听语言——视听元素与场面调度案例分析	李 骏
影视照明技术	张 兴
影视音乐	陈 斌
影视剪辑创作与技巧	张 拓
纪录片创作教程	潘志琪
影视拍摄实务	翟 臣

21世纪信息传播实验系列教材（徐福荫 黄慕雄 主编）

网络新闻实务	罗 昕
多媒体软件设计与开发	张新华
播音与主持艺术（第二版）	黄碧云 睢 凌
摄影基础（第二版）	张 红 钟日辉 王首农

21世纪数字媒体专业系列教材

视听语言	赵慧英
数字影视剪辑艺术	曾祥民
数字摄像与表现	王以宁
数字摄影基础	王朋娇
数字媒体设计与创意	陈卫东
数字视频创意设计与实现（第二版）	王 靖
大学摄影实用教程	朱小阳

21世纪教育技术学精品教材（张景中 主编）

教育技术学导论（第二版）	李芒 金林
远程教育原理与技术	王继新 张 屹
教学系统设计理论与实践	杨九民 梁林梅
信息技术教学论	雷 体闹 叶良明
信息技术与课程整合（第二版）	赵呈领 杨 琳 刘清堂
教育技术学研究方法（第三版）	张 屹 黄 磊

21世纪高校网络与新媒体专业系列教材

文化产业概论	尹章池
网络文化教程	李文明
网络与新媒体评论	杨 娟
新媒体概论	尹章池
新媒体视听节目制作（第二版）	周建青
融合新闻学导论（第二版）	石长顺
新媒体网页设计与制作	惠悲荷
网络新媒体实务	张合斌
突发新闻教程	李 军
视听新媒体节目制作	邓秀军
视听评论	何志武
出镜记者案例分析	刘 静 邓秀军
视听新媒体导论	郭小平
网络与新媒体广告	尚恒志 张合斌
网络与新媒体文学	唐东堰 雷 奕
全媒体新闻采访写作教程	李 军

21世纪特殊教育创新教材·理论与基础系列

特殊教育的哲学基础	方俊明
特殊教育的医学基础	张 婷
融合教育导论（第二版）	雷江华
特殊教育学（第二版）	雷江华 方俊明
特殊儿童心理学（第二版）	方俊明 雷江华
特殊教育史	朱宗顺
特殊教育研究方法（第二版）	杜晓新 宋永宁 等
特殊教育发展模式	任颂羔

21世纪特殊教育创新教材·发展与教育系列

视觉障碍儿童的发展与教育	邓 猛
听觉障碍儿童的发展与教育（第二版）	贺荟中
智力障碍儿童的发展与教育（第二版）	刘春玲 马红英
学习困难儿童的发展与教育（第二版）	赵 微
自闭症谱系障碍儿童的发展与教育	周念丽
情绪与行为障碍儿童的发展与教育	李闻戈
超常儿童的发展与教育（第二版）	苏雪云 张 旭

21世纪特殊教育创新教材·康复与训练系列

特殊儿童应用行为分析（第二版）	李 芳 李 丹

特殊儿童的游戏治疗	周念丽
特殊儿童的美术治疗	孙 霞
特殊儿童的音乐治疗	胡世红
特殊儿童的心理治疗（第二版）	杨广学
特殊教育的辅具与康复	蒋建荣
特殊儿童的感觉统合训练（第二版）	王和平
孤独症儿童课程与教学设计	王 梅

21世纪特殊教育创新教材·融合教育系列

融合教育本土化实践与发展	邓 猛等
融合教育理论反思与本土化探索	邓 猛
融合教育实践指南	邓 猛
融合教育理论指南	邓 猛
融合教育导论（第二版）	雷江华
学前融合教育	雷江华 刘慧丽

21世纪特殊教育创新教材（第二辑）

特殊儿童心理与教育（第二版）	杨广学 张巧明 王 芳
教育康复学导论	杜晓新 黄昭鸣
特殊儿童病理学	王和平 杨长江
特殊学校教师教育技能	昝 飞 马红英

自闭谱系障碍儿童早期干预丛书

如何发展自闭谱系障碍儿童的沟通能力	朱晓晨 苏雪云
如何理解自闭谱系障碍和早期干预	苏雪云
如何发展自闭谱系障碍儿童的社会交往能力	
	吕 梦 杨广学
如何发展自闭谱系障碍儿童的自我照料能力	
	倪萍萍 周 波
如何在游戏中干预自闭谱系障碍儿童	朱 瑞 周念丽
如何发展自闭谱系障碍儿童的感知和运动能力	
	韩文娟 徐 芳 王和平
如何发展自闭谱系障碍儿童的认知能力	潘前前 杨福义
自闭症谱系障碍儿童的发展与教育	周念丽
如何通过音乐干预自闭谱系障碍儿童	张正琴
如何通过画画干预自闭谱系障碍儿童	张正琴
如何运用ACC促进自闭谱系障碍儿童的发展	苏雪云
孤独症儿童的关键性技能训练法	李 丹
自闭症儿童家长辅导手册	雷江华
孤独症儿童课程与教学设计	王 梅
融合教育理论反思与本土化探索	邓 猛
自闭症谱系障碍儿童家庭支持系统	孙玉梅
自闭症谱系障碍儿童团体社交游戏干预	李 芳
孤独症儿童的教育与发展	王 梅 梁松梅

特殊学校教育·康复·职业训练丛书 （黄建行 雷江华 主编）

信息技术在特殊教育中的应用	
智障学生职业教育模式	
特殊教育学校学生康复与训练	
特殊教育学校校本课程开发	
特殊教育学校特奥运动项目建设	

21世纪学前教育专业规划教材

学前教育概论	李生兰
学前教育管理学（第二版）	王 雯
幼儿园课程新论	李生兰
幼儿园歌曲钢琴伴奏教程	果旭伟
幼儿园舞蹈教学活动设计与指导	董 丽
实用乐理与视唱	代 苗
学前儿童美术教育	冯婉贞
学前儿童科学教育	洪秀敏
学前儿童游戏	范明丽
学前教育研究方法	郑福明
学前教育史	郭法奇
学前教育政策与法规	魏 真
学前心理学	涂艳国 蔡 艳
学前教育理论与实践教程	王 维 王维娅 孙 岩
学前儿童数学教育	赵振国
学前融合教育	雷江华 刘慧丽

大学之道丛书精装版

美国高等教育通史	[美]亚瑟·科恩
知识社会中的大学	[英]杰勒德·德兰迪
大学之用（第五版）	[美]克拉克·克尔
营利性大学的崛起	[美]理查德·鲁克
学术部落与学术领地：知识探索与学科文化	
	[英]托尼·比彻 保罗·特罗勒尔
美国现代大学的崛起	[美]劳伦斯·维赛
教育的终结——大学何以放弃了对人生意义的追求	
	[美]安东尼·T.克龙曼
世界一流大学的管理之道——大学管理研究导论	程 星
后现代大学来临？	
	[英]安东尼·史密斯 弗兰克·韦伯斯特

大学之道丛书

市场化的底限	[美]大卫·科伯
大学的理念	[英]亨利·纽曼
哈佛：谁说了算	[美]理查德·布瑞德利
麻省理工学院如何追求卓越	[美]查尔斯·维斯特
大学与市场的悖论	[美]罗杰·盖格

高等教育公司：营利性大学的崛起	[美]理查德·鲁克	做好社会研究的10个关键	[英]马丁·丹斯考姆
公司文化中的大学：大学如何应对市场化压力		如何写好科研项目申请书	[美]安德鲁·弗里德兰德等
	[美]埃里克·古尔德	教育研究方法（第六版）	[美]梅瑞迪斯·高尔等
美国高等教育质量认证与评估		高等教育研究：进展与方法	[英]马尔科姆·泰特
	[美]美国中部州高等教育委员会	如何成为学术论文写作高手	[美]华乐丝
现代大学及其图新	[美]谢尔顿·罗斯布莱特	参加国际学术会议必须要做的那些事	[美]华乐丝
美国文理学院的兴衰——凯尼恩学院纪实	[美]P.F.克鲁格	如何成为优秀的研究生	[美]布卢姆
教育的终结：大学何以放弃了对人生意义的追求		结构方程模型及其应用	易丹辉 李静萍
	[美]安东尼·T.克龙曼	学位论文写作与学术规范（第二版）	李 武 毛远逸 肖东发
大学的逻辑（第三版）	张维迎		
我的科大十年（续集）	孔宪铎	**21世纪高校教师职业发展读本**	
高等教育理念	[英]罗纳德·巴尼特	如何成为卓越的大学教师	[美]肯·贝恩
美国现代大学的崛起	[美]劳伦斯·维赛	给大学新教员的建议	[美]罗伯特·博伊斯
美国大学时代的学术自由	[美]沃特·梅兹格	如何提高学生学习质量	[英]迈克尔·普洛瑟等
美国高等教育通史	[美]亚瑟·科恩	学术界的生存智慧	[美]约翰·达利等
美国高等教育史	[美]约翰·塞林	给研究生导师的建议（第2版）	[英]萨拉·德拉蒙特等
哈佛通识教育红皮书	哈佛委员会		
高等教育何以为"高"——牛津导师制教学反思		**21世纪教师教育系列教材·物理教育系列**	
	[英]大卫·帕尔菲曼	中学物理教学设计	王霞
印度理工学院的精英们	[印度]桑迪潘·德布	中学物理微格教学教程（第三版）	张军朋 詹伟琴 王恬
知识社会中的大学	[英]杰勒德·德兰迪	中学物理科学探究学习评价与案例	张军朋 许桂清
高等教育的未来：浮言、现实与市场风险		物理教学论	邢红军
	[美]弗兰克·纽曼等	中学物理教学法	邢红军
后现代大学来临？	[英]安东尼·史密斯等	中学物理教学评价与案例分析	王建中 孟红娟
美国大学之魂	[美]乔治·M.马斯登	中学物理课程与教学论	张军朋 许桂清
大学理念重审：与纽曼对话	[美]雅罗斯拉夫·帕利坎		
学术部落及其领地——当代学术界生态揭秘（第二版）		**21世纪教育科学系列教材·学科学习心理学系列**	
	[英]托尼·比彻 保罗·特罗勒尔	数学学习心理学（第三版）	孔凡哲
德国古典大学观及其对中国大学的影响（第二版）	陈洪捷	语文学习心理学	董蓓菲
转变中的大学：传统、议题与前景	郭为藩		
学术资本主义：政治、政策和创业型大学		**21世纪教师教育系列教材**	
	[美]希拉·斯劳特 拉里·莱斯利	教育心理学（第二版）	李晓东
21世纪的大学	[美]詹姆斯·杜德斯达	教育学基础	庞守兴
美国公立大学的未来		教育学	余文森 王晞
	[美]詹姆斯·杜德斯达 弗瑞斯·沃马克	教育研究方法	刘淑杰
东西象牙塔	孔宪铎	教育心理学	王晓明
理性捍卫大学	眭依凡	心理学导论	杨凤云
		教育心理学概论	连榕 罗丽芳
学术规范与研究方法系列		课程与教学论	李允
社会科学研究方法100问	[美]萨尔金德	教师专业发展导论	于胜刚
如何利用互联网做研究	[爱尔兰]杜恰泰	学校教育概论	李清雁
如何撰写与发表社会科学论文：国际刊物指南	蔡令忠	现代教育评价教程（第二版）	吴钢
如何为学术刊物撰稿（第三版）	[英]罗薇娜·莫瑞	教师礼仪实务	刘霄
如何查找文献（第二版）	[英]萨莉·拉姆齐	家庭教育新论	闫旭蕾 杨萍
给研究生的学术建议（第二版）	[英]玛丽安·彼得 等	中学班级管理	张宝书
社会科学研究的基本规则（第四版）	[英]朱迪斯·贝尔	教育职业道德	刘亭亭

教师心理健康	张怀春
现代教育技术	冯玲玉
青少年发展与教育心理学	张清
课程与教学论	李允
课堂与教学艺术（第二版）	孙菊如 陈春荣
教育学原理	靳淑梅 许红花

21世纪教师教育系列教材·初等教育系列

小学教育学	田友谊
小学教育学基础	张永明 曾碧
小学班级管理	张永明 宋彩琴
初等教育课程与教学论	罗祖兵
小学教育研究方法	王红艳
新理念小学数学教学论	刘京莉
新理念小学音乐教学论（第二版）	吴跃跃

教师资格认定及师范类毕业生上岗考试辅导教材

教育学	余文森 王晞
教育心理学概论	连榕 罗丽芳

21世纪教师教育系列教材·学科教育心理学系列

语文教育心理学	董蓓菲
生物教育心理学	胡继飞

21世纪教师教育系列教材·学科教学论系列

新理念化学教学论（第二版）	王后雄
新理念科学教学论（第二版）	崔鸿 张海珠
新理念生物教学论（第二版）	崔鸿 郑晓慧
新理念地理教学论（第二版）	李家清
新理念历史教学论（第二版）	杜芳
新理念思想政治（品德）教学论（第三版）	胡田庚
新理念信息技术教学论（第二版）	吴军其
新理念数学教学论	冯虹

21世纪教师教育系列教材·语文教育系列

语文文本解读实用教程	荣维东
语文课程教师专业技能训练	张学凯 刘丽丽
语文课程与教学发展简史	武玉鹏 王从华 黄修志
语文课程学与教的心理学基础	韩雪屏 王朝霞
语文课程名师名课案例分析	武玉鹏 郭治锋等
语用性质的语文课程与教学论	王元华
语文课堂教学技能训练教程（第二版）	周小蓬
中外母语教学策略	周小蓬
中学各类作文评价指引	周小蓬

21世纪教师教育系列教材·学科教学技能训练系列

新理念生物教学技能训练（第二版）	崔鸿
新理念思想政治（品德）教学技能训练（第三版）	胡田庚 赵海山
新理念地理教学技能训练	李家清
新理念化学教学技能训练（第二版）	王后雄
新理念数学教学技能训练	王光明

王后雄教师教育系列教材

教育考试的理论与方法	王后雄
化学教育测量与评价	王后雄
中学化学实验教学研究	王后雄
新理念化学教学诊断学	王后雄

西方心理学名著译丛

儿童的人格形成及其培养	[奥地利]阿德勒
活出生命的意义	[奥地利]阿德勒
生活的科学	[奥地利]阿德勒
理解人生	[奥地利]阿德勒
荣格心理学七讲	[美]卡尔文·霍尔
系统心理学：绪论	[美]爱德华·铁钦纳
社会心理学导论	[美]威廉·麦独孤
思维与语言	[俄]列夫·维果茨基
人类的学习	[美]爱德华·桑代克
基础与应用心理学	[德]雨果·闵斯特伯格
记忆	[德]赫尔曼·艾宾浩斯
实验心理学（上下册）	[美]伍德沃斯 施洛斯贝格
格式塔心理学原理	[美]库尔特·考夫卡

21世纪教师教育系列教材·专业养成系列（赵国栋主编）

微课与慕课设计初级教程	
微课与慕课设计高级教程	
微课、翻转课堂和慕课设计实操教程	
网络调查研究方法概论（第二版）	
PPT云课堂教学法